INDUSTRIAL UPGRADING AND NATIONAL COMPETITIVENESS

产业升级与国家竞争优势

张丽平　赵　峥◎著

北京师范大学出版集团
BEIJING NORMAL UNIVERSITY PUBLISHING GROUP
北京师范大学出版社

图书在版编目(CIP)数据

产业升级与国家竞争优势/张丽平,赵峥著.—北京:北京师范大学出版社,2012.6
ISBN 978-7-303-14490-7

Ⅰ.①产… Ⅱ.①张…②赵… Ⅲ.①产业结构优化-研究-中国②国际竞争力-研究-中国 Ⅳ.①F121.3②F124

中国版本图书馆 CIP 数据核字(2012)第 109071 号

营销中心电话　010-58802181 58805532
北师大出版社高等教育分社网　http://gaojiao.bnup.com.cn
电　子　信　箱　beishida168@126.com

CHAN YE SHENG JI YU GUO JIA JING ZHENG YOU SHI

出版发行:北京师范大学出版社 www.bnup.com.cn
　　　　　北京新街口外大街 19 号
　　　　　邮政编码:100875

印　　刷:北京京师印务有限公司
经　　销:全国新华书店
开　　本:170 mm × 230 mm
印　　张:13.25
字　　数:231 千字
版　　次:2012 年 6 月第 1 版
印　　次:2012 年 6 月第 1 次印刷
定　　价:32.00 元

策划编辑:马洪立　　　　责任编辑:王一涵
美术编辑:毛 佳 刘松弢　装帧设计:天之赋
责任校对:李 菌　　　　责任印制:李 啸

序　言

竞争是时代发展永恒的主题，产业结构优化升级则是国家竞争优势的源泉与动力。改革开放三十多年来，我国产业结构实现了由工农业为主向一、二、三次产业协同发展的根本性转变，各类产业的素质都有了很大提升，参与国际分工与合作的层次不断提高，取得了令世界瞩目的成就，但同时也存在着一些深层次的矛盾与问题。目前，世界经济全面复苏仍将是一个长期曲折的过程，世界各国也从联合对抗危机的合作开始重新走向新一轮竞争。与此同时，全球经济一体化趋势并未改变，新一轮科技变革与产业创新正在孕育，新兴经济体的重要性日益凸显，我国已经成为了世界经济体系的重要组成部分并日益深刻地影响着世界经济格局。在这一背景下，面向未来，把握机遇，迎接挑战，不断推动产业结构优化升级，不断释放国家发展活力，不断培育国家竞争优势，不仅是保持我国经济长期平稳较快发展的客观要求，也是我国融入全球经济体系、在更高层次上参与国际竞争的必然选择。

大国崛起，始于无形，但需谋定而后动，怀韬光伟略，求治理之道。《产业升级与国家竞争优势》一书置身全球、扎根本土，从战略的高度统筹全局，在寻求产业升级之路，彰显东方大国优势方面进行了积极而有意义的探索。全书构建了全球价值链分析框架，探讨了国家竞争背景下产业升级的理论内涵，从国际贸易的角度研究了世界竞争力格局演变的历程与趋势，分析和总结了主要发达国家和地区以及新兴工业化国家的竞争力战略，并在研究了我国产业升级的历史进程、发展现状和主要问题的基础上，提出了推动我国产业升级、提升国家竞争力的战略与路径，不仅在理论上进行了积极而有意义的创新尝试，还为我们提供了一个较为广阔的思考空间和比较系统的解决方案，对我国经济发展实践也具有较高的现实价值。

总的来看，全书视野开阔、评述客观、内容丰富、数据翔实，是作者认真思考、踏实工作的科研成果，相信会为有关政府部门、研究机构和社会公众提供决策参考和研究借鉴。当然，产业升级与国家竞争优势问题研究是一个相对复杂的理论和实践课题，全书在研究观点和结论方面还需仔细斟酌，内容和素材也需要进一步丰富和完善。但我认为，青年学者们不断探索的勇气与创新的行动值得鼓励与支持，他们会用自己的智慧来解决问题，期待他们继续努力，希望他们能够取得更加丰硕的成果。是为序！

前　言

　　产业革新和发展是国家经济发展和社会进步的重要支撑与保障。工业化国家发展的历史经验表明，产业竞争力是国家竞争力的物质基础和动力源泉。在激烈的国际竞争中，要提升国家竞争力，凸显国家竞争优势，一个重要途径就是促进产业升级，提升本国产业在全球价值链体系中的地位。回顾我国过去30多年经济快速增长的历史，对内改革与对外开放的相互促进有力地推进了我国国内国际两个市场、两种资源的相互补充，促使我国不断融入国际产业分工体系，借助已有的产业和技术革命成果，工业化进程大大加快。目前，我国已经成为世界第二大经济体、第二大制造业国、第一大出口国、第二大进口国、吸收外国直接投资（FDI）最多的发展中国家和第五大外国直接投资来源地。我国与世界经济的相互联系和影响日益加深。未来一段时间，将是我国实现发展方式转变、推进互利共赢开放战略的关键时期，必须将打造国家竞争优势、实现产业升级放在经济社会发展的首要位置。世界经济政治格局变革、国际贸易和投资环境变化、国际金融体系改革等诸多领域所带来的新问题与新矛盾将不断涌现。与此同时，在全球化和新多边主义发展进程中，一个不断前进的经济体必将面临更为激烈的国际市场竞争环境、更加复杂多变的对外经济关系。在新的形势和时代背景下，在新的历史任务面前，迫切需要立足实际，开拓创新，从国家战略的高度系统思考我国产业升级问题，通过理论建构与实践探索推动我国产业升级，培育、巩固和强化我国新时期的国家竞争优势，全面提升我国的国家竞争力。

　　本书主要围绕产业升级与国家竞争优势问题进行研究。全书在对产业升级和国家竞争优势相关研究成果进行回顾和梳理的基础上，以全球价值链为基本分析框架，深入探讨了全球化背景下产业升级的理论内涵以及产业升级和国家竞争力的内在联系，开展了一系列国际比较研究，归纳和梳理了我国产业升级的历史进程、发展现状和主要问题，提出了推动我国产业升级、实现国家竞争优势的战略安排与政策措施。从结构上看，本书主要分为三个部分，共八章。第一部分为理论探索篇，包括第一章和第二章。主要对国内外相关理论和代表性观点进行梳理，为后文的研究提供现实依据和理论基础，并在探索"微笑曲线"模型的理论依据的基础上，提出了在全球价值链中产业升级的各种形式，以及企业竞争力和国家竞争力的内涵。第二部分为国际经验篇，包括第三章、第四章和第五章。主要从国际贸易的角度研究了世界竞争力格局演变的历程与趋势，并分析和总结了主要发达国家和地区以及新兴工业化国家的竞争力战略，同时对日本对外贸易转型升级进行了典型案例研究，为研究产业升级与国家竞争优势问题提供国际借鉴与参考。第三部分为中国战略篇，包括第六章、第七章和第八章。主要研究了我国所面临的国内外经济环境，考察了我国产业升级的发展现状与存在问题，并提出了促进我国产业升级、提升国家竞争力的总体战略和路径选择。

　　作为国务院发展研究中心招标课题研究成果，我们力求认真、全面、客观、前瞻地开展产业升级与国家竞争优势研究，形成对理论和实践领域有启发、有价值的结论与建议。但尽管如此，本书的研究仍属探索阶段，疏漏之处还请广大读者不吝赐教。推动产业升级、实现国家富强是我国发展的长久主题，生在伟大的时代，不仅要见证，更要担当与传承。我们愿与大家一起努力，为国家的持续发展和繁荣富强贡献力量。

作者

作者简介

张丽平，女，经济学博士，研究员。主要研究领域为国际经济与贸易、产业经济。现就职于国务院发展研究中心，任对外经济研究部研究室主任。先后参与了"中日韩自由贸易区联合研究"、"中国可持续的外贸发展战略研究"、"新形势下中国对外贸易转型升级研究"、"'十二五'规划预研究"、"中美战略与经济对话及相关问题研究"等多项重大课题的研究，在有关研究中担任主持和组织工作，撰写大量国际贸易、投资和国际合作方面的专题调研报告，供有关决策部门参考。

赵峥，男，经济学博士。主要研究领域为区域与城市发展、绿色经济、空间金融等。现就职于北京师范大学经济与资源管理研究院，任北京师范大学中国市场经济研究中心副主任。兼任中国社会科学院城市与竞争力研究中心特约研究员。曾先后出版《北京城市产业体系选择研究》、《中国城市化与金融支持》等著作若干部，参编《中国市场经济发展报告》、《中国城市竞争力报告》等研究报告十余部，主持或参与数十项国家部委和地方政府委托研究课题。

目　录

第三部分　中国战略篇

第一部分　理论探索篇

第一章
理论基础与文献回顾

　　在传承的基础上创新发展是我们开展研究的前提。分析产业升级与国家竞争优势问题，首先要对产业升级和国家竞争优势的相关理论进行研究与梳理。从现有的资料来看，长期以来，关于产业升级与国家竞争优势的理论研究一直是中西方经济学界关注的热点，对相关领域的研究已经积累了大量的文献，在理论研究和实践推广方面都取得了突出成果，提出了很多具有理论价值和实际意义的观点与建议，为我们提供了许多可供借鉴的思路与研究素材。在这里，本书主要选取代表性观点，从产业结构、价值链和国家竞争优势相关理论三个方面对现有研究进行梳理和评析，为进一步研究产业升级与国家竞争优势问题提供一个相对完整的理论背景支持。

第一节　产业结构相关理论

　　伴随着经济社会的不断发展，产业结构理论也得到了不断丰富和完善。它们有的侧重于研究产业结构的演变规律与发展特征，有的侧重于研究产业升级与区域经济发展，有的侧重于研究产业政策与战略。联系本书的研究目的和内容，我们主要结合现有文献资料，重点对有关产业结构的代表性理论成果进行简要地梳理和归纳。

一、配第-克拉克定理

　　17 世纪，英国经济学家威廉·配第在《政治算术》一书中描述了不同产业之间存在的收入差异，并将这种差异与劳动力就业结构联系起来，他发现"工业的收益比农业多得多，而商业的收益又比工业多得多"①。配第认为，产业之间的收益差异会推动劳动力由低收入产业向能获得高收入的产业流动，产业发展的重心也将逐渐由有形财物的生产转向无形的服务生产，农业人口会逐渐转向工商业。该理论研究的是产业结构演变的规律，是将不断提高的人均国民收入水平置于时间序列下考察产业结构的演进，考察经济发展过程中劳动力在各产业中的分布，采用并发展了费舍的三次产业分类法，得出了一个结论：随着经济发展，劳动力首先由第一产业向第二产业转移；当人均国民收入水平进一步提高时，劳动力又向第三产业转移。这个转移是由经济发展过程中各产业之间出现的收入(附加价值)相对差异所造成的。20 世纪 40 年代，克拉克在其《经济进步的条件》一书中对配第的观点进行了实证并形成了"配第-克拉克定律"。他把整个国民经济划分为第一产业(农业)、第二产业(制造业)和第三产业(服务业)三个主要部门，通过对 40 多个国家的横截面和时间序列数据进行统计分析，研究了经济发展与产业结构变化之间的关系。他发现在实践中，人均国民收入水平越高的国家，农业劳动力在全部劳动力中所占的比重相对来说就越小，而第二、三产业中劳动力所占的比重相对来说就越大；反之，人均国民收入水平越低的国家，农业劳动力所占比重相对越大，而第二、三产业劳动力所占的比重相对越小。在此基础上，他得出了产业结构演进的规律性结论，认为不同产业间相对收入的差异，会促使劳动力向能够获得更高收入的部门移动。随着人均国民收入水平的提高，劳动力首先由第一产业向第二产业转移，当人均国民收入水平进一步提高后，劳动力又会由第二产业向第三产业转移。② 最终来看，从事农业的人数相对于从事制造业的人数趋于下降，而从事制造业的人数相对于服务业的人数趋于下降，劳动力在产业间的分布会呈现出第一产业人数减少、第二产业和第三产业人数增加的格局。

二、库兹涅茨法则

在"配第-克拉克定律"的基础上，库兹涅茨收集整理了 20 多个国家更长时间的庞大数据，进一步从国民收入方面对经济结构变革与经济发展的关系对欧美主要国家的长期统计数据进行了分析，考察了总产值变动和就业人口结构变

---

① 威廉·配第著，陈冬野译：《政治算术》，19 页，北京，商务印书馆，1978。

② Colin Clark, The Conditions of Economic Progress, London: Macmillan, 1940.

动的规律，揭示了产业结构演进方向。他运用统计分析方法，把国民收入和劳动力在各产业之间的分布结合起来，从国民收入和劳动力在产业间的分布这两个方面，对伴随经济发展的产业结构变化进行了分析研究，分析了各产业相对生产率的变动趋势，认为产业结构的变动会受国民生产总值和人均国民收入变动的影响。在国民生产总值不断增长和按人口平均国民收入不断提高的情况下，各产业不论是产值结构，还是劳动力结构都会发生变化。即农业部门产值份额和劳动力份额趋于下降，工业部门和服务业部门产值份额和劳动力份额趋于上升。①

三、霍夫曼的工业化理论

霍夫曼在 1931 年出版的《工业化的阶段和类型》中，根据近 20 个国家的时间序列数据，着重分析了制造业中消费资料工业和资本资料工业的比例关系，即消费资料工业的净产值（或附加值）和资本资料工业的净产值之比（霍夫曼比例），并根据这个比例进行测算，得出了著名的霍夫曼定理。霍夫曼定理认为，各国工业化无论开始于何时，一般具有相同的趋势，即随着一国工业化的进展，消费品部门与资本品部门的净产值之比逐渐趋于下降，霍夫曼比例呈现出不断下降的趋势。同时，霍夫曼认为工业化过程中各工业部门的成长率并不相同，因而形成了工业部门间的特点和结构变化，而且具有一般倾向。这个不同的成长率是由以下因素的相互作用引起的：①生产要素（自然资源、资本、劳动力）的相对数量；②国内市场与国际市场的资源配置；③技术进步；④劳动者的技术熟练程度、消费者的兴趣爱好等。霍夫曼定理将先行工业化国家工业化早期和中期阶段的经验外推到工业化后期，认为重工业将成为带动经济增长的主导产业，具有一定的道理但同时也具有很大的局限性。因为在一些先行工业化国家（如美国）进入工业化后期阶段以后，霍夫曼定理关于重工业将在发达国家国民经济中占优势的预言并没有实现，因此霍夫曼定理也受到一些发展经济学家的批评。②

---

① 西蒙·库兹涅茨，常勋等译：《现代经济的增长：发现与反映》，106～206 页，北京，商务印书馆，1985。

② 关于"霍夫曼定理"和对于"霍夫曼定理"的批评，可参见方甲主编：《产业结构问题研究》，34～37 页，北京，中国人民大学出版社，1997。

5

四、钱纳里"标准结构"理论

钱纳里利用投入产出分析方法和一般均衡分析方法,对 101 个国家 1950—1970 年的统计数据进行归纳分析,形成了一系列经济发展不同阶段所具有的经济结构(投资结构、劳动力就业结构、生产结构、贸易结构等)的标准数值,即经济发展的"标准结构",为分析和评价不同国家或地区在经济发展过程中产业结构组合是否"正常"提供了参照规范。他将不发达经济到成熟工业经济整个变化的过程划分为三个阶段,首先是初级产品生产阶段,占统治地位的是初级产品的生产活动——主要是指农业,这是可交易商品的主要来源。其次是工业化阶段,以经济重心由初级产品生产向制造业生产转移为特征。这一转移的主要指标表现为制造业对增长贡献的相对重要性发生了变化。最后是发达经济阶段,制成品在国内总需求中所占的份额开始下降,GDP 及劳动就业中制造业份额下降。在经济发展的不同阶段,存在着不同的经济结构与之相对应,从任何一个发展阶段向更高一个阶段的跃进都是通过产业结构转化来推动的。如果不对应,则说明该国产业结构存在某种偏差。[①] 按照钱纳里的观点,一国经济发展关键将取决于全面的结构转变。

五、罗斯托主导产业扩散效应理论

罗斯托将各国经济发展划分为传统社会、为起飞创造前提条件阶段、起飞阶段、向成熟推进阶段、大规模高消费阶段和追求生活质量阶段六个阶段,并认为每个阶段的演进是以主导产业部门的更替为特征的。按照他的观点,无论在任何时期,经济增长之所以能够保持都是为数不多的主导部门迅速发展壮大的结果,而且主导产业的发展对其他产业部门也具有带动作用,这被称为主导产业的扩散效应。扩散效应包括后向效应、旁侧效应和前向效应。后向效应是指新部门处于高速增长时期,会对原材料和机器生产产生新的投入需求,从而带动一批工业部门的迅速发展;旁侧效应是指主导产业部门会引起周围的一系列变化,这些变化趋向于更广泛地推进工业化;前向效应是指主导部门通过增加有效供给促进经济发展,如降低其他工业部门的中间投入成本,为其他部门提供新产品和新服务等。总的来看,而国家经济结构的演化表现为主导部门的

---

① H. 钱纳里、S. 鲁宾逊、M. 赛尔奎著,吴奇、王松宝等译:《工业化和经济增长的比较研究》,97~99 页,上海,上海三联书店,1986。

依次更替：随着收入水平、消费模式的提高，原有主导部门逐渐丧失主导地位，另一些部门则逐渐成长起来，最后成为替代原有主导部门的新的主导部门。①

六、赤松要的"雁行理论"

日本经济学家赤松要在 1932 年提出了产业发展的"雁行产业发展形态论"，反映了产业转移对发展中国家产业升级的作用。赤松要认为，日本的产业通常经历了"进口→当地生产→开拓出口→出口增长"四个阶段并呈周期循环。在以时间为横轴、产品数量为纵轴的坐标系中，某一产业随着进口的不断增加、国内生产和出口的形成，其图形就如三只大雁展翅翱翔。进口浪潮是第一只雁，进口引发的国内生产浪潮是第二只雁，国内生产引发的出口浪潮是第三只雁，这个类似大雁飞行模式的产业发展路径就是"雁行理论"。赤松要认为，后起国的产业发展应当遵循"进口—国内生产—出口"的模式，进口以学习技术和开发市场为主要目的，国内生产以逐渐提升产业竞争力为主要目的，出口以实现贸易顺差为主要目的。② 从实践中看，"雁行理论"不仅实现了日本工业的加强，还在相当长的一段时间里稳固了其在东亚地区的领头雁地位，而且在推动东亚经济发展上也功不可没，既促进了东亚区域整体产业结构的调整和向更高层次的转换，又形成了东亚国家依次起飞和发展的良好局面。但需要注意的是，"雁行模式"的形成是有条件的，当条件发生变化时，该模式也将相应转换，即这一模式可以说明过去，不一定能说明将来；可以适用于东亚中小国家和地区，但不一定适用于国土面积巨大、区域发展差异明显的发展中大国。③

七、弗农产品生命周期理论

产品生命周期即一种新产品从开始进入市场到被市场淘汰的整个过程。弗农认为产品如同生物一样，也是有生命周期的，可分为"导入期"、"成熟期"和"标准化期"。这种产品循环的顺序是：新产品开发→国内市场形成→出口→资

---

① Walt Whitman Rostow, The Stages of Economic Growth: A Non-communist Manifesto, Cambridge: Cambridge University Press, 1960: 75-89.

② 参见王乐平:《赤松要及其经济理论》，载《日本学刊》，1990(3)。

③ 汪斌:《东亚国际分工的发展与 21 世纪的新产业发展模式》，载《亚太经济》，1998(7)。

本和技术出口→进口→更新的产品开发①。产品经过这一顺序不断循环，带动了工业结构由劳动、资源密集型产业占主导向资金密集型占主导，进而向技术密集型为主导的产业结构演进，从而实现一国产业结构的升级。按照产品生命周期理论的观点，一国要想具有国家竞争优势，其产业结构演变模式就需要与国际市场的发展变化紧密结合，不断满足市场需求，实现创新发展，并通过参与国际分工来实现本国产业结构的优化升级，从而实现产业结构的国际一体化。

第二节 价值链相关理论

一、波特的企业价值链理论

20世纪80年代，美国经济学家迈克尔·波特的研究把市场竞争因素纳入企业经营管理的分析中。作为对企业内部劳动分工的一种分析，他在《竞争优势》一书中提出了价值链的概念。波特认为，"公司的价值创造过程主要通过基本活动(含生产、营销、运输和售后服务等)和支持性活动(含原材料供应、技术、人力资源和财务等)两部分来完成，价值链就是公司各种价值创造活动的集合。"②图1-1清晰地展示了波特对价值链的定义。该价值链包括两层：一是由生产、营销、售后等构成的基本活动；一是由原材料采购、人力资源和财务支持构成的支持性活动。

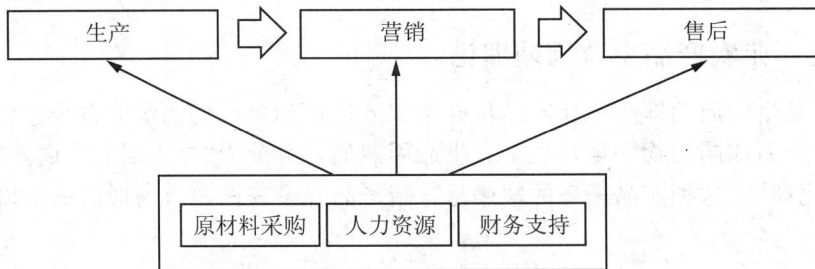

图 1-1 迈克尔·波特的价值链示意图

① Raymond Vernon，International Investment and International Trade in the Product Cycle，Quarterly Journal of Economics，1966，5：190-207.
② 迈克尔·波特著，孙小悦译：《竞争优势》，26～37页，北京，华夏出版社，1997。

　　在波特看来，价值链是一系列连续完成的活动，是原材料转换成一系列最终产品的过程，每一个企业都是在设计、生产、销售、发送和辅助其产品的过程中进行种种价值链活动的集合体。价值链包括价值活动与差额，价值活动即企业所进行的、在物质形态上与技术上都界定分明的活动，它们是创造价值的基础，而差额是企业创造的总价值与进行价值活动总成本之差。对于不同的企业，创造差额与创造价值是共同目的，不同的是各企业的具体活动及其组合方式上的差异。而价值链中的这种差异，会导致企业活动间创造价值的能力的差异。企业与企业的竞争不只是某个环节的竞争，整个价值链的综合竞争力才能决定企业的竞争力。所以，企业需要经常审视自身的价值链，找出价值链中的关键活动，分离价值链中的非关键活动，从而塑造自身的竞争优势。

　　波特的价值链可以被认为是传统意义上的单一企业的价值链，其主要立足于单个企业来分析企业的价值活动、企业与供应商和顾客可能的连接，以及企业从中获得的竞争优势。

二、全球价值链理论

　　20 世纪 80 年代中期以来，全球化步伐进一步加快，企业生产经营活动的国际化趋势日益明显。在这一背景下，国外越来越多的经济学家开始对波特的价值链理论进行拓展，将其运用于研究全球不同的企业在价值链中的分工和竞争问题，对于价值链关注重点也从企业内部以及国家内部的闭环系统转换到企业间和开放的系统方面。

　　科洛特指出，价值链首先由技术与原料和劳动力的融合而形成各种投入环节，然后通过组装把这些环节结合起来形成最终商品，最后通过市场交易、消费等最终完成价值循环过程。在这一价值不断增值的链条上，单个企业仅仅参与了其中某一环节，企业整个价值增值过程都纳入了全球企业等级制的体系中。他认为，国际商业战略的设定形式实际上是国家的比较优势和企业的竞争能力之间相互作用的结果。[①] 当国家比较优势决定了整个价值链条各个环节在国家或地区之间如何配置的时候，企业的竞争能力就决定了企业应该在价值链条上的哪个环节和技术层面重点发展以便确保竞争优势。与波特强调单个企业竞争优势相比，科洛特的观点更能反映价值链的垂直分离和全球空间再配置之

---

　　① Kogut B, Designing Global Strategies: Comparative and Competitive Value-added Chains, Sloan Management Review, 1985, 26(4): 15-28.

间的关系，奠定了全球价值链(Global Value Chain，GVC)理论的基础。

杰里菲(Gereffi，1999，2001)在对美国零售业研究的基础上，将价值链分析法与产业组织研究结合起来，进一步提出了全球商品链(Global Commodity Chain)的概念，集中探讨了包括不同价值增值部分的全球商品链的内部结构关系，并研究了发达国家主导企业如何形成和控制商品链发展的问题。他认为，全球商品链是为了观察经济行为的相互联系和研究全球产业网络的一种工具。这些经济行为分散在不同的地方。在经济全球化背景下，围绕某种商品的生产会形成一种跨国体系，把分布在世界各地不同规模的企业纳入到一个一体化的生产网络中，从而形成了全球商品链，而这种商品链背后所隐含的就是价值链。按照杰里菲的观点，企业要在全球化时代生存与发展，就要不断参与到全球价值链中并获得必要的技术能力和服务支持，在国际范围内实现价值创造与价值获取，并要参与全球价值链的治理，积极适应、推动全球价值链的演变与升级。①②

联合国工业发展组织在《2002—2003年度工业发展报告(通过创新和学习来参与竞争)》中对全球价值链的概念与内涵进行了进一步探讨，该报告提出，全球价值链是指在全球范围内为实现商品或服务价值而连接生产、销售、回收处理等过程的全球性跨企业网络组织，涉及从原料采集和运输、半成品和成品的生产和分销、直至最终消费和回收处理的过程。它包括所有参与者和生产销售等活动的组织及其价值利润分配，并且通过自动化的业务流程和供应商、合作伙伴以及客户的链接，支持机构的能力和效率。报告认为，全球价值链不是静态的而是变化的，需要通过价值链上的企业在链接方式、制度安排等方面的创新活动来实现价值增值，并对全球价值链创新进行了分类，认为全球价值链创新可以分为四种类型：一是通过降低企业的库存成本、角料浪费或加强企业间的及时配送等方式，在全球价值链的各环节或各环节之间对内在的作业过程进行过程创新；二是产品创新，包括提升原有产品的质量和价格优势，据此来强化市场地位，以比竞争对手更快的速度引入新产品，形成产品差异化优势；三是通过改造企业内的作业活动组合来提升价值的功能创新；四是从原先的价

①　Gereffi G，International Trade and Industrial Upgrading in the Apparel Commodity Chains，Journal of International Economics，1999(48)：37-70.

②　Gereffi G，Raphael Kaplinsky，The Value of Value Chains，IDS Bulletin，2001，32(3)：1-8.

值链跨越到利润空间更大价值链的价值链创新。[①]

三、"微笑曲线"现象[②]

"微笑曲线"现象是 20 世纪 90 年代初台湾宏碁集团总裁施振荣先生根据波特理论和他多年从事 IT 产业的丰富经验所观测到并提出的。他指出，随着兼容机的迅速发展和 IBM 放开 PC 的标准之后，PC 的制造逐渐成为一个标准化的流程，涌现了大量的部件专业制造商，整机制造的行业壁垒完全消失，附加价值荡然无存，专业部件的制造在规模上、技术上处于领先地位，而 PC 产业上游的技术研发和下游的渠道运营及品牌建设则拥有较高的附加价值，整个价值链的附加价值图形就像一个微笑的曲线。宏碁集团秉承这一战略思想，紧紧抓住了上游的研发创新与下游的营销创新两大环节，不仅使宏碁成为 IT 产业内最成功的品牌之一，而且其"微笑曲线"理论也已成为许多产业和企业开展价值链分析与运营的重要依据与基础。

所谓的"微笑曲线"（如图 1-2 所示），就是以附加值高低随着产业链分工中的业务工序上中下游的变化而变化的曲线形态。其中位于价值链中游的任意动点 $a2$、$b2$、$c2$ 的附加价值最低，而上游的动点 $a1$、$b2$、$c3$ 与下游的动点 $a3$、$b3$、$c3$ 具有较高的附加价值。随着上游动点向曲线左端移动，而下游动点向曲线右端移动，上、下游与中游之间附加价值的差距也将越来越大。一般情况下，在产业链业务工序的上游即产品的开发、设计、主要零部件生产和产业链的下游即渠道运营、品牌管理、售后等服务这些业务工序上可以产生更高的附加值，从而获得高额的经济利润，而在产业链业务工序中的中游部分比如模块零部件的生产、组装产品等这些工序产生的附加值相对较低，因而利润也较低。同时，不同的行业之间也存在附加值的差别。在一般制造业（$A-A'$），中等技术密集型产业（$B-B'$）及高新技术产业（$C-C'$）三组曲线组成的"产业微笑曲线"簇中，曲线 $A-A'$、$B-B'$、$C-C'$，之间的位置差异反映了不同产业因素对曲线空间位置的影响。一般来说，资金—技术密集度越高的产业，其曲线

---

① United Nations Industrial Development Organization，Competing through innovation and learning，Industrial Development Report 2002/2003 Vienna，2002：107-116.

② "微笑曲线"是施振荣在 1992 年的《再造宏碁：开创、成长与挑战》一文中提出的，用以说明 20 世纪 60 年代以来 IT 产业价值链各环节产值结构的变化。之所以在此不冠以理论，是因为"微笑曲线"是从实践中观测到的现象，其背后的理论基础并没有得到很好的阐释，而且由于价值链各环节在价值增值方面的数据难以获得，很难对其进行验证。

的位置越高、曲线的弯曲度也越大。（如图 1-3 所示）

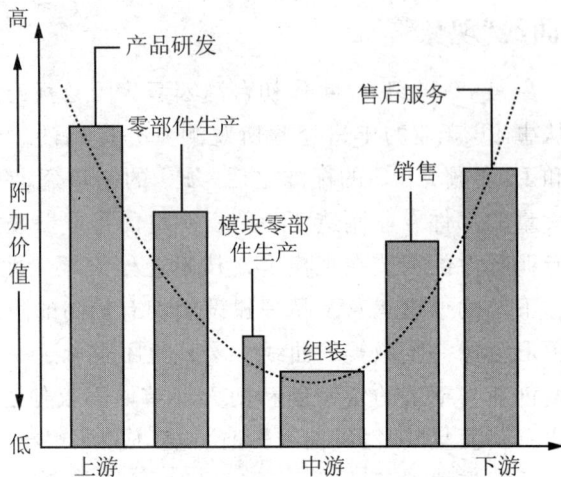

图 1-2　微笑曲线图

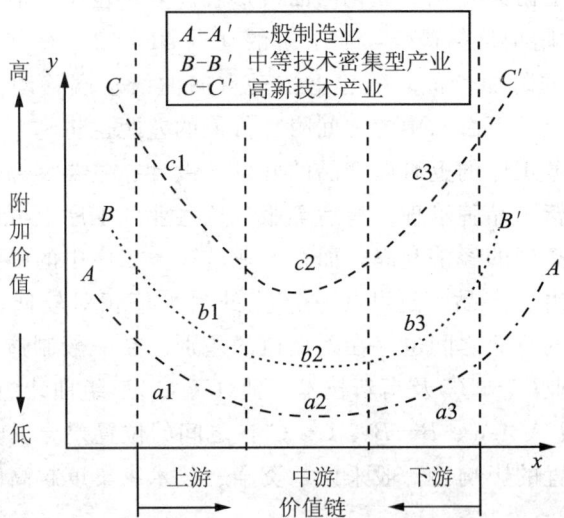

图 1-3　不同行业的微笑曲线图

简言之，"微笑曲线"是以附加价值的高低来看待企业和产业的国际竞争力。产业和企业只有不断向附加值高的区块移动和定位，才能赢得良好经营效益并实现持续发展。在全球化的条件下，企业在累积了附加价值最低的中游部分的足够经验和能力之后，只有不断创新进取，向"微笑曲线"两端逐步升级，才能赢得竞争的主动，扩大产品的附加值及利润空间；产业结构调整只有在产业链上的不同位置和不同产业之间调整，才能取得更多的附加值，获取更多的利润，才能赢得更强的国际产业竞争力。

专栏：微笑竞争策略的演化

在现实中，微笑策略有三个基本策略。这三个基本策略可以单独采用，也可以组合使用，关键在于因势利导、因地制宜，既尊重市场规律，又发挥主观能动性。

首先，守住中游，拓展上游——明基模式。台湾的 IT 企业明基的代工业务就是一个实例。明基将微笑曲线纵切，客户赚品牌的钱，明基采取自主知识产权策略加比较优势策略的组合，赚设计研发和制造的钱。现在市场上的液晶显示器都在比快，明基最先推出响应时间为 8ms 的液晶显示器，其利润就比普通液晶高得多。技术进步分两种，一种是跨越式的，一种是渐进式的。跨越式进步当然可能引起产业巨变，但渐进式也一样能保持竞争力。明基近年没有跨越式的重要研发成果，却在不断推出渐进式的技术进步，比如 DVD 刻录从 16 倍速提高到 8 倍速，液晶显示器响应时间从 16ms 提高到 12ms、10ms、8ms 等，也都为代工客户带来了价值。

其次，守住中游、上冲下突——三一重工模式。三一重工依托自身的科研开发能力和产学研合作，产品技术和质量代表了国内最高水平和国际先进水平，引领了行业技术进步，获得了"国家重点高新技术企业"、"全国专利工作先进单位"称号。每年投入的研发费用占企业销售收入的 6%～7%。三一重工研究院 2002 年被评为国家认定企业技术中心，拥有研发人员 812 人，研发人员数量占企业总人数的 13.5%，并建立了博士后科研工作站。三一重工主持和参与了 27 项国家标准和行业标准的制定、修订工作；承担了 2 项国家"十五"863 重大专项、2 项国家重大科技攻关项目、2 项国家"十五"重大技术装备研制项目，获得省部级二等奖以上科技进步奖 8 项，其中，"混凝土泵送关键技术研究与开发"项目获 2005 年国家科学技术进步二等奖，"SY 系列混凝土泵车技术研究与开发应用"项目获湖南省科学技术进步一等奖。三一重工 100 多个营销、服务机构遍布全国，拥有 56 个服务网点仓库，开通了 800 和 4008 绿色服务通道。完善的网络和一切为客户的经营理念，将星级服务贯穿于产品的售前、售中、售后全过程。

最后，放弃中游——耐克模式。"耐克现象"背后深藏着微笑曲线理论。耐克公司是体育用品寡头领袖企业，年销售额近 40 亿美元。耐克鞋成功的最大秘密就是紧紧抓住价值链上游的设计开发与下游的广告营销两大环节。例如该公司运用人体工学与解剖学理论，结合不同种族运动的脚型结构，不断设计、研发出舒适、美观、时尚、耐用的新产品。而在下游的广告营销部分，聘请著名球星在黄金时档做电视广告，其广告费用平均占公司销售额的近 1/5。而中游的制造环节，由于技术简单、附加价值最小，全部被外包给了耐克公司的外部厂商，而形成了"耐克公司不造耐克鞋"的"耐克现象"。

资料来源：杨林、曾繁华：《微笑曲线视角下的我国制造业竞争策略及其演化》，载《科技进步与对策》，2009(16)。

第三节　国家竞争优势相关理论

国家竞争优势的理论基础源于国际贸易理论，其兴起于工业革命完成后国际间分工贸易日趋活跃的时期。20 世纪 80 年代初以来，伴随着国际竞争的加剧和全球化进程的加速，世界各国对国家竞争优势的研究更加深入，从不同角度、不同侧面解释和分析了国家竞争优势理论内涵、要素构成与战略安排，丰富了国家竞争优势的理论体系。

一、绝对优势理论

绝对优势理论(Theory of Absolute Advantage)，又称绝对成本说(Theory of Absolute Cost)。该理论由亚当·斯密(Adam Smith，1776)系统提出。斯密强调在国际上一个国家的出口要有竞争力，就必须有相对较低的生产成本。他认为劳动生产力的绝对优势是国际分工与贸易产生的根源。每个国家都组织专业化生产具有绝对有利生产条件的特定产品，然后互相进行交换，获得利益。这有利于提高劳动生产率，也有利于增加各国的物质财富。这里的国际分工与贸易是按照绝对成本和绝对优势进行的，因而被称为绝对优势理论。该理论认为，国际分工的基础是自然禀赋和后天的有利条件。不同国家生产同样的商品成本不同，一国应放弃成本绝对高的，而选择成本绝对低的产品进行专业化生产，并彼此进行交换，这样两国的劳动生产率都会提高，成本会降低，劳动和资本能得到正确的分配和运用。而分工和专业化的发展需要自由贸易的国际市场。因此，自由贸易是增加国民财富的最佳选择。他假定一国在开展国际贸易之前存在着剩余的土地和劳动力，这些多余的资源可以用来生产剩余产品以供出口。这样，对外贸易为一国提供了利用过去没有充分利用的要素——土地和劳动力的机会，为本国剩余产品找到了"出路"。而且这种剩余产品的生产不需要从其他部门转移资源，也不必减少国内其他经济活动，因而出口带来的收益以及换回本国需要的产品就没有机会成本。这样，出口减少了国内的浪费和闲置，提高了该国的储蓄和投资，从而促进了经济增长。[①] 亚当·斯密的绝对优势理论对国家竞争优势理论形成具有开创性意义，但绝对优势理论无法解释当一国所有产品的生产成本较之另一国均处于绝对优势或绝对劣势时，仍能进行互利贸易的原因。[②]

二、比较优势理论

比较优势理论(Law of Compartive Advantage)由大卫·李嘉图(David Ricardo)在《政治经济学及赋税原理》(1817)中提出。李嘉图用英国和葡萄牙两国的产品进行比较，发现葡萄牙在酒和棉布的生产上具有较高的生产效率，拥有绝对优势，但是在酒的生产上具有更大的比较优势；即使英国在两种产品上都处于绝对劣势，但是在棉布的生产上具有比较优势。英、葡两国在技术上的差异导致了劳动生产率的差别，进行贸易对双方都有益。因此，按照比较优势进行国际分工，可以使资源配置更合理，从而增加经济总量，促进经济增长。[③] 该理论认为一国在两种商品生产上较之另一国均处于绝对劣势，但只要处于劣势的国家在两种商品生产上劣势的程度不同，处于优势的国家在两种商品生产上优势的程度不同，则处于劣势的国家在劣势较轻的商品生产方面具有比较优势，处于优势的国家则在优势较大的商品生产方面具有比较优势。两个国家分工专业化生产和出口其具有比较优势的商品，则两国都能从贸易中得到利益。该理论强调了在优势中取最优，在劣势中选次劣，两利相权取其重，两弊相衡取其轻来进行国际分工。需要注意的是，该理论设置了很多与现实不太相符的假设条件，包括：假定贸易中只有两个国家和两种商品(X与Y商品)；两国在生产中使用相同的技术；在两个国家中，商品与要素市场都是完全竞争的；要素在一国内可以自由流动，但是在国际间不流动；分工前后生产成本不变；

① 亚当·斯密著：《国民财富的性质和原因的研究(上卷)》，8页，北京，商务印书馆，1972。

② 斯坦利·L.布鲁、兰迪·R.格兰特著，邸晓燕等译：《经济思想史(第7版)》，50～66页，北京，北京大学出版社，2008。

③ 李嘉图著：《政治经济学及赋税原理》，113页，北京，商务印书馆，1962。

不考虑交易费用和运输费用，没有关税或影响国际贸易自由进行的其他壁垒；价值规律在市场上得到完全贯彻，自由竞争，自由贸易；假定国际经济处于静态之中，不发生其他影响分工和经济变化；两国资源都得到了充分利用，均不存在未被利用的资源和要素；两国的贸易是平衡的，即总的进口额等于总的出口额。①

三、要素禀赋理论

要素禀赋理论是由瑞典的两位经济学家赫克歇尔和俄林（Heckscher & Ohlin）提出的。该理论将生产要素禀赋与价格差异和国际贸易联系起来，突破了比较优势理论单纯从技术差异的角度解释国际贸易的原因、结构和结果的局限，而是从比较接近现实的要素禀赋来说明国际贸易的原因、结构和结果。该理论认为，在两国技术水平相等的前提下，国际贸易产生的原因是由于存在国际分工，而国际分工产生的原因是由于不同国家的生产要素禀赋丰裕程度有所区别。通过国际贸易可以降低各国生产要素分布不均的程度，促进世界各国更加有效地利用各种生产要素，推进要素价格的均等化。② 要素禀赋理论以各国要素分布为客观基础，强调了世界各国不同要素禀赋和不同商品的不同生产函数对国际贸易产生的决定性作用。但完全按照要素禀赋理论的观点，一个国家只需出口相对丰富的要素生产的那些物品，进口该国相对稀缺的要素生产的那些物品，往往在现实中并不成立。例如，20 世纪 50 年代初，美籍苏联经济学家里昂惕夫（Leontief）曾用美国 1947 年 200 个行业的统计数据对该理论进行了验证，结果却得出了与该理论完全相反的结论，即当时资本充裕的美国出口中却以劳动密集型产品为主。③

四、新国际贸易理论

第二次世界大战之后，特别是 20 世纪 80 年代以来，产业内贸易和发达国家之间的贸易迅速增长。这些现象的出现对传统的国际贸易理论提出了挑战。占世界贸易额相当大比重的一部分贸易并不是因为比较成本的差异或者资源禀

---

① 保罗·R.克鲁格曼、茅瑞斯·奥伯斯法尔德著，海闻等译：《国际经济学理论与政策(第六版)》上册，13～40 页，北京，中国人民大学出版社，2009。

② 俄林著：《地区间贸易和国际贸易》，247 页，北京，商务印书馆，1986。

③ 保罗·R.克鲁格曼、茅瑞斯·奥伯斯法尔德著，海闻等译：《国际经济学理论与政策(第六版)》上册，69～93 页，北京，中国人民大学出版社，2009。

赋的差异而发生的。为了解释这些国际贸易的新现象，以克鲁格曼（Krugman）等为代表的大批经济学家提出了各种新的学说。这些学说与传统国际贸易理论既有区别，又有联系。新贸易理论认为，从供给的角度看，在不完全竞争市场结构下，规模经济就成了引起专业化与国际贸易的重要原因。[①] 即使在各国的偏好、技术和要素禀赋都一致的情况下，也会产生差异产品之间的产业内贸易，并且国家间的差异越大，产业间的贸易量就越大，而国家间越相似，产业内的贸易量就越大。从需求角度的研究，一国平均的收入水平或者大多数人的收入水平就是一国的代表性需求，生产者只有专门生产代表此水平的商品才有可能达到规模经济，因此，一国应集中生产本国代表性需求的产品，出口该产品，并从与本国收入水平相似的其他国家进口相似产品，以满足本国其他收入水平消费者的消费需求。规模经济容易在各国代表性需求的产品上产生，因此收入水平越相似，国家之间的产业内贸易越多。[②] 与传统的贸易理论相比，新贸易理论放宽某些假设条件，使其更加符合现实，包括：引入产业组织理论，市场结构假设转变为更符合现实的不完全竞争；规模报酬不再是不变的，而是递增的；采用多国多产品和多种资源模型；放弃贸易国在获得生产技术方面具有相同可能性的假定。同时，新国际贸易理论并没有完全摆脱亚当·斯密以来对外贸竞争力的强调，即国家或地区的竞争力取决于与其他国家在劳动力、资源等要素上的差异，并着眼于微观的产品及其在国际交换中的成本与需求，具有一定的合理性。但同时，我们也应该看到，新国际贸易理论仍然有待完善，其在复杂的国际竞争环境下尚缺乏对国家竞争力提升的全面性考虑。

五、波特的国家竞争优势理论

迈克尔·波特在《国家竞争优势》一书中系统地提出了国家竞争优势理论。他认为国家竞争优势是指国家使其公司或产业在一定的领域创造和保持优势的能力。波特的国家竞争优势理论开始强调微观经济基础的作用，波特认为国家竞争优势取决于产业竞争优势，而产业竞争优势则取决于企业竞争优势。波特将影响国家竞争优势的基本要素归结为生产要素、需求条件、相关及支持产业、企业战略、结构与竞争。并将机遇和政府的作用作为辅助要素。这些要素

---

① 参见保罗·H. 克鲁格曼：《工业国家间贸易新理论》，载《世界经济译丛》，1984(4)。

② 埃尔赫南·赫尔普曼、保罗·R. 克鲁格曼著，李增刚译：《贸易政策和市场结构》，1～16页，上海，上海人民出版社，2009。

构成了互相作用、互相增强的系统，形成了具有重要影响力的"钻石模型"（如图 1-4 所示）。波特认为这六个因素共同构成一个动态的、激励创新的竞争环境，并构成一国产业国际竞争力的来源。波特详细分析了这些因素对产业竞争力的影响。①

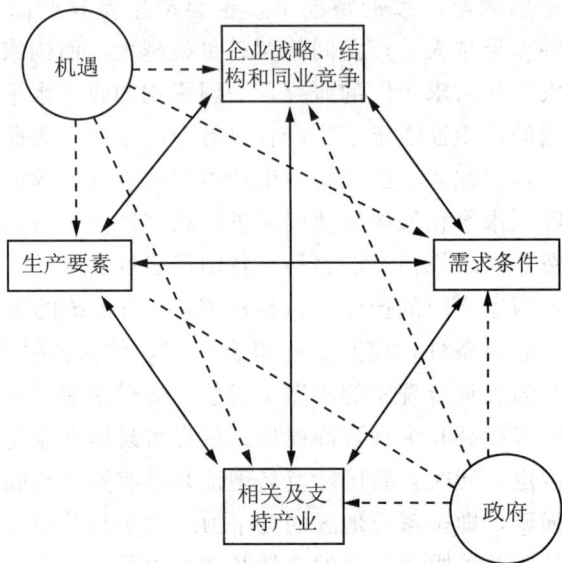

图 1-4　迈克尔·波特的钻石模型

(1)生产要素。波特认为一国的要素禀赋在决定一国的竞争优势方面所起的作用要比通常所认为的更为复杂。他指出，在大多数产业的竞争优势中，生产要素通常是创造得来而非自然生成的，并且会因各个国家及其产业的性质而有极大的差异。在任何时期，天然的生产要素都不会比被创造、升级和专业化的人为要素条件更重要。他还指出，丰裕的生产要素可能会反向抑制竞争优势，而不能提供正向的激励作用；相反，生产要素的劣势可能通过具有影响力的战略和创新来获得竞争优势得到弥补。波特认为，一个国家想要由生产要素建立起产业强大又持久的竞争力，则必须从事要素创造，要着力发展高级生产要素和专业性生产要素，这两类要素的可获得性决定了竞争优势的质量及其可持续性。他还指出，产业表现卓越的国家通常也是创造生产要素或提升必要生

---

①　参见迈克尔·波特著，李明轩、邱如美译：《国家竞争优势》，1～156 页，北京，中信出版社，2007。

产要素的高手，因此，能拥有高级研究环境的国家，其竞争力也将提高。对国家而言，能创造出生产要素的机制远比拥有生产要素的程度重要。

（2）需求条件。这里的需求条件指的是国内市场需求。波特认为，国内市场需求会影响一国产业发展的效率。他分析了国内需求市场对产业竞争力的影响的三种不同方式。第一，国内市场的性质。这包括三层含义，一是本国需求是否具有全球性。二是本国需求是否具有超前性。三是本国需求是否最挑剔。第二，国内市场的大小和成长速度。波特认为，国内市场规模是一把"双刃剑"，即一方面，具有激励厂商投资、再投资的动力，因而成为产业国际竞争力的一大优势；另一方面，庞大的国内市场所带来的丰富机会，也可能导致厂商丧失向海外拓展的意愿，这就形成不利于国际竞争的因素。因此，必须综合考虑各种竞争要素，才能看出市场规模对产业竞争力的利弊。第三，国内市场的国际化能力。国内市场需求转换为国际市场需求的能力高，则企业就可以将更多的本国产品或服务推向海外，从而提高本国产业的国际竞争力。

（3）相关及支持性产业。波特指出，相关和支持性产业之间存在着密切的协同效应。一方面，当本国的支持产业具备国际竞争力时，它会通过以下方式为下游产业创造竞争优势：以最有效的方式及时地为国内企业创新；促进信息在产业内传递，加快整个产业的创新速度。另一方面，竞争力强的产业也会通过"提升效应"带动相关产业发展。

（4）企业战略、结构和竞争状态。波特认为，各个国家由于环境不同，需要采用的管理体系也就不同；适合一国环境的管理方式能够提高该国产业的国际竞争力。波特通过实证研究发现，强有力的国内竞争对手普遍存在于具有国际竞争力的产业中，这也说明，激烈的国内竞争是创造和保持国际竞争优势的最有力的刺激因素。其原因在于，国内竞争会迫使企业不断更新产品，提高生产效率，以取得持久、独特的优势地位。此外，激烈的国内竞争还会迫使企业走出国门在国际市场上参与竞争；而经过国内激烈竞争锤炼的企业往往更加成熟，更具有竞争力，从而更容易在国际竞争中取胜。

（5）机遇。波特认为一些偶然性的事件或机会有时也会对一国的产业竞争优势产生影响。其中特别重要的有：基础科技的发明创新；传统技术出现断层；全球金融市场或汇率的重大变化；全球或区域市场需求剧增；外国政府的重大决策；战争等。偶然事件之所以重要，是因为它会打破原有的状态，提供新的竞争空间。这些事件使得原来的竞争者优势失效，而为能够适应新形势的国家和企业获得竞争优势提供了机会。当然，各国能否利用偶然事件所提供的机遇来获得产业国际竞争优势，还要取决于各种其他的因素；同样的机遇在不同的国家所造成的影响有好有坏。

（6）政府。波特认为政府的首要任务就是要尽力去创造一个支撑生产率提升的良好环境。其作用机制主要体现在四个方面。第一，政府可以通过补贴、教育投资和资金市场等政策影响生产要素。波特重点强调了政府在提供高级生产要素和专业化生产要素中的重要作用。第二，政府对需求条件的影响体现在：一方面，政府制定本地产品规格标准，影响到客户的需求状态；另一方面，政府本身通过政府采购影响国内市场的需求状况。第三，政府可以通过规范媒体的广告形式或产品的销售活动方式等来影响相关和支持性产业。第四，政府可以通过运用金融市场规范、税收、反垄断法、反不正当竞争法等政策工具影响企业的战略结构和竞争状态。

20 世纪 90 年代以后，由于经济全球化对各国经济发展的影响日益突出和发展中国家的快速发展，各国学者根据实际情况，对波特的钻石模型进行了改进与修正。例如，卡特赖特提出了多因素钻石模型，在波特的钻石模型基础上增加了海外要素创造能力、与在海外环境中的相关的和支持性产业的联系、满足海外顾客需求的途径、海外市场的竞争以及该产业在多大程度上有面向国际的目标和结构五个新的海外变量。[1] 邓宁进一步提出国际化钻石模型，认为日益增加的跨国经济活动和跨国公司的经营活动会直接或间接地影响波特钻石模型中各个互动的关键要素，并将跨国公司的活动作为第三个重要的辅助因素。[2] 鲁格曼和克鲁兹（Rugman & Cruz，1993）通过对加拿大国家竞争优势的分析，提出了双钻石模型，强调加拿大在参与国际竞争中，不仅要以国内经济环境来创造竞争优势，而且要依靠和利用"美国钻石"建立竞争优势。[3] 同时，波特模型对于解释诸如美国、日本、德国和英国等发达国家的产业国际竞争力来源很有说服力，因为这些国家自身具有良好的国内经济环境，国内企业可以

---

① Cartwright W R，Multiple Linked Diamonds and the International Competitiveness of Export-Dependent Industries：The New Zealand Experience"，Management International Review，Second Quarter，1993，33(2)：55-71.

② Dunning John H，Internationalizing Porter's Diamond，Management International Review，Second Quarter，1993，33(2)：7-15.

③ Alan M Rugman，Cruz D，Joseph R，"The Double Diamond" Model of International Competitiveness：The Canadian Experience，Management International Review，Second Quarter，1993，33(2)：17-39.

依托国内优势建立起竞争优势。但是，对于小国经济及欠发达国家和发展中国家而言，它们的现实经济中并不必然地具备与发达国家相称的国内经济环境，钻石模型的解释性和操作性并不明显。在这一背景下，一些经济学家对钻石模型与发展中国家的适用性进行了研究。如韩国经济学家赵东成就通过对韩国经济发展的研究，构建了九要素模型，认为一国国际竞争力的决定因素可以分为两类。一类是物质要素，主要包括资源禀赋、商业环境、相关的支持产业、国内需求等；这些因素相互作用，共同决定特定时间内一国的国际竞争力水平。一类是人力要素，主要包括工人、政治家和官僚、企业家、职业经理人和工程师等，这类要素会创造和控制物质要素，促使一国经济的发展和国际竞争力的提高。[①] 九要素模型突出了人力要素在国家竞争力中的作用，并据此提出了自己的评价体系，在欠发达国家和发展中国家更具解释力。

　　总的来看，钻石模型及其衍生模型往往来自对特定国家、特定时期的经验考察，随着世界经济的快速发展，尤其是发展中国家的不断崛起，仍然需要进一步对全球视角下的国家竞争力问题进行研究与分析，从理论层面探索国家竞争优势的基本规律。

第四节　小结：对上述理论的再认识

　　早期的产业结构理论显示，一国产业升级主要表现为产业结构的调整，即随着经济的发展和劳动生产力的提高，一国经济将从以农业为主向制造业为主、进而向服务业为主方向转变。迄今为止，发达经济体的发展历程无不遵循这一产业升级路径。与此同时，国家与国家之间，根据各自的比较优势、要素禀赋进行分工与生产，并通过国际贸易进行交换。但是，在20世纪七十年代之前，国际贸易中产业内贸易尚不十分发达，国与国在产业链条上的联系并不十分紧密。之后，随着运输和信息技术的快速发展、专业化水平的提升和全球化的深化，跨国公司的成长壮大带动了产业的跨国转移，全球价值链得以形成和发展，产业内贸易，尤其是产业内中间产品贸易在国际贸易中的份额明显提高，几乎每个国家都成为全球价值链上的一个分子。根据世界发展报告，2006

---

　　① Dong-Sung Cho, A Dynamic Approach to International Competitiveness: the Case of Korea, Journal of Far Eastern Business, 1994(1): 17-36.

年按 5 位码计，全球产业内贸易的比重达到 27%；按 3 位码计，这一比重为 44%。①

与此同时，企业经济活动的内容更加丰富，经济活动的组织形式也更加多样，在基本经济活动中除了生产、营销和售后服务外，研发活动成为不可或缺的部分，生产中又细分出高端制造和加工组装，而原材料、人力资源、财务支持本身也可能发展成为独立的价值链。除了超大规模的企业，企业的经济活动越来越难以覆盖价值链上的每一个环节，往往倾向于采取专业化的发展策略，通过承接外包和外包，构成对价值链上其他环节企业的供给和需求，与价值链上的其他企业联系起来，相互支持、竞争和发展，不断影响着国际分工格局和国家竞争力的走向。但是，大型跨国企业的全球性质使得其国家属性越来越模糊。一国的国家竞争力虽然依然与该国企业的竞争力密切相关，但其竞争优势不再是一个既定的被用于考察企业竞争力的条件变量，而是一个动态的、可以自我提升和完善的体系。在一国的竞争优势不断提升的过程中，将会汇集更多更优质的企业，这些企业既可能是本土成长起来的，也可能是从外部转移来的，无论哪种企业都可以成为推动该国经济持续发展、国际竞争力持续提升的重要力量。

---

① Marius Brulhart, An Account of Global Intra-Industry Trade, 1962—2006, World Development Report, http://wdronline.worldbank.org/worldbank/a/nonwdrdetail/122.

第二章
全球价值链分析框架

理论和实践证明，产业升级与国家竞争优势存在内在一致性。在激烈的国际竞争中，如果一个国家的产业大部分位于高附加值的环节，那么这个国家的竞争力就越强；反之，如果一个国家的产业主要集中于低附加值的环节，长期停滞在全球产业分工体系的底层，而不是占领国际产业链的高端环节，那么这个国家的竞争力也就相对较弱，而且很难实现新的跨越发展。因此，在全球化进程不断加快的时代背景下，对于任何国家而言，要实现国家竞争优势，都必须以全球价值链的角度审视当今以及未来相当长一段时期的国际分工，积极参与国际竞争与合作，抢占全球价值链中的优势地位。

第一节 开放经济条件下产业升级的宏观背景：
全球价值链的形成与发展

在全球化快速推进的过去 30 多年里，全球价值链得以形成和发展。所谓全球价值链，主要是指在全球范围内为实现商品或服务价值而连接生产、销售、回收处理等过程的全球性跨企业网络组织，涉及从原料采集和运输，半成品和成品的生产和分销，直至最终消费和回收处理的过程。它包括所有参与者和生产销售等活动的组织及其价值利润分配，并且通过自动化的业务流程和供应商、合作伙伴以及客户的链接，以支持机构的能力和效率。推进全球化快速发展的两大动力——贸易投资自由化和信息通信技术革命，不但是全球价值链形成的动因，而且为全球价值链的发展提供了坚实的基础。

具体来看，首先，第二次世界大战以来在美国等发达经济体推动下，世界经济自由化、全球化趋势加强，国际商务环境也随之发生了巨大变化，各国纷纷放松贸易、金融等领域的管制，商品、服务、资金、劳动力等产品和生产要素跨国流动的制度障碍和政策壁垒大幅度降低，使企业在利润最大化驱动下在其他国家或地区寻求发展机会成为可能。其次，20 世纪七八十年代以来，随着计算机技术、信息与通信技术的快速发展，国际运输通信成本大幅度降低。按照世界银行的统计，20 世纪 70 年代以来，铁路货运成本降低了一半；尽管能源和工资成本增加了，公路运输的成本仍然下降了 40％；世界航空货运的价格则跌至 1955 年水平的 6％；不定期船运服务的价格也跌至 1960 年水平的 50％；1931 年，纽约和伦敦之间 3 分钟电话费几乎高达 300 美元，而今只需几分钱。① 交通运输、通讯成本的迅速下降使生产受自然地理的限制越来越小，企业的跨国生产经营成为现实。通过产业跨国转移，企业将生产环节转移到最具生产力的地方，促进聚集并将不断扩大聚集规模，并从专业化生产中获取规模递增的经济收益。② 总的来说，技术进步使商品、服务、无形资产和人员的流动变得更为简便，企业可以远距离完成企业组织和管理任务技术进步对全球的贡献从可能性转变为现实性，国际化生产规模和范围不断扩大，全球价值链得以形成和发展。

全球价值链的发展在贸易领域最突出的表现是产业内贸易稳定而快速的增长。根据世界银行的报告，全球的产业内贸易占全球贸易总额的一半以上，而 1962 年，这一比例仅为 1/4。从原油到天然气等初级产品、从汽车零部件到电脑热线服务，到食品和饮料等终极产品，所有商品和服务的产业内贸易比例都增加了。③ OECD 的研究显示，高收入国家之间的产业内贸易比重更高。OECD 国家之间产业内贸易的比重达到了 75％（以进口计）。④ 我国自改革开放以后，积极融入全球化进程，成为全球价值链上的世界性生产基地。在我国的

① 世界银行：《2009 年世界发展报告：重塑世界经济地理》，18 页，北京，清华大学出版社，2009。

② Krugman P，Increasing Returns and Economic Geography，The Journal of Political Economy，1991，99(3)：483～499.

③ 引自 Marius Brülhart，An Account of Global Intra-industry Trade，1962-2006，The World Economy，2009.32(3)：401-459。由于计算所使用的商品编码位数不同，结果有所差异。

④ OECD，Moving up the(Global)Value Chain，Policy Brief，July 2007.

货物贸易中，产业内贸易已经超过产业间的单向贸易，成为主流。以中美贸易为例，我国从美国进口的商品中近 3/4 属于产业内贸易，对美国的货物出口中超过半数以上属于产业内贸易。[①] 在今天的全球化时代，由于全球产业价值链的形成，后起国家产业升级的方向也逐渐发生变化：一是继续像以往一样从劳动密集产业到资本技术密集产业的产业间的升级。更重要的是，沿着全球产业价值链从劳动密集的价值环节向两个方向提升，一个是向资本与技术密集的价值环节提升，另一个是向信息与管理密集的价值环节的提升。不论是在传统产业还是在高新技术产业内，均存在着从低附加价值向高附加价值环节提升的任务。而在全球化条件下提升产业结构，实质上就是提升一国在全球价值链分工中的地位。[②]

第二节　我们面对怎样的全球价值链：对微笑曲线深入探讨

　　在所有与全球价值链有关的理论与研究中，微笑曲线非常值得深入探讨。微笑曲线不但将价值链上的各个环节清晰地展示出来，而且由于将价值链上各个环节与该环节上的增值联系起来，就具备了分析价值链上的企业和国家竞争力的能力。价值链上各环节生产要素的密集度不同，全球价值链可分为三大环节：其一是上游的技术资本密集环节，包括研发、创意设计、提高生产加工技术、技术培训等业务内容；其二是中游的劳动密集环节，包括制造、组装、包装等业务内容；其三是下游的信息与管理密集环节，包括分销、品牌推广及售后服务等业务内容。按照增值能力，以上三个环节依次呈现"高—低—高"的形状，被称为"微笑曲线"。那些处于微笑曲线两端的企业具有更强的竞争力，而处于中间加工组装环节的企业竞争力较弱。随着全球化过程中国际分工的深化和国际产业的跨国转移，这些环节在各国间形成梯度转移，高附加值的环节留

---

　　① 张丽平：《中美产业结构的关联度分析》，载《国务院发展研究中心调研报告专刊》，2008。

　　② 商务部、国务院发展研究中心课题组：《跨国产业转移与产业结构升级》，1～20页，北京，中国商务出版社，2007。

在了发达经济体，低附加值的环节被转移到发展中经济体。① 发达经济体在全球价值链上的竞争力显然高于发展中经济体。因此，本研究将以微笑曲线为基础展开。但是，正如第一章强调的，"微笑曲线"最初是在企业的日常经营中观测到的现象。但"微笑曲线"是否普遍存在，需要进行验证。

一、微笑曲线的普遍存在性与本质

木村达也利用利润率对日本的某些产业进行了微笑曲线化的验证②。根据木村达也的研究，在被验证的 6 个产业中只得出 3 个具有微笑曲线化现象的结论。木村达也的研究结果似乎质疑了"微笑曲线"的存在。但我们必须认识到，木村达也的验证结果不理想是有原因的。原因主要在于两个方面：其一，一国国内的价值链要比全球价值链平缓。如果一个产业的价值链在一国之内展开，由于资本与劳动力的可流动性，会导致产业价值链不同环节的资本回报率和工资水平趋同，平均劳动生产率的差异主要反映的是人力资本构成的差异。因此，其价值曲线是一条很平缓的"U"形曲线。相比之下，全球产业价值链却是一条深凹的"U"形曲线。其二，木村达也在验证中使用的是利润率，而在价值链上，如果资源可以在各环节中自由流动，那么各环节的利润率就不会有太大的差别，虽然他后来用营业剩余率（＝营业剩余/总资本）来修正利润率，但仍然不能很好地解决这个问题。

要对微笑曲线进行数量验证，必须获得价值链上各环节的附加值数据。但迄今为止，没有哪个企业对本企业经济活动的各环节进行单独的成本效益核算，即便有也会作为商业秘密秘而不宣，国家层面也就更不会有这方面的统计。因此对微笑曲线很难进行数量验证。但这并不是说微笑曲线不存在。尽管缺乏数据，但微笑曲线依然可以找到经济学理论加以论证。从本质上讲，微笑曲线是高投入高回报在价值链不同环节上的体现。我们知道，对于企业而言附加值就是产品的增值部分，是收入与投入之间的差，可视同为利润。用公式表述为

---

① 第二次世界大战后，世界上经历了几次大规模的制造业跨国转移：20 世纪 50 年代，美国的纺织业等传统劳动密集型产业通过直接投资向正处于经济恢复期的日本等国家转移；20 世纪六七十年代，美、德、日等国将劳动密集型产业，尤其是轻纺工业大量向新兴工业化国家转移；20 世纪 70 年代后期，发达经济体先后将钢铁、造船和化工等重化工业和汽车、家电等部分资本密集型产业进一步向外转移；20 世纪 80 年代以来，模块化战略经营方式的出现，开启了技术密集型产业的劳动密集型环节向新兴工业化国家转移的进程。

② Tatsuya Kimura, The "Smile Curve" Phenomenon in the Japanese Assembly-Type Manufacturing Industry, FRI Research Report No. 167.

$$VA = R - C = P \tag{2-1}$$

其中 VA 代表附加值，R 代表收入，C 代表成本投入，P 代表利润。

那么利润率的公式就可以转换为

$$P = (R - C)/C = VA/C \tag{2-2}$$

在完全竞争条件下，同一产业的厂商应获得平均利润，即上式中的 P 不变，此时投入 C 越大意味着 VA 越大。由于在价值链的三个环节中，技术资本密集环节和信息与管理密集环节的投入要大于劳动密集环节，因此价值链各环节按照附加价值来描绘就呈现出微笑的模样。然而，现实中完全竞争条件往往得不到满足，由于价值链各环节的进入门槛有高有低、各厂商对价值链的影响力有强有弱，因此各环节之间的生产要素并不能完全自由流动，但这并不能改变微笑曲线的形状，只能使微笑曲线的"微笑"幅度更大。在价值链的各环节中，技术资本密集环节和信息管理密集环节的进入门槛高于劳动密集环节，价值链的主导企业也是因为在这两个环节具有竞争优势而胜出，这两个环节在整个价值链的附加值分配中处于有利地位，获得的附加值要超过按照平均利润率应该获得的份额。因此，各环节间要素不能自由流动造成的差异只会使微笑曲线的底部更低、两端更高、微笑曲线的笑容更深。

二、考虑产品差异性的价值链：由微笑曲线到大笑曲线

微笑曲线虽然很好地展示了价值链不同环节的附加值变化以及不同价值链之间的附加值差别，提示我们要大力发展高附加值环节和技术、信息密集型产业。但微笑曲线忽略了很重要的一点，即一个产业是由众多具有差异化的产品构成，比如服装，有服务于广大消费者的、有大规模机械化生产的大众服装，也有服务于高收入阶层、定制生产的高档时装，二者的附加值有时相差数十倍。因此一个产业的价值链不但应该包含不同业务环节的增值差异，还应体现因产品差异性带来的附加值变化。一个产业的价值链是由同一产业内生产众多差异化产品的各个环节共同组成，将这些环节的边界勾勒出来，就形成了的"大笑曲线"（如图 2-1 所示）。

曲线的上边界代表着该产业高端产品各环节的价值增值情况；下边界代表着该产业低端产品各环节的价值增值情况；二者之间密布着一些中端产品的价值链。造成这种因产品不同而产生的附加值差异，既有品牌的原因，如服装、鞋、化妆品、洗涤用品等日用消费品主要按照品牌的知名度来划分是高档还是低档；也有产品生命周期的原因，如家用电器、电子类产品，当产品被发达经

27

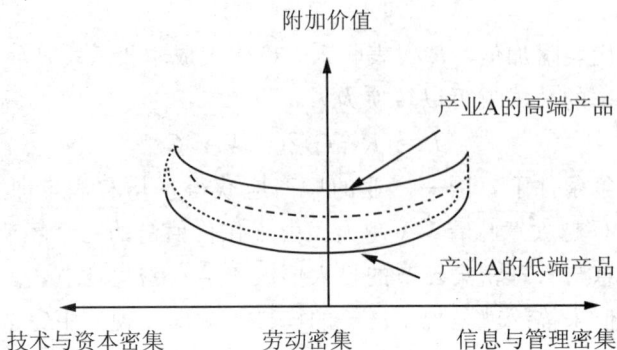

图 2-1　产业价值链示意图

济体最先研制出来后，最先在发达经济体生产并推广，当产品进入成熟期、单位产品的增值降低后，才向发展中经济体转移和推广；还有技术含量、关键技术的原因，如机械设备等中间投入品，技术含量高、含有关键技术的顶级产品附加值高，被留在了发达经济体内，而其余产品则转移到了发展中经济体。

利用"大笑曲线"不但能够体现同一产业差异化产品的增值变化，还能够展示"传统劳动密集型产业也有高科技环节，高科技产业也有劳动密集环节"这样一个客观存在的现象。

如图 2-2 所示，实线标示和虚线标示的"大笑曲线"分别代表了 2 个不同的产业 A 和产业 B，产业 B 在技术密集度的总体水平上要高于产业 A，但其下边界要低于产业 A 的上边界，因此可以认为产业 B 的低端产品的附加值要小于产业 A 的高端产品。我国高科技产品出口比重上升很快，并接近出口总额的1/3，但我国高科技产业却依然存在附加值低的问题，原因就在于这些高科技产品依然是由最低端的劳动密集环节制造出来的。

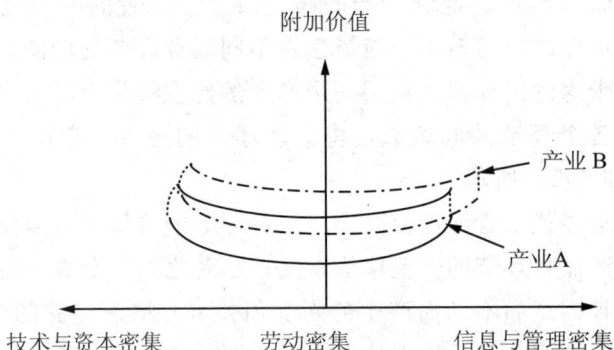

图 2-2　不同产业同一阶段的产业价值链示意图

三、决定附加值高与低的关键因素：地位与权力

"大笑曲线"充分展示了价值链上与附加值密切相关的三个因素：产品、环节、"链"。这三个因素对附加值的影响分别表现为：在同一产业内部，由于品牌知名度、产品生命周期、技术知识含量等差异的存在，高档品比低档品的附加值高；在同一价值链上，研发、分销服务环节要比制造环节附加值高；在不同产业的价值链之间，技术、信息密集度相对高的产业总体上能获得相对高的附加值。

但"大笑曲线"没有能够展示出一个至关重要的因素，即价值链上企业之间的地位与权力差异对附加值高低的影响。虽然价值链上的企业之间也存在着正常的市场关系（Arm's Length Market Relations）和网络型关系（Network）这样并不相互控制的情况，但多数价值链还是呈现出准层级型（Quasi-hierarchy）和层级型（Hierarchy）关系。正常的市场关系是指由于生产是标准化的或是产品容易定制化，交易双方并未发展成控制与被控制的关系；在网络型关系中，具有互补能力的企业之间对全球价值链的重要环节进行分工，各方共同定义产品。网络意味着企业之间是一种平等合作的关系，各自在全球价值链中分享核心能力，双方都不具有控制对方的力量，是一种相互依赖的关系。准层级型（Quasi-hierarchy）关系，是指一家企业对其他企业实施高度控制，其他企业要遵守其制定的产品标准，以及其指定的流程。层级型（Hierarchy）关系是指主导企业对全球价值链上某些环节的企业采取直接的股权控制，跨国公司及其分支机构之间的关系就属于这一类。①

在正常市场关系和网络型关系中，附加值的分配完全由市场力量决定，企业面临着对等的发展机会和环境。但在现实中这两种关系并不是主流。它们多存在于市场上充斥着众多中小企业、竞争充分的新兴领域。而且在竞争的市场环境下，这两种关系并不稳定，最终会被准层级型或层级型关系所取代。随着该领域走向成熟，那些实力强的企业就会成长为主导企业，从而控制整个价值链，或者具有增值潜力的企业被大企业并购、控制。

在准层级型和层级型关系的价值链上，主导企业与其他企业形成了依赖与被依赖、控制与被控制的关系。而且在由主导企业控制的价值链上，附加值的分配往

①　参见 Humphrey, Schmitiz H, How does insertion in Global Value Chains Affect Upgrading In Industrial Clusters, Regional Studies, 2002, 36(9): 27-101; Humphrey J, Schmitz H, Developing country firms in the world economy: governance and upgrading in global value chains, INEF Report, University of Duisburg, 2002: 25-27.

往会向主导企业倾斜，使得价值链上各环节的利润率偏离平均利润率。这将进一步提升主导企业对价值链的控制力。相应地，其他企业的发展空间也就更加狭窄。

第三节　全球价值链框架下的转型升级：从企业到国家

一、企业层面

对企业而言，转型升级意味着指企业通过进入高附加值的价值增值环节、嵌入更高级别的价值链，获取先进技术和更紧密的市场联系，从而提高其在国际市场上的竞争力，从国际化经营中获得更多回报。在"大笑曲线"所描绘的全球价值链中，企业面临着三种类型的转型升级：产业升级、产业内升级和产业间升级。

（一）产业升级

在竞争、技术进步的作用下，企业所在的价值链一直处于动态的发展过程中。事实上，任何一个产业的价值链边界，即"大笑曲线"会随着企业采用新技术、新生产工艺、劳动生产率的提高，而向上提升。如图 2-3 所示，在发展的第二个阶段，产业 A 的整体附加价值水平都有所提升，于是导致了产业升级。在产业升级过程中，价值链上的企业也会获得"水涨船高"式的升级。如在传统制造业中引入信息化管理手段后，整个行业的劳动生产率都大大提高了。但是如果企业升级的速度与整个产业升级的速度保持一致，那么这种提升并不一定会改变企业在价值链上的位置，以及企业相互之间的竞争和互动关系。企业要想通过抓住产业升级的机遇，实现自身竞争力的提高，必须要以快于其他企业的速度提高生产率，或者比其他企业更早地发现产业移动的方向，提早采取行动。

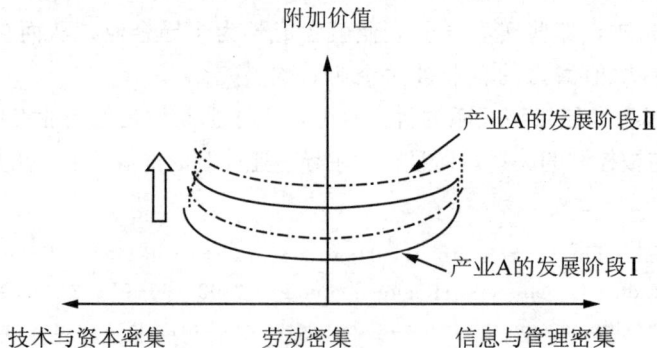

图 2-3　同一产业不同发展阶段的价值链示意图

（二）产业内升级

产业内升级是指发生在同一产业内部的升级活动。在图 2-4 中，向上的箭头方向标示出产业内升级的不同方向和内容。向上的箭头表示企业通过生产更高级别的产品实现了升级，如从普通运动鞋到专业运动鞋的升级。这种更高级别产品在日常消费品领域往往意味着品牌力量的提升；在消费类电子领域意味着企业能够掌握处于产品生命初期的生产；在机械设备等中间投入品领域意味着企业能够掌握关键技术。

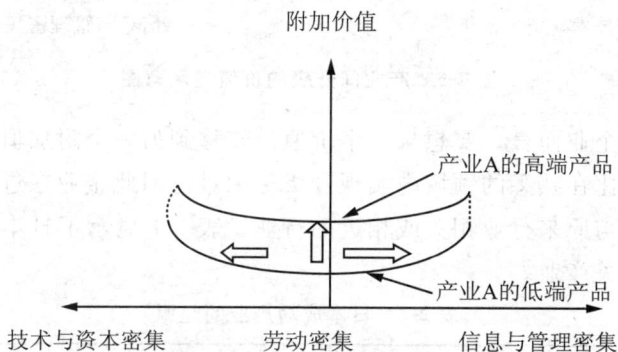

图 2-4　产业内升级的价值链示意图

向左、向右的箭头则标示出企业由制造加工环节向两端的研发、分销环节发展，借以提升附加值。西方学者在研究中通常把"单纯来料加工、组装—原厂委托制造（OEM）—原厂委托设计（ODM）—代工厂自创品牌（OBM）"的转换看做是亚洲企业升级的模式。[①]　相对而言，企业向上的升级由于不涉及生产环节的变化，更容易实现，而向两端的升级则困难重重。处于价值链两端的环节不但投入大、门槛高，而且经常被主导企业把持，价值链低端的企业很难突破这些限制。

（三）产业间升级

产业间升级是指发生在不同产业之间的升级活动。产业间升级是企业从一个产业的价值链转换到另一产业价值链的过程。图 2-5 的箭头显示了产业间升级的方向。这种转换必须同时实现了附加价值的提升才更有意义。

31

---

① Henderson J, Danger and opportunity in the Asia—Pacific. In：Thompson G(eds). Economic dynamism in the Asia-Pacific. London：Routledge，1998：356-384.

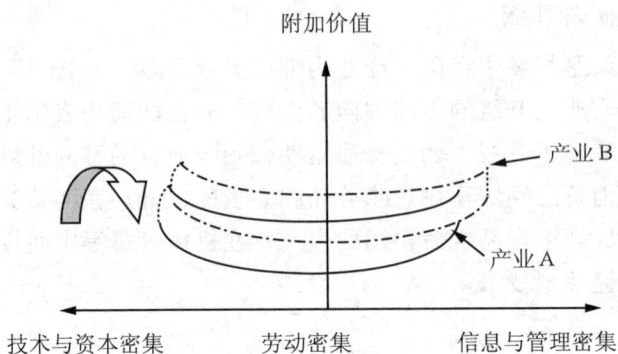

图 2-5　产业间升级的价值链示意图

对于任何企业而言，要想从一个价值链转移到另一个附加值更高的不同的产业链上，要比在熟悉的领域内实现升级更困难。因此企业在进行产业间升级时，往往选择与原来行业相关或相近的行业。表 2-1 显示了日本一些成功产业正是起源于相关产业。

表 2-1　日本成功产业的起源

产业	源起的产业
打字机	缝纫机
吊车	卡车、建筑机械
录像机	电视机、家用音响
复印机	相机
传真机	复印机
工业机器人	机床、马达

资料来源：迈克尔·波特：《国家竞争优势》，372 页，北京，中信出版社，2007。

上述三类价值链升级与汉弗莱和斯密兹（Humphrey&Schmitz，1995）的四层次升级分类方法在升级的内容上并没有本质的区别。四层次升级包括流程升级、产品升级、功能升级以及部门间升级（也称链升级）。表 2-2 详细列出了这四种升级的具体内容与途径。从中不难看出两种升级分类的联系：流程升级引发了产业升级；产品升级和功能升级共同构成了产业内升级；而部门间升级就是产业间升级。然而，汉弗莱和斯密兹认为这个四层次升级之间存在着从低级到高级的变化，而且也有众多研究认为在企业升级过程中存在着先后顺序：从流程升级到产品升级，再到产业功能升级，最后到价值链条升级。但是由于多数价值链的企业之间存在着主次之分，如果真的按照这个规律来推动企业的转型升级，那些在价值链中处于被控地位的企业很难超越主导企业，实现功能升级和链升级，其升级只能跟随在主导企业之后，捡拾主导企业剥离下来的环节。

表 2-2 全球价值链的四层次升级模式

升级模式	具体内容与途径
流程升级 （process upgrading）	通过重组生产系统或引进先进技术，使从投入到产出的加工过程更有效率，这种升级最为普遍，在竞争条件下，企业需要不停地提高生产效率。
产品升级 （product upgrading）	通过向更复杂、更高档产品的生产线转移，提高单位产品的价值，如亚洲服装从在折扣店里出售的商品升级为在百货公司里出售的商品。
功能升级 （functional upgrading）	在价值链上获取新的、更高级别的功能，如设计、营销，或放弃低附加值功能并集中于高附加值活动。这种升级又可以被认为是环节升级，如一个 OEM 厂商向 OBM 的转型。
链升级 （intersectoral upgrading）	从一个产业的价值链跨越到另一新产业的价值链，如电视制造商转变成为计算机的制造商。

资料来源：根据相关研究整理。

实际上，产业升级的轨迹是完全可以改变的。"大笑曲线"中的三种产业升级模式每一种都是可以突破的，而突破的关键在于企业在升级过程中打破原来的企业关系，成为价值链上的主导企业。一个在价值链上处于被控制地位的企业必须成为价值链上的主导企业，才能实现真正意义上的升级。因为只有改变被控制的局面，企业才能在附加值的分配上处于有利地位，并完成各类转型升级的实力的积累。按照价值链高投入高回报的原则，企业要想完成转型升级，就必须快速积累实力，使自己有足够的资本开发新技术、新产品，以及向其他环节、其他领域转移。

企业要成为价值链上的主导企业，要保持企业的竞争优势或核心竞争力，除了要不断积累实力外，还要讲究具体的发展策略。

一是要抓住产业发展机会。价值链是不断发展变化的，在变化中新的机会就会出现，谁能抓住先机谁就能成为新的领跑者。以手表业为例，20 世纪五六十年代，批量生产、批量销售和广设营销点等趋势出现，天美时等美国企业因此取代瑞士在传统钟表店的优势；而电子表的问世，为西铁城、精工等日本企业的快速发展提供了机会。同样，空中客车公司也紧抓电子计算机和互联网为核心的信息技术迅猛发展的机遇，推进制造业信息化步伐，形成了网络化的协同设计平台，实现全球协同研发和协同生产，整合全球智力资源，大大缩短了研发周期，提高了生产效率、提升了企业全球竞争力。

　　二是致力于新兴领域的发展。放眼历史进程，产业从来就不是静止不动的，产业发展也是不断变化的。很多今天发展迅速并广为人知的产业，比如移动通信、互联网、光伏发电等可能在以前根本就不存在或没有得到任何重视。同样，近年来，伴随着绿色发展理念的传播与推广，与传统金融产业不同的，以环境和谐为目的的绿色金融业已经悄然兴起，并创造出了如碳基金、碳资产管理、碳排放交易保险以及碳银行等多种业态，成为最具有活力和成长性的新兴产业领域之一。在新兴产业的价值链上，企业关系相对平等，竞争环境相对宽松，企业更容易通过自身努力成为日后全球价值链上的主导企业。（如表2-3所示）

表 2-3　当前主要新兴产业领域及具体产业分布

产业领域	具体产业分布
信息	1. 网络设备；2. 光传输设备；3. 接入网系统设备；4. 数字移动通信产品；5. 数字音视频产品；6. 计算机及外部设备；7. 软件及应用系统；8. 信息安全产品与系统；9. 集成电路；10. 信息功能材料与器件；11. 电子专用设备、仪器和工模具；12. 新型显示器件；13. 新型元器件；14. 汽车电子；15. 民用雷达；
生物	16. 生物反应及分离技术；17. 生物制造关键技术及重大产品；18. 新型疫苗；19. 重大疾病创新药物及关键技术；20. 生物技术药物及关键技术；21. 单克隆抗体系列产品与检测试剂；22. 新型给药技术及药物新剂型；23. 计划生育药具；24. 中药材及饮片；25. 中药制品；26. 中药制药工艺及设备；27. 生物医学材料；28. 新型医用精密诊断及治疗设备；29. 医学信息技术及远程医疗；30. 生物芯片；31. 生物材料及产品；32. 功能性食品；
航空航天	33. 民用飞机；34. 空中交通管理系统；35. 新一代民用航空运输系统；36. 卫星通信应用系统；37. 卫星导航应用服务系统；38. 卫星遥感应用系统；

续表

产业领域	具体产业分布
新材料	39. 纳米材料；40. 高性能、低成本钢铁材料；41. 高性能镁、铝、钛合金材料；42. 特种功能材料；43. 稀土材料；44. 高温结构材料；45. 新型建筑节能材料；46. 重交通道路沥青；47. 高分子材料及新型催化剂；48. 复合材料；49. 特种纤维材料；50. 环境友好材料；51. 膜材料及组件；52. 金属粉体材料及粉末冶金技术；53. 表面涂、镀层材料；54. 盐湖及海水提锂、提镁技术；55. 新型纺织材料及印染后整理技术；56. 高性能密封材料；57. 子午线轮胎生产技术和关键原材料；58. 金属、无机非金属多孔复合催化材料；59. 油田用助剂；60. 造纸用助剂；61. 新型选矿设备及药剂；62. 核工程用特种材料；
先进能源	63. 动力电池及储能电池；64. 氢开发与利用；65. 风能；66. 太阳能；67. 生物质能；68. 地热能与海洋能；69. 石油勘探开发技术及设备；70. 油品加工技术及设备；71. 长距离高压油气输送设备；72. 煤炭高效安全生产、开发与转化利用；73. 高效低污染燃煤发电及水电技术系统；74. 核电及核燃料循环；75. 电网输送及安全保障技术；
现代农业	76. 农作物新品种；77. 蔬菜、水果等园艺作物新品种；78. 林木、花卉新品种；79. 畜禽水产新品种；80. 新型设施农业技术；81. 安全高效、规模化畜禽清洁养殖技术；82. 安全高效淡水产品清洁养殖技术；83. 农林节水技术与设备；84. 新型高效生物肥料；85. 新型安全饲料；86. 农业动物重大疫病预防控制；87. 水产疫病预防控制；88. 农林植物有害生物检疫、预防、控制；89. 数字化农林技术与装备；90. 农林产品加工技术与装备；91. 农林业生物质材料精深加工与利用；92. 农林业机械；93. 粮食储藏与流通；
先进制造	94. 工业自动化；95. 网络化制造；96. 现代科学仪器设备；97. 新型传感器；98. 精密高效和成形设备；99. 激光加工技术及设备；100. 高精度数控机床及功能部件；101. 机器人；102. 大型石油化工成套设备；103. 关键机械基础件；104. 电力电子器件及变流装置；105. 汽车关键零部件；106. 高效节能内燃机；107. 数字化专用设备；108. 快速制造技术及设备；109. 大型构件制造技术及装备；110. 大型部件自动化柔性装配技术及装备；111. 核技术应用；112. 高技术船舶；113. 海洋工程装备；114. 轨道交通设备；

续表

产业领域	具体产业分布
节能环保和资源综合利用	115. 先进节能技术；116. 饮用水安全保障技术；117. 工业和城市节水、废水处理；118. 雨水、海水、苦咸水利用；119. 大气污染与温室气体排放控制；120. 固体废弃物的资源综合利用；121. 危险固体废弃物处置技术及设备；122. 环境自动监测系统；123. 生态环境建设与保护；
海洋	124. 海洋监测技术与装备；125. 海洋生物活性物质及生物制品；126. 海水养殖良种繁育和育苗技术；127. 设施渔业和渔业工程装备；128. 海底资源环境监测、勘探技术与装备；129. 海洋环境保护与生态修复技术及装备；
高技术服务	130. 信息技术服务；131. 电子商务服务；132. 数字内容服务；133. 研发设计服务；134. 生物技术服务；135. 检验检测服务；136. 知识产权服务；137. 科技成果转化服务。

资料来源：国家发展改革委等：《当前优先发展的高技术产业化重点领域指南（2011年）》。

三是善于开展兼并与重组。企业通过自身的壮大，以纯粹竞争的方式击败现有的主导企业难度非常大。随着全球化和信息技术的进一步发展，大规模协作生产方式将取代以往封闭的层级式生产模式。在大规模协作生产方式下，企业往往拥有更加开放的、可以渗透的边界，通过跨越它们的组织边界来利用外部的知识、资源和能量。在资金条件允许的情况下，并购是一条可行的捷径。纵观国际上的企业并购案例，很多大型跨国公司也是通过并购来不断强化其在价值链上的主导位置。对于后进国家的企业，同样可以利用并购来提升自己在价值链上的位置。

专栏：葛兰素史克 2400 万英镑收购"海王"，构建中国疫苗生产平台

英国葛兰素史克公司（GSK）是世界领先的、以研发为基础的制药和医疗保健公司，是在中国投资总额超过 4 亿美元的在华规模最大的跨国制药企业之一。公司在全球 100 多个国家设有分支机构，年产药品和消费保健品 40 亿盒，产品遍及全球市场。其中，葛兰素史克的疫苗产品亦居世界领先地位，全球 25％的疫苗是由葛兰素史克提供的。

2011 年 6 月 15 日，葛兰素史克宣布，该公司将斥资 2 400 万英镑从深圳海王英特龙生物技术股份有限公司手中收购双方合资公司深圳葛兰素史克海王

生物制品有限公司剩余 51％ 的股权。深圳葛兰素史克海王生物制品有限公司是生产禽流感疫苗的企业，在该交易获得中国监管部门批准后，葛兰素史克将成为这家疫苗生产商的唯一所有人。

　　之前，葛兰素史克是在美国工厂生产原料药，再到中国公司进行分装销售。由于"史上最严厉的"中国新版 GMP 标准及 2010 新版药典的颁布，葛兰素史克公司如果要满足新版 GMP 要求，就意味着葛兰素史克全球的生产车间都要进行技术改造，但如果不按规定不改造又会失去庞大的中国市场。

　　通过此次收购，葛兰素史克可以更好地构建一个中国本土化的疫苗生产平台，既可以有效地降低企业生产和运营成本，也充分利用了现有完善的市场销售渠道和当地资源，有助于其进一步扩大在中国的业务，确保其在日益增长的中国疫苗市场的地位。

　　资料来源：2 400 万英镑葛兰素史克买断"海王"，http://www.people.com.cn/h/2011/0615/c25408-2705996117.html，经整理。

二、国家层面

　　从全球价值链的角度来研究产业转型升级，必须同时从企业微观层面和国家宏观层面来分析。不少学者通过对全球价值链治理模式与创新方式的分析探讨了发展中国家融入全球价值链、实现产业升级的途径与对策。但是，理论界的成果仍然停留在微观和静态的层面，把产业升级理解为企业在全球价值链上顺着价值链条梯度提升的过程。对于国家而言，本国企业能够从国际化经营中获得更多的回报还远远不够，国家需要通过产业转型升级实现国家竞争力的提升，打造属于国家的竞争优势，最终成为产业链高端部分的聚集地，成为该产业的发展基地。

　　具体而言，企业成为价值链的主导企业意味着企业竞争力的提高，但并不必然意味着国家竞争力的提高。这是因为全球价值链形成以后，资源可以在全球配置，价值链的各个环节倾向于在各自回报率最高的地方布局，从而可能导致企业竞争力与国家竞争力的分离。无论哪个国家的企业在成为价值链主导企业后，根据追求高回报的原则对价值链各个环节进行全球布局，即将劳动密集环节布局于具有劳动力成本优势的地方，将高附加值环节布局于具有教育、科研以及管理优势的地方。母国如果没有吸引高附加值环节的优势，企业是不会将高附加值环节放在母国的。在这种情况下，企业竞争力就会与国家竞争力分离。只有当母国具有教育、科研以及管理优势时，企业竞争力才能上升为国家竞争力。

例如，跨国公司在海外设立研发机构，一个非常重要的动机是为母公司在国外建立信息窗口和据点，确保公司能及时捕捉世界范围的新信息，在对技术信息的收集、整理、加工运用的基础上，开发出符合母公司战略要求的新技术、新产品。因此，跨国公司在建设海外研发机构首要考虑的还是发达国家的技术高地和研发密集区域。从表 2-4 可以看出，跨国公司研发机构在发达国家的数量占据绝对优势，是发展中国家的 3.4 倍。从几大洲的比较来看，在欧洲的研发机构投资总数量最多，达到 251 家，占全球研发总数的 45.6％；其次是北美洲 151 家，占全球研发总数的 27.5％。从国家或地区角度来看，仅美国就吸引了 129 家研发机构，占到了跨国公司在发达国家研发投资机构总数的 30.8％，以及全球研发总数的 23.5％，绝对数和相对比例都是最高的；在欧洲国家中，德国、英国、法国和比利时成为继美国之后名列前茅的几个国家，都吸引了超过 20 家的跨国公司研发机构；在大洋洲，澳大利亚有 17 家研发机构投资；日本也有超过 10 家的跨国公司研发机构。总体而言，跨国公司在美、日、西欧"三极"地区的研发投资远远多于世界其他国家和地区，这和这些国家拥有良好的产业发展基础、优质的教育环境、较高的科技发展水平和研发能力有很大关系。

表 2-4　制造业跨国公司的海外研发投资机构分布表

国家（地区）	数量	国家（地区）	数量	国家（地区）	数量
德国	30	葡萄牙	5	泰国	6
英国	28	斯洛伐克	5	马来西亚	5
法国	25	俄罗斯	3	中国台湾	3
比利时	21	土耳其	2	印度尼西亚	2
丹麦	14	罗马尼亚	1	菲律宾	2
意大利	13	欧洲	251	亚洲	88
瑞典	13	美国	129	巴西	12
西班牙	12	加拿大	22	墨西哥	8
荷兰	11	北美洲	151	阿根廷	7
瑞士	11	澳大利亚	12	智利	4
奥地利	10	新西兰	5	委内瑞拉	2
爱尔兰	9	大洋洲	17	哥伦比亚	1

续表

国家(地区)	数量	国家(地区)	数量	国家(地区)	数量
挪威	9	新加坡	13	秘鲁	1
芬兰	9	中国	13	南美洲	35
捷克	6	印度	12	南非	6
希腊	5	日本	11	阿联酋	2
匈牙利	5	韩国	11	发达国家总计	424
波兰	5	中国香港	10	发展中国家和地区总计	126

数据来源：陈健、徐康宁：《跨国公司研发全球化：动因、地域分布及其影响因素分析》，载《经济学季刊》，2009(3)。

同时，企业将核心技术、先进管理经验、高端品的制造等高附加值环节放在哪里，哪里就可以被看做该企业的发展基地。波特对基地的定义包含了企业在此制定竞争战略，开发核心产品和生产流程，研究最关键的技术。在全球化背景下，有些大型跨国公司的国籍特征越来越模糊，经常会出现 A 国的企业将 B 国作为发展基地的现象。波特的研究表明，企业的国籍其实是次要的。即使是外资企业，如果它能像本地企业一样，在当地维持有效战略，不断创新并保持技术竞争力，当地经济必然会因此而获益。因此，一个国家能持续并提高本身生产力的关键在于，它是否有资格成为一种先进产业或重要产业环节的基地。

总之，对于任何国家而言，成为先进产业或重要产业环节基地资格的关键是在教育、科研以及管理等领域具有竞争优势，而这些优势是可以创造的。根据传统的国际贸易理论，每个国家都应根据"两利相较取其重，两害相较取其轻"的原则，集中生产并出口其具有"比较优势"的产品，进口其具有"比较劣势"的产品，而比较优势的产生主要来源于各国的要素禀赋差异。但是，由于全球化、不完全竞争、规模经济等因素的存在，以及技术的广泛应用，一国可以摆脱原有要素禀赋的限制，不断创造出新的比较优势，并以此为基础，实现该国国际竞争力的提升。在比较优势的转换过程中，技术创新、经济规模、人力资本、生产管理方式等非自然因素发挥着越来越重要的作用，而由资源禀赋差异形成的比较优势在决定国际贸易格局的作用越来越小。

另外，由于不同产业、不同环节在某国聚集所需竞争优势不同，每个国家不可能同时拥有所有产业、所有行为环节所需要的竞争优势，因而也就不能成为所有产业的发展基地。比如，德国是高性能汽车及机械设备等产业的发展基地；日本是电脑数控机床、消费类电子等产业的发展基地；意大利是高档皮具制品、特殊用途皮革切削机、烟草制造机等产业的发展基地。而且，国际经验还表明，在国家与产业的匹配过程中，往往是产业选择国家，而非国家选择产业。当一个国家具有了有利于某些产业成长、聚集的优势时，这些产业会选择将该国作为发展基地。

三、小结

在全球化日益深化的今天，产业转型升级的研究必须放在全球价值链框架下进行。"微笑曲线"所描绘的价值链向我们展示了不同经济活动、不同产业的附加值变化，揭示了高投入高产出的经济活动本质。当考虑到产品多样性后，"微笑曲线"变化为"大笑曲线"。由于品牌差异、产品生命周期阶段不同、技术含量不同等原因，在同一产业内部相同环节之间也存在着附加值的变动。"大笑曲线"同时很好地解释了"传统劳动密集型产业也有高科技、高科技产业也有劳动密集环节"的客观现象。在价值链上产品、环节和"链"共同决定了企业经营活动附加值的高低，但在价值链背后，企业的地位和权力却是决定价值链分配的决定性因素。

对企业而言，转型升级意味着企业通过进入高附加值的价值增值环节、嵌入更高级别价值链，获取先进技术和更紧密的市场联系，从而提高其在国际市场上的竞争力，从国际化经营中获得更多回报。"大笑曲线"上的产业升级、产业内升级和产业间升级，都是企业在转型升级过程中所要面对的。企业要比竞争对手更具竞争力，其升级才能为其带来更多的回报。为此，企业在升级过程中要以成为价值链上的主导企业为最终目标。企业首先要积累实力，其次要选择适当的策略，如抓住先机，致力于在新兴领域的发展，善加利用并购等。

对于国家而言，本国企业能够从国际化经营中获得更多的回报还远远不够，国家需要通过产业转型升级实现国家竞争力的提升，打造属于国家的竞争优势，最终成为产业链高端部分的聚集地，成为高端产业的发展基地。一国需要大力打造技术创新、经济规模、人力资本、生产管理方式等非自然因素方面的竞争优势，形成动态比较优势，吸引企业将高附加值环节或先进产业放在该国发展，从而提高该国在该产业上的国际竞争力。

第二部分　国际经验篇

第三章
世界经济竞争格局的演变与特征

　　一国的产业结构与贸易结构之间有着非常密切的联系，两者互相影响。尤其是在经济全球化和市场对外开放不断加大的背景下，产业和贸易结构的关联度变得更加密切。在国际竞争中，商品和服务贸易的发展水平往往能够突出体现一个国家的开放程度和竞争能力的强弱。而从现实情况看，世界商品和服务贸易规模排名领先的经济体也往往代表了国际竞争中最具竞争力的群体。对我国而言，研究世界商品和服务贸易领先经济体的分布格局、发展特征及变化趋势，对于促进我国产业升级，更好地参与国际分工，提高商品和服务的国际竞争力，具有十分重要的借鉴意义。本部分主要利用世界 213 个经济体 1960—2009 年商品贸易和 1980—2009 年服务贸易的进出口额数据进行计算和分析，得到各年贸易额排名前十位的经济体。通过观察半个世纪以来商品和服务进出口额世界排名前十位经济体的变化，对世界经济竞争格局的历史变革与发展特征进行描述和判断。

第一节　世界商品贸易领先经济体的变化与特征

　　一直以来，商品贸易在世界各国经济生活国际化中都占据着重要地位，贸易规模也是衡量各国生产力水平和国际竞争力的主要标志。如图 3-1 所示，1960 年以来，全球商品贸易发展迅速，商品进出口额持续增加。2009 年世界商品贸易进出口总额为 250 775.7 亿美元，其中进口额为 125 882.9 亿美元，比重为 50.2%；出口额为 124 892.8 亿美元，比重为 49.8%。1960—2009 年，世界商品贸易进口额由 1 301.6 亿美元增至 125 882.9 亿美元，年均增速达 9.8%；商品贸易出口额由 1 238.2 亿美元增至 124 892.8 亿美元，年均增速达 9.9%。

单位：百亿美元

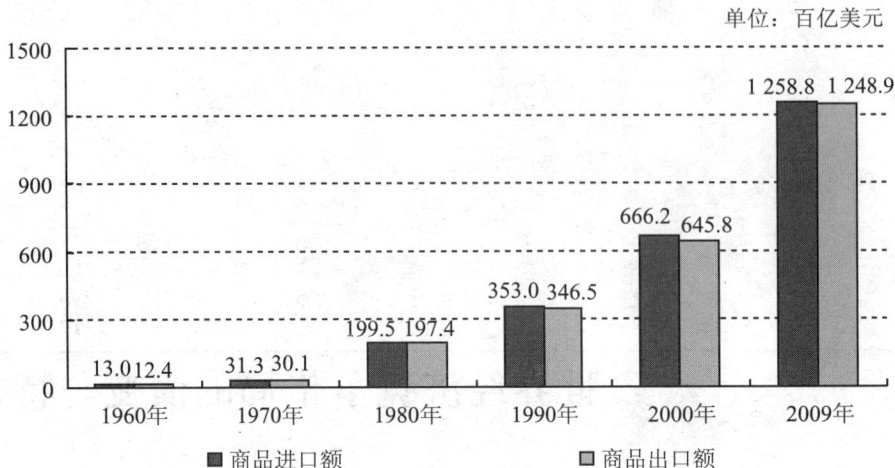

图 3-1　1960—2009 年世界商品进出口额变化图

注：图中商品进口表明收到的来自世界其他地方的以现价美元计算的商品的离岸价值，以当年现价美元计算，商品出口显示向世界其他地方提供的以现价美元计算的货物的离岸价值，以当年现价美元计算。

资料来源：世界银行数据库，http://data.worldbank.org.cn。

一、世界商品贸易进口总额前十位经济体变化情况

（一）经济体排名位次变化基本情况

1960—2009 年，世界商品贸易进口额排名前十位的国家以西方高收入经济体为主。美国、英国、德国、法国、意大利、荷兰、日本七个发达经济体一直位居前十位，其排名变化呈现不同特点。其中，美国的经济和贸易半个世纪以来保持了强劲的增长势头，其始终牢牢占据世界商品贸易进口额第一名的位次；德国、法国、意大利及荷兰的贸易规模稳定增长，排名变化不大，德国稳定在前三位，法国稳定在第四、五位，而意大利、荷兰也主要位居第七、八位左右；随着英国经济的滑落，其世界贸易地位开始下降，由 1960 年的第二位跌至 2009 年的第六位；日本 20 世纪 70 年代经济开始起飞，商品贸易迅速发展，1960 年进入至世界前十位，至 2000 年攀升至第三位，之后商品进口逐步放缓，2009 年滑落至第五位。中国香港 20 世纪 90 年代进入世界商品贸易进口额排名前十位后，商品贸易稳步发展，2009 年升至第九位；中国自改革开放以来对外贸易发展迅速，商品贸易规模持续扩大。2000 年，中国的商品贸易进口额为 2 250.9 亿美元，位居世界第八位；2009 年突破万亿美元，达 10 056.9 亿美元，超过德、日、法，跃居世界

第二位，是世界商品贸易进口额前十名中唯一的发展中国家。（如表 3-1 所示）

表 3-1　1960—2009 年世界商品进口总额前十位经济体变化表

单位：亿美元；%

年份	1960			1970			1980		
排名	经济体	进口额	比重	经济体	进口额	比重	经济体	进口额	比重
1	美国	163.8	12.59	美国	423.9	13.53	美国	2 569.8	12.88
2	英国	130.3	10.01	德国	299.5	9.56	德国	1 880.0	9.42
3	德国	101.7	7.82	英国	218.7	6.98	日本	1 413.0	7.08
4	法国	62.8	4.83	法国	191.3	6.11	法国	1 348.7	6.76
5	加拿大	60.7	4.67	日本	188.8	6.03	英国	1 155.5	5.79
6	荷兰	53.6	4.12	荷兰	156.9	5.01	意大利	1 007.4	5.05
7	意大利	47.3	3.64	意大利	149.7	4.78	荷兰	780.4	3.91
8	日本	44.9	3.45	加拿大	142.9	4.56	加拿大	625.4	3.13
9	瑞典	29.0	2.23	瑞典	70.1	2.24	瑞士	363.4	1.82
10	澳大利亚	26.6	2.05	瑞士	63.7	2.03	西班牙	340.8	1.71
合计	—	720.9	55.39	—	1 905.5	60.81	—	11 484.4	57.55
年份	1990			2000			2009		
排名	经济体	进口额	比重	经济体	进口额	比重	经济体	进口额	比重
1	美国	5 169.9	14.64	美国	12 593.0	18.90	美国	16 053.0	12.75
2	德国	3 556.9	10.07	德国	4 972.0	7.46	中国	10 056.9	7.99
3	日本	2 353.7	6.67	日本	3 795.1	5.70	德国	9 382.9	7.45
4	法国	2 344.4	6.64	英国	3 480.6	5.22	法国	5 598.2	4.45
5	英国	2 229.8	6.32	法国	3 389.4	5.09	日本	5 519.6	4.38
6	意大利	1 819.7	5.15	加拿大	2 447.9	3.67	英国	4 817.1	3.83
7	荷兰	1 261.0	3.57	意大利	2 387.6	3.58	荷兰	4 455.0	3.54
8	加拿大	1 232.4	3.49	中国	2 250.9	3.38	意大利	4 127.2	3.28
9	西班牙	877.2	2.48	荷兰	2 182.7	3.28	中国香港	3 522.4	2.80
10	中国香港	847.3	2.40	中国香港	2 140.4	3.21	比利时	3 519.4	2.80
合计	—	21 692.0	61.44	—	39 639.5	59.50	—	6 7051.7	53.27

注：1. 表中各年排名依据为商品"进口额"指标数据。2. 表中商品进口表明收到的来自世界其他地方的以现价美元计算的商品的离岸价值，以当年现价美元计算。3. 表中商品进口"比重"指标数据及各类合计值由世界银行数据库中数据计算得到。

资料来源：世界银行数据库，http://data.worldbank.org.cn。

(二)贸易进口额集中度分析

1960 年以来，世界商品贸易进口额排名前十位的经济体商品进口额合计占世界的比重尽管具有一定的波动性，但是始终保持在 50％以上，最高超过 60％。2000 年以来这种高度集中的分布态势逐步分散化，2009 年这一指标降至 53.27％，是五十年来的最低值。在排名前十位的经济体中，位居前五位的经济体贸易额更为集中，半个世纪以来，其商品进口额合计占世界的比重始终保持在 40％左右，同样，近年来这种高集中度有所降低，2009 年这一指标降至 37.03％。如前所述，1960—2009 年，美国、英国、德国、法国、意大利、荷兰、日本七个发达经济体一直位居前十位。这七个国家的商品进口额合计占世界的比重一直在 45％～55％之间，2000 年之后，随着中国等新兴经济体贸易额的增加，这一指标在 2009 年降至 39.7％，同样是五十年来的最低值。（如图 3-2 所示）

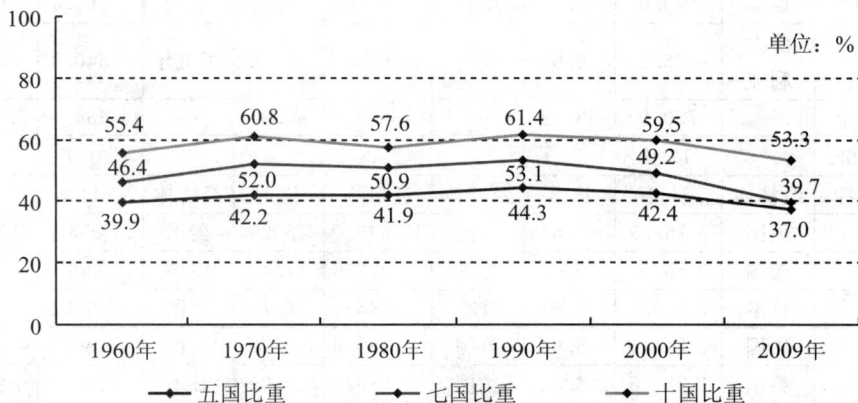

图 3-2　1960—2009 年世界商品进口额集中度变化图

注：图中五国比重是指世界商品贸易进口额排名前五位的经济体商品进口额合计占世界的比重；七国比重是指美国、英国、德国、法国、意大利、荷兰、日本七个发达经济体商品进口额合计占世界的比重；十国比重是指世界商品贸易进口额排名前十位的经济体商品进口额合计占世界的比重。

资料来源：根据表 3-1 数据计算。

二、世界商品贸易出口总额前十位经济体变化情况

(一)经济体排名位次变化基本情况

1960—2009 年，世界商品贸易出口额排名前十位的国家以西方发达经济体为主。美国、英国、德国、法国、意大利、荷兰、日本七个发达经济体一直位居前十

位，这七个国家与同期世界商品贸易进口额排名始终位居前十位的经济体完全一致，也就是说，半个世纪以来，全球商品贸易中，进口强国同样是出口强国。上述七国的排名变化呈现不同特点。其中，美国、德国的商品贸易出口半个世纪以来保持了强劲的增长势头，始终位居世界商品贸易出口额前三名的位次；法国、意大利、荷兰的贸易规模稳定增长，排名变化不大，法国稳定在第四、五位，意大利稳定在第八、九位，而荷兰也主要位居第六、七位左右；随着英国经济的滑落，其世界贸易地位开始下降，由 1960 年的第三位跌至 2009 年的第十位，相较于进口，其出口地位降幅更大；日本 20 世纪 70 年代经济开始起飞，商品贸易迅速发展，1960 年进入世界前十位，至 2000 年攀升至第三位，之后商品出口逐步放缓，2009 年滑落至第四位。加拿大也是传统贸易强国，在 2000 年之前一直位居世界商品贸易出口额排名前十位，之后经济放缓，产品竞争力下降，2009 年则跌出前十名，与之类似的还有瑞典、瑞士等国。中国香港、韩国等新兴经济体在 20 世纪 80 年代之后，制造业发展迅速，出口额快速上涨，一度进入世界前十名，但是随着全球制造业的升级和转移，其商品出口额增速放缓；沙特阿拉伯是一个典型的个案，20 世纪 80 年代全球暴增的石油需求使其出口额大涨，排名进入过前十位。（如表 3-2 所示）

早在 20 世纪 60 年代，中国的商品贸易出口额排名就进入过世界前十位，后由于政治、社会等制度因素，出口额一度萎缩。直至改革开放后，通过承接全球制造业转移，大力发展外向型经济，中国的出口贸易规模持续扩大。2000年，中国的商品贸易出口额为 2 492 亿美元，位居世界第七位；2009 年达 12 015.3 亿美元，首次超过德、美、日，跃居世界第一位，中国同样是世界商品贸易出口额前十名中唯一的发展中国家。

表 3-2　1960—2009 年世界商品出口总额前十位经济体变化表

单位：亿美元；%

年份	1960			1970			1980		
排名	经济体	出口额	比重	经济体	出口额	比重	经济体	出口额	比重
1	美国	206.0	16.64	美国	432.4	14.35	美国	2 255.7	11.43
2	德国	114.2	9.22	德国	342.3	11.36	德国	1 928.6	9.77
3	英国	106.1	8.57	英国	194.3	6.45	日本	1 304.4	6.61
4	法国	68.7	5.55	日本	193.2	6.41	法国	1 160.3	5.88
5	加拿大	58.2	4.70	法国	181.0	6.00	英国	1 101.3	5.58
6	荷兰	46.0	3.72	加拿大	167.9	5.57	沙特阿拉伯	1 090.8	5.53

续表

年份	1960			1970			1980		
排名	经济体	出口额	比重	经济体	出口额	比重	经济体	出口额	比重
7	日本	40.5	3.27	荷兰	133.6	4.43	意大利	781.0	3.96
8	意大利	36.6	2.95	意大利	132.0	4.38	荷兰	739.6	3.75
9	中国	25.7	2.08	瑞典	67.9	2.25	加拿大	677.3	3.43
10	瑞典	25.7	2.07	瑞士	50.6	1.68	瑞典	309.1	1.57
合计	—	727.6	58.76	—	1 895.2	62.88	—	11 348.2	57.48
年份	1990			2000			2009		
排名	经济体	出口额	比重	经济体	出口额	比重	经济体	出口额	比重
1	德国	4 211.0	12.15	美国	7 819.2	12.11	中国	12 015.3	9.62
2	美国	3 935.9	11.36	德国	5 518.1	8.54	德国	11 263.8	9.02
3	日本	2 875.8	8.30	日本	4 792.5	7.42	美国	10 560.4	8.46
4	法国	2 165.9	6.25	法国	3 276.1	5.07	日本	5 807.2	4.65
5	英国	1 851.7	5.34	英国	2 854.3	4.42	荷兰	4 983.3	3.99
6	意大利	1 703.0	4.91	加拿大	2 766.4	4.28	法国	4 847.3	3.88
7	荷兰	1 317.8	3.80	中国	2 492.0	3.86	意大利	4 057.8	3.25
8	加拿大	1 276.3	3.68	意大利	2 405.2	3.72	比利时	3 698.5	2.96
9	中国香港	823.9	2.38	荷兰	2 331.3	3.61	韩国	3 635.3	2.91
10	韩国	650.2	1.88	中国香港	2 026.8	3.14	英国	3 524.9	2.82
合计	—	20 811.5	60.05	—	36 281.8	56.18	—	64 393.9	51.56

注：1. 表中各年排名依据为商品"出口额"指标数据。2. 表中商品出口显示向世界其他地方提供的以现价美元计算的货物的离岸价值，以当年现价美元计算。3. 表中商品出口"比重"指标数据及各类合计值由世界银行数据库中数据计算得到。

资料来源：世界银行数据库，http://data.worldbank.org.cn。

(二)贸易出口额集中度分析

1960 年以来，世界商品贸易出口额排名前十位的经济体商品出口额合计占世界的比重尽管具有一定的波动性，但是始终保持在 50% 以上，最高超过 60%。2000 年以来这种高度集中的分布态势逐步分散化，2009 年这一指标降至 51.56%，是五十年来的最低值。这一特征与商品贸易进口情况一致。在排名前十位的经济体中，位居前五位的经济体贸易额更为集中，半个世纪以来，其商品出口额合计占世界的比重始终保持在 40％ 左右，同样，近年来这种高集中度有所降低，2009 年这一指标降至 35.73％，这一点与商品进口贸易情况趋势一致，但是降幅更大，分散性更明显。如前所述，1960—2009 年，美国、英国、德国、法国、意大利、荷兰、日本七个发达经济体一直位居前十位。这七个国家的商品出口额合计占世界的比重一直在 45％～55％ 之间，2000 年之后，这一指标数值减小的趋势日趋明显，2009 年降至 36.07％。同样，相较于商品进口贸易，降幅更大。（如图 3-3 所示）

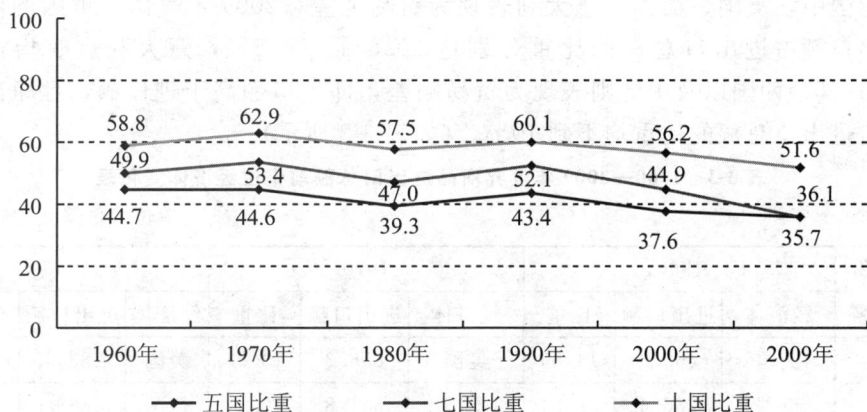

图 3-3　1960—2009 年世界商品出口额集中度变化图（单位：%）

注：图中五国比重是指世界商品贸易出口额排名前五位的经济体商品出口额合计占世界的比重；七国比重是指美国、英国、德国、法国、意大利、荷兰、日本七个发达经济体商品出口额合计占世界的比重；十国比重是指世界商品贸易出口额排名前十位的经济体商品出口额合计占世界的比重。

资料来源：根据表 3-2 数据计算。

三、世界商品贸易进出口总额前十位经济体变化的主要特征

1960 年以来，世界商品贸易进口、出口及进出口总额排名前十位的经济体及其贸易额的变化的主要特征可以归纳为以下几个方面。

第一，1960—2009 年，世界商品贸易进口、出口及进出口总额排名前十位的经济体中，美国、英国、德国、法国、意大利、荷兰、日本七个发达国家始终占据了七个位次。上述七国的进出口商品贸易均高度发达，在世界商品贸易中具有举足轻重的地位。其中，如前所述，美国和德国一直位居前三位，英国排名呈下降趋势，日本在 20 世纪排名上升很快，现贸易额增长已放缓，法、

意、荷位次则比较稳定。

第二，世界商品贸易的集中度很高，尽管近年来这种高度集中的特点有逐步分散的趋势，但目前，商品贸易进口额、出口额以及进出口总额排名前十位的经济体贸易总量仍然超过全球总额的一半以上。其中，排名前五位的经济体的贸易总额超过全球总量的 40%。

第三，世界商品贸易额排名前十位的经济体，其贸易余额的正负及占贸易总额的比重具有不同的特征。在美国、英国、德国、法国、意大利、荷兰、日本七国中，美国、英国、意大利表现为贸易逆差，2009 年美国、英国的商品净出口额占进出口总额的比重分别达 20.6%、15.5%，意大利这一指标为 1%；其余四国以及中国则表现为贸易顺差，即出口额高于进口额，且净出口额占进出口总额的比重均不到 10%。（如表 3-3 所示）

表 3-3　1960—2009 年世界商品进出口总额前十位经济体变化表

单位：亿美元；%

年份	1960			1970			1980		
排名	经济体	进出口额	比重	经济体	进出口额	比重	经济体	进出口额	比重
1	美国	369.8	14.56	美国	856.3	13.93	美国	4 825.5	12.16
2	英国	236.4	9.31	德国	641.8	10.44	德国	3 808.6	9.59
3	德国	215.9	8.50	英国	413.0	6.72	日本	2 717.4	6.85
4	法国	131.5	5.18	日本	382.0	6.21	法国	2 509.0	6.32
5	加拿大	118.9	4.68	法国	372.3	6.06	英国	2 256.8	5.69
6	荷兰	99.6	3.92	加拿大	310.7	5.05	意大利	1 788.5	4.51
7	日本	85.5	3.36	荷兰	290.4	4.72	荷兰	1 520.0	3.83
8	意大利	83.9	3.30	意大利	281.8	4.58	沙特阿拉伯	1 392.5	3.51
9	瑞典	54.7	2.15	瑞典	138.0	2.25	加拿大	1 302.8	3.28
10	中国	52.2	2.06	瑞士	114.4	1.86	瑞士	659.7	1.66
合计	—	1 448.4	57.03	—	3 800.7	61.83	—	22 780.7	57.39
年份	1990			2000			2009		
排名	经济体	进出口额	比重	经济体	进出口额	比重	经济体	进出口额	比重
1	美国	9 105.8	13.02	美国	20 412.2	15.56	美国	26 613.4	10.61
2	德国	7 767.9	11.10	德国	10 490.1	8.00	中国	22 072.2	8.80

续表

年份	1990			2000			2009		
排名	经济体	进出口额	比重	经济体	进出口额	比重	经济体	进出口额	比重
3	日本	5 229.5	7.48	日本	8 587.6	6.55	德国	20 646.8	8.23
4	法国	4 510.2	6.45	法国	6 665.5	5.08	日本	11 326.8	4.52
5	英国	4 081.5	5.83	英国	6 334.8	4.83	法国	10 445.4	4.17
6	意大利	3 522.7	5.04	加拿大	5 214.2	3.97	荷兰	9 438.3	3.76
7	荷兰	2 578.7	3.69	意大利	4 792.7	3.65	英国	8 342.0	3.33
8	加拿大	2 508.7	3.59	中国	4 743.0	3.61	意大利	8 185.0	3.26
9	中国香港	1 671.2	2.39	荷兰	4 514.0	3.44	比利时	7 218.0	2.88
10	西班牙	1 433.6	2.05	中国香港	4 167.3	3.18	韩国	6 866.2	2.74
合计	—	42 409.8	60.62	—	75 921.3	57.86	—	131 154.0	52.30

注：1. 表中各年排名依据为商品"进出口额"指标数据。2. 表中商品进口表明收到的来自世界其他地方的以现价美元计算的商品的离岸价值，以当年现价美元计算，商品出口显示向世界其他地方提供的以现价美元计算的货物的离岸价值，以当年现价美元计算。3. 表中商品"进出口额"、"比重"指标数据及各类合计值由世界银行数据库中数据计算得到。

资料来源：世界银行数据库，http://data.worldbank.org.cn。

第二节　世界服务贸易领先经济体变化与特征

随着信息技术的快速进步和经济全球化的深入推进，服务业发展正在超越传统的时间、空间和国家界限，进入全球资源配置和要素重组阶段，其中，以服务贸易为主要载体的服务国际化成为重要内容。[①] 1980 年以来，全球服务贸易发展迅速，服务进出口额持续增加。2009 年，世界服务贸易进出口总额为 67 322.4 亿美元，其中进口额为 32 552.3 亿美元，比重为 48.4%；出口额为 34 770.1 亿美元，比重为 51.6%。由图 3-4 可知，1980—2009 年，世界服务贸易进口额由 4 589.9 亿美元增至 32 552.3 亿美元，年均增速达 7%；商品贸易出口额由 4139 亿美元增至 34 770.1 亿美元，年均增速达 7.6%。

---

① Joseph Francois, Bernard Hoekman, Services Trade and Policy, Journal of Economic Literature, 2010(48)：642-692.

单位：百亿美元

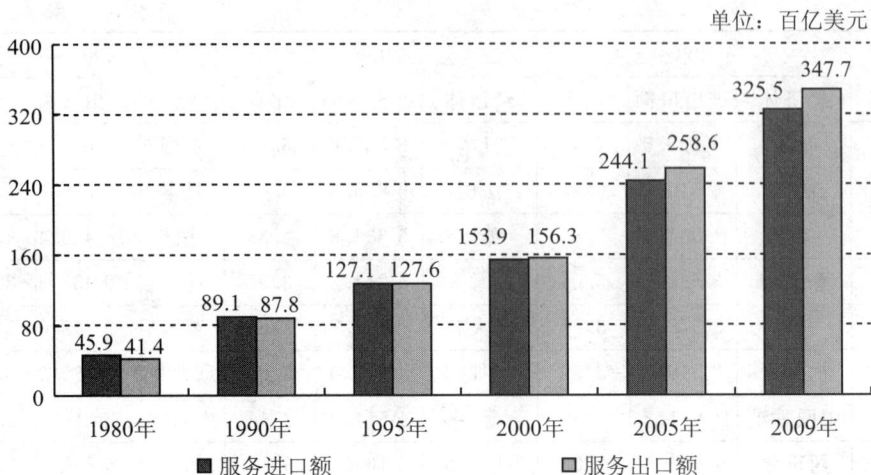

图 3-4　1980—2009 年世界服务进出口额变化图

注：图中服务（旧称非要素服务）是指无形商品的经济输出，其生产、转移和消费可同时进行。服务业国际交易的定义出自国际货币基金组织（IMF）的 1993 年《国际收支手册》，但各报告经济体的定义可能会有差异，数据按现价美元计。

资料来源：世界银行数据库，http://data.worldbank.org.cn/。

一、世界服务贸易进口总额前十位经济体变化情况

（一）经济体排名位次变化基本情况

1980—2009 年，世界服务贸易进口额排名前十位的国家以西方高收入经济体为主。美国、英国、德国、法国、意大利、荷兰、日本七个发达经济体一直位居前十位，其排名变化呈现不同特点。其中，美国自 20 世纪 90 年代起，始终牢牢占据世界服务贸易进口额第一名的位次；德国、法国、意大利的服务贸易规模稳定增长，排名变化不大，德国稳定在前三位，法国稳定在第四、五位，意大利主要位居第六、七位左右；英国的服务贸易发展趋势较好，20 世纪 90 年代进入排名前五位，2005 年之后则稳定在前三位；日本、荷兰的排名稳中有降。加拿大和比利时的服务贸易一度规模较大，20 世纪末的二十年中一直位居世界服务贸易进口额排名前十位，近十年来则被其他经济体赶超，跌落至十名之外。21 世纪以来，中国、爱尔兰和西班牙的服务贸易发展突飞猛进，进口额屡创新高，2009 年分别位于第四、第八和第九位。（如表 3-4 所示）

表 3-4　1980—2009 年世界服务进口总额前十位经济体变化表

单位：亿美元；%

年份	1980			1990			1995		
排名	经济体	进口额	比重	经济体	进口额	比重	经济体	进口额	比重
1	德国	451.1	9.83	美国	1 170.5	13.13	美国	1 414.1	11.13
2	美国	409.7	8.93	日本	842.8	9.46	德国	1 307.6	10.29
3	日本	323.6	7.05	德国	841.4	9.44	日本	1 226.3	9.65
4	法国	321.5	7.00	法国	610.5	6.85	法国	661.2	5.20
5	沙特阿拉伯	302.3	6.59	英国	487.4	5.47	英国	656.8	5.17
6	英国	279.3	6.09	意大利	468.0	5.25	意大利	550.5	4.33
7	荷兰	181.5	3.95	荷兰	297.1	3.33	荷兰	447.7	3.52
8	意大利	162.5	3.54	加拿大	283.0	3.18	加拿大	334.7	2.63
9	比利时	128.3	2.79	比利时	265.8	2.98	比利时	331.3	2.61
10	加拿大	106.7	2.32	沙特阿拉伯	223.8	2.51	澳大利亚	277.0	2.18
合计	—	2 666.4	58.09	—	5 490.3	61.61	—	7 207.2	56.72
年份	2000			2005			2009		
排名	经济体	进口额	比重	经济体	进口额	比重	经济体	进口额	比重
1	美国	2 182.5	14.18	美国	3 016.5	12.36	美国	3 692.0	11.34
2	德国	1 372.6	8.92	德国	2 115.6	8.67	德国	2 548.8	7.83
3	日本	1 168.6	7.59	英国	1 628.3	6.67	英国	1 640.1	5.04
4	英国	997.5	6.48	日本	1 342.6	5.50	中国	1 589.5	4.88
5	法国	655.1	4.26	法国	1 069.6	4.38	日本	1 487.2	4.57
6	意大利	556.0	3.61	意大利	900.8	3.69	法国	1 274.2	3.91
7	荷兰	513.4	3.34	中国	838.0	3.43	意大利	1 166.6	3.58
8	加拿大	441.2	2.87	荷兰	733.1	3.00	爱尔兰	1 045.5	3.21
9	比利时	418.7	2.72	爱尔兰	714.6	2.93	西班牙	874.5	2.69
10	中国	360.3	2.34	西班牙	671.3	2.75	荷兰	854.6	2.63
合计	—	8 665.8	56.30	—	13 030.1	53.39	—	16 172.8	49.68

　　注：1. 表中各年排名依据为服务"进口额"指标数据。2. 表中服务（旧称非要素服务）是指无形商品的经济输出，其生产、转移和消费可同时进行。服务业国际交易的定义出自国际货币基金组织（IMF）的 1993 年《国际收支手册》，但各报告经济体的定义可能会有差异，数据按现价美元计。3. 表中服务进口"比重"指标数据及各类合计值由世界银行数据库中数据计算得到。

　　资料来源：世界银行数据库，http://data.worldbank.org.cn/。

(二)贸易进口额集中度分析

1980 年以来,世界服务贸易进口额排名前十位的经济体商品进口额合计占世界的比重呈先上升后下降的趋势。最高时这一指标超过 60%,2009 年降至 49.7%,不足一半,是三十年来的最低值。在排名前十位的经济体中,位居前五位的经济体贸易额更为集中,半个世纪以来,其服务贸易进口额合计占世界的比重始终保持在 40% 左右,同样,近年来这种高集中度有所降低,2009 年这一指标降至 33.7%。如前所述,1980—2009 年,美国、英国、德国、法国、意大利、荷兰、日本七个发达经济体一直位居前十位。这七个国家的服务进口额合计占世界的比重一直在 45%~55% 之间,2000 年之后,随着中国、西班牙、爱尔兰等经济体的异军突起,这一指标在 2009 年降至 38.9%,同样是三十年来的最低值。(如图 3-5 所示)

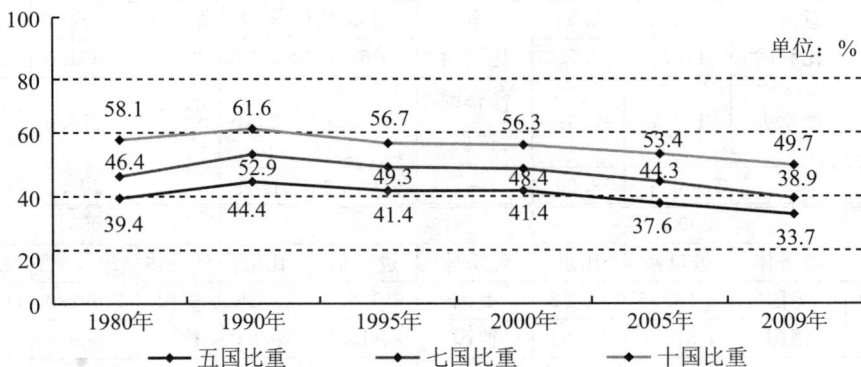

图 3-5　1980—2009 年世界服务进口额集中度变化图

注:图中五国比重是指世界服务贸易进口额排名前五位的经济体服务进口额合计占世界的比重;七国比重是指美国、英国、德国、法国、意大利、荷兰、日本七个发达经济体服务进口额合计占世界的比重;十国比重是指世界服务贸易进口额排名前十位的经济体服务进口额合计占世界的比重。

资料来源:根据表 3-4 数据计算。

二、世界服务贸易出口总额前十位经济体变化情况

(一)经济体排名位次变化基本情况

1980—2009 年,世界服务贸易出口额排名前十位的经济体以西方发达国家为主。美国、英国、德国、法国、意大利、荷兰、日本、西班牙八个发达经济体一直位居前十位。而同期世界服务贸易进口额始终位居排名前十位的经济体有 7 个,西班牙是唯一进口未进前十位,而出口位居前十位的国家。三十年

来，上述八国的服务贸易出口额排名变化呈现不同特点。其中，美国自20世纪80年代起，始终牢牢占据世界服务贸易进口额第一名的位次；德国、日本的服务贸易规模稳定增长，排名变化不大，德国稳定在第三、四位，日本稳定在第五、六位；英国的服务贸易发展趋势较好，2000年以来稳定在前两位，与其服务贸易进口发展情况一致；法国、荷兰、意大利的排名稳中有降；西班牙的排名稳中有升，2009年排名为全球第七位，增速较其服务贸易进口额更快。比利时和澳大利亚的服务贸易一度规模较大，20世纪末的二十年中一直位居世界服务贸易出口额排名前十位，近十年来则被其他经济体赶超，跌落至前十名之外。21世纪以来，中国和爱尔兰的服务贸易出口额扩大迅速，2009年占据了前十中除去传统八个贸易强国的剩余两个位次，分别位于第五位和第十位。（如表3-5所示）

表3-5　1980—2009年世界服务出口总额前十位经济体变化表

单位：亿美元；%

年份	1980			1990			1995		
排名	经济体	出口额	比重	经济体	出口额	比重	经济体	出口额	比重
1	美国	475.5	11.49	美国	1 464.6	16.69	美国	2 173.5	17.03
2	法国	435.1	10.51	法国	764.6	8.71	法国	840.9	6.59
3	英国	364.5	8.81	德国	626.6	7.14	德国	802.3	6.29
4	德国	328.2	7.93	英国	564.2	6.43	英国	798.0	6.25
5	日本	202.4	4.89	日本	496.7	5.66	日本	652.7	5.12
6	意大利	191.9	4.64	意大利	413.8	4.72	意大利	616.2	4.83
7	荷兰	171.5	4.14	荷兰	293.0	3.34	荷兰	459.2	3.60
8	比利时	129.2	3.12	比利时	284.2	3.24	西班牙	404.7	3.17
9	西班牙	115.9	2.80	西班牙	279.4	3.18	比利时	354.7	2.78
10	澳大利亚	94.2	2.28	澳大利亚	232.8	2.65	澳大利亚	322.1	2.52
合计	—	2 508.5	60.61	—	5 419.9	61.76	—	7 424.3	58.18
年份	2000			2005			2009		
排名	经济体	出口额	比重	经济体	出口额	比重	经济体	出口额	比重
1	美国	2 837.8	18.15	美国	3 683.4	14.25	美国	4 978.7	14.32
2	英国	1 204.0	7.70	英国	2 076.7	8.03	英国	2 322.2	6.68

续表

年份	2000			2005			2009		
排名	经济体	出口额	比重	经济体	出口额	比重	经济体	出口额	比重
3	法国	831.5	5.32	德国	1 665.9	6.44	德国	2 312.6	6.65
4	德国	827.0	5.29	法国	1 222.2	4.73	法国	1 434.7	4.13
5	日本	692.4	4.43	日本	1 102.1	4.26	中国	1 295.5	3.73
6	意大利	565.6	3.62	西班牙	946.6	3.66	日本	1 283.4	3.69
7	西班牙	524.5	3.35	意大利	892.2	3.45	西班牙	1 229.1	3.53
8	比利时	497.9	3.18	荷兰	800.9	3.10	意大利	1 026.4	2.95
9	荷兰	493.2	3.15	中国	744.0	2.88	荷兰	933.2	2.68
10	中国香港	404.3	2.59	中国香港	637.1	2.46	爱尔兰	929.6	2.67
合计	—	8 878.1	56.79	—	13 771.2	53.26	—	17 745.5	51.04

注：1. 表中各年排名依据为服务"出口额"指标数据。2. 表中服务(旧称非要素服务)是指无形商品的经济输出，其生产、转移和消费可同时进行。服务业国际交易的定义出自国际货币基金组织(IMF)的1993年《国际收支手册》，但各报告经济体的定义可能会有差异，数据按现价美元计。3. 表中服务出口"比重"指标数据及各类合计值由世界银行数据库中数据计算得到。

资料来源：世界银行数据库，http://data.worldbank.org.cn。

(二)贸易出口额集中度分析

1980年以来，世界商品服务出口额排名前十位的经济体服务出口额合计占世界的比重主要呈下降趋势。1980年这一指标为60.6%，2009年降至51%，是五十年来的最低值。这一特征与服务贸易进口情况一致。在排名前十位的经济体中，位居前五位的经济体贸易额更为集中，半个世纪以来，其服务出口额合计占世界的比重始终保持在40%左右。同样，近年来这种高集中度有所降低，2009年这一指标降至35.5%，这一点也与服务贸易进口的发展趋势是一致的。如前所述，1980—2009年，美国、英国、德国、法国、意大利、荷兰、日本等发达经济体一直位居前十位。1980—2000年，这些国家的服务出口额合计占世界的比重一直在50%以上，2000年之后，这一指标数值减小的趋势日趋明显，2009年降至44.6%。相较于同期服务进口贸易，降幅较小。三十年来，世界商品服务出口额排名居首的经济体，即美国，与排名第二的经济体间的贸易额差距较大。1980年两者相差不到1个百分点，2009年则超过7.5个百分点，其间有多年相差超过10个百分点。这一特征是与服务贸易进

口情况不同的。（如图 3-6 所示）

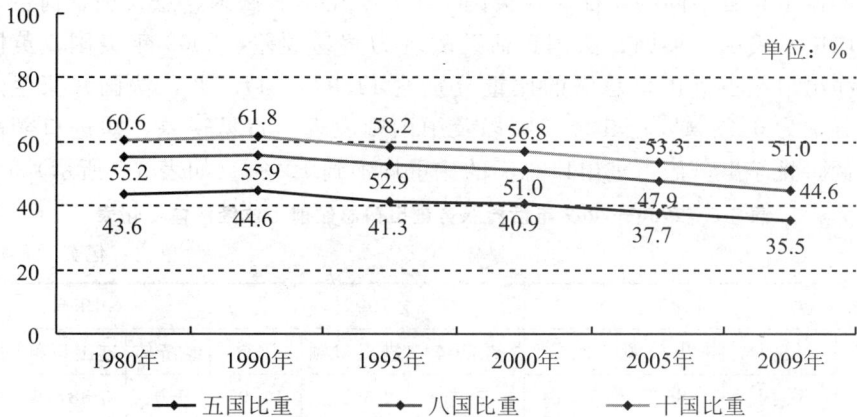

图 3-6 1980—2009 年世界服务出口额集中度变化图

（此处为折线图，纵轴单位：%，数据如下）

- 五国比重：43.6（1980年）、44.6（1990年）、41.3（1995年）、40.9（2000年）、37.7（2005年）、35.5（2009年）
- 八国比重：55.2（1980年）、55.9（1990年）、52.9（1995年）、51.0（2000年）、47.9（2005年）、44.6（2009年）
- 十国比重：60.6（1980年）、61.8（1990年）、58.2（1995年）、56.8（2000年）、53.3（2005年）、51.0（2009年）

图 3-6　1980—2009 年世界服务出口额集中度变化图

注：图中五国比重是指世界服务贸易出口额排名前五位的经济体服务出口额合计占世界的比重；八国比重是指美国、英国、德国、法国、意大利、荷兰、日本、西班牙八个发达经济体服务出口额合计占世界的比重；十国比重是指世界服务贸易出口额排名前十位的经济体服务出口额合计占世界的比重。

资料来源：根据表 3-5 数据计算。

三、世界服务贸易进出口总额前十位经济体变化的主要特征

1980 年以来，世界服务贸易进口、出口及进出口总额排名前十位的经济体及其贸易额的变化的主要特征体现在以下几个方面。

第一，1980—2009 年，世界服务贸易进口、出口及进出口总额排名前十位的经济体中，美国、英国、德国、法国、意大利、荷兰、日本七个发达国家始终占据了七个位次。西班牙是唯一进口未进前十位，而出口位居前十位的国家。这些经济体的进出口服务贸易均高度发达，在世界服务贸易中具有举足轻重的地位。其中，美国和德国的服务贸易进出口总额一直分居第一、第二位，英国排名呈上升趋势，法国、日本、意大利位次比较稳定，荷兰的排名呈下降趋势，2009 年已跌至第十位。

第二，世界服务贸易的集中度很高，尽管近年来这种高度集中的特点有逐步分散的趋势，但目前，服务贸易进口额、出口额以及进出口总额排名前十位的经济体贸易总量仍然占全球总额的一半左右。其中，排名前五位的经济体的贸易总额超过全球总量的三分之一。

第三，世界服务贸易额排名前十位的经济体，其贸易余额的正负及占贸易总额的比重具有不同的特征。在美国、英国、德国、法国、意大利、荷兰、日本七国中，美国、英国、法国、荷兰表现为贸易顺差，2009 年美国、英国的服务净出口额占进出口总额的比重分别达 14.9％、17.2％，法国、荷兰这一指标分别为 6％、4％；其余三国以及中国则表现为贸易逆差，即进口额高于出口额，且净出口额占进出口总额的比重均不到 10％。（如表 3-6 所示）

表 3-6　1980—2009 年世界服务进出口总额前十位经济体变化表

单位：亿美元；%

年份	1980			1990			1995		
排名	经济体	进出口额	比重	经济体	进出口额	比重	经济体	进出口额	比重
1	美国	885.2	10.14	美国	2 635.1	14.90	美国	3 587.6	14.09
2	德国	779.3	8.93	德国	1 468.0	8.30	德国	2 109.9	8.29
3	法国	756.5	8.67	法国	1 375.1	7.77	日本	1 879.0	7.38
4	英国	643.8	7.38	日本	1 256.7	7.10	法国	1 502.1	5.90
5	日本	526.0	6.03	英国	1 051.6	5.95	英国	1 454.7	5.71
6	意大利	354.4	4.06	意大利	964.6	5.45	意大利	1 166.7	4.58
7	沙特阿拉伯	354.2	4.06	荷兰	590.1	3.34	荷兰	906.9	3.56
8	荷兰	353.0	4.04	比利时	550.0	3.11	比利时	686.0	2.69
9	比利时	257.5	2.95	加拿大	475.1	2.69	西班牙	633.6	2.49
10	加拿大	181.1	2.07	西班牙	439.9	2.49	澳大利亚	599.1	2.35
合计	—	5 091.1	58.32	—	10 806.2	61.09	—	14 525.6	57.04

年份	2000			2005			2009		
排名	经济体	进出口额	比重	经济体	进出口额	比重	经济体	进出口额	比重
1	美国	5 020.3	16.18	美国	6 699.9	13.33	美国	8 670.7	12.88
2	德国	2 204.1	7.10	德国	3 781.6	7.52	德国	4 861.4	7.22
3	英国	2 201.4	7.10	英国	3 705.0	7.37	英国	3 962.3	5.89
4	日本	1 861.0	6.00	日本	2 444.7	4.86	中国	2 885.0	4.29
5	法国	1 482.1	4.78	法国	2 291.8	4.56	日本	2 770.6	4.12
6	意大利	1 121.6	3.61	意大利	1 793.0	3.57	法国	2 708.9	4.02

年份	2000			2005			2009		
排名	经济体	进出口额	比重	经济体	进出口额	比重	经济体	进出口额	比重
7	荷兰	1 006.6	3.24	西班牙	1 617.9	3.22	意大利	2 193.0	3.26
8	比利时	916.6	2.95	中国	1 582.0	3.15	西班牙	2 103.6	3.12
9	西班牙	856.2	2.76	荷兰	1 533.9	3.05	爱尔兰	1 975.2	2.93
10	加拿大	843.5	2.72	爱尔兰	1 313.6	2.61	荷兰	1 787.7	2.66
合计	—	17 513.4	56.45	—	26 763.4	53.25	—	33 918.3	50.38

注：1. 表中各年排名依据为服务"进出口额"指标数据。2. 表中服务（旧称非要素服务）是指无形商品的经济输出，其生产、转移和消费可同时进行。服务业国际交易的定义出自国际货币基金组织（IMF）的1993年《国际收支手册》，但各报告经济体的定义可能会有差异，数据按现价美元计。3. 表中服务"进出口额"、"比重"指标数据及各类合计值由世界银行数据库中数据计算得到。

资料来源：世界银行数据库，http://data.worldbank.org.cn。

第三节　主要结论与启示

世界商品和服务贸易发展水平排名前十位的经济体代表了国际竞争中最具优势的群体，研究其分布、特征及变化趋势，对于促进我国更好地参与国际分工，提高商品和服务的国际竞争力，具有重要的借鉴意义。根据前文的分析，可以得出以下几点结论及启示。

一、世界贸易集中度较高，但分散化的态势日趋明显

世界商品和服务贸易集中度较高，但其分散化的态势日趋明显。1960—2009年，世界商品贸易进出口总额排名前十位的经济体贸易额合计占全球商品贸易进出口总额的比重始终在50%以上，2009年降至52.3%，其中排名前五位的经济体贸易额合计占全球商品贸易进出口总额的比重超过40%。1980—2009年，世界服务贸易进出口总额排名前十位的经济体贸易额合计占全球服务贸易进出口总额的比重也一直在一半以上，2009年降至50.4%，其中排名前五位的经济体贸易额合计占全球服务贸易进出口总额的比重超过三分之一。从趋势上看，服务贸易的分散化速度相较商品贸易更快，且服务贸易中进口的分散化趋势更明显，商品贸易中则是出口的分散化趋势更突出，这与各

59

国的收入水平、贸易政策、产品结构差异等因素有关。

二、西方发达国家竞争优势突出，总体格局基本稳定

尽管排名的位次有一定的变化，但是美国、英国、德国、法国、意大利、荷兰、日本七个发达国家的商品、服务贸易额长期位居世界排名前十位，传统贸易强国依然具有较强的竞争力。这七个经济体的商品贸易、服务贸易总量超过全球总量的 40%，虽然近年来中国、韩国、爱尔兰等国的国际贸易发展异军突起，对传统贸易态势形成了一定的冲击，上述七国的贸易总量比重有小幅下降，但是世界贸易格局总体上仍未有大的变化。2009 年，无论是商品贸易额排名位居世界前十位的经济体还是服务贸易额排名位居世界前十位的经济体，中国均是唯一的发展中国家。

三、贸易大国发展各具特色，贸易结构各不相同

半个世纪以来，世界商品和服务贸易规模排名前十位的经济体虽然主要是美、英、法等贸易大国，但是这些经济体的贸易结构和排名变化并不相同，具有一定的差异性。美国长期位居世界商品和服务贸易规模排名首位，其贸易额超过世界总量的 10%，与第二名之间有较大的领先优势。美国的商品贸易是逆差，服务贸易则是顺差，其中商品贸易差额占贸易总额的比重超过 20%，服务贸易也达到了 15%。德国一直位居世界商品和服务贸易规模排名前三位，与美国恰恰相反，其商品贸易是顺差，服务贸易则是逆差，贸易差额较小，占贸易总额的比重不足 5%。英国的对外贸易中，商品贸易是逆差，且世界排名呈下降趋势；服务贸易则是顺差，且世界排名呈上升、逐步稳定趋势。日本的贸易情况与德国类似，法国、意大利的排名较稳定，荷兰的贸易额则增长放缓，名次逐渐后移。加拿大、澳大利亚、瑞典等传统贸易大国在进入 21 世纪后，跌落至十名以外。

四、中国外贸发展迅速，发展质量有待提升

中国自改革开放以来，一直致力于发展外向型经济，以国际市场需求为导向，以扩大出口为主要目标，根据比较优势理论，积极参与国际分工和国际竞争，不断完善开放性的经济结构、经济运行机制和经济运行体系，对外贸易发展迅速，商品、服务贸易进出口总额屡创新高。尤其是加入 WTO 以来，中国贸易的发展速度惊人，不断刷新世界排名。2009 年中国实现商品进出口总额 22 072 亿美元，占世界比重达 8.8%，超过德、日、法，跃居世界第二位，服

务贸易总额也达到了 2 885 亿美元，占世界比重为 4.3%，位居世界第四位，是世界贸易前十位中唯一的发展中国家。但同时，与中国外贸总额取得的巨大成就相比，中国的外贸质量仍然较低，产业竞争能力仍然不足，与其他发达国家相比差距较大，处于全球价值链低端的生产方式，使得我国尽管向世界源源不断地输出各种产品，工业制成品的产量相当大，但所获得的经济利益却并不高，仍然从属于产业强国全球分工体系的安排，付出和贡献同回报及地位并不完全匹配。未来，如何更好地参与国际竞争，在全球经济变革中谋求主动，在更高的层次实现产业升级和国家竞争力的提升将是我国必须面对和亟待解决的问题。

第四章
主要国家竞争战略的比较与借鉴

竞争是历史永恒的主题。随着全球化进程的不断加快，世界各国之间的联系日益密切，相互之间的竞争也日趋激烈。在各国之间传统的单一资源竞争正在向人才、知识、科技的综合竞争转变的国际形势下，形成明确的国家竞争战略，将竞争的焦点转向如何创造更多的财富，改善本国公民的福利，努力提升国家竞争能力已经成为各国发展的必然选择和关键所在。从当前全球各国竞争力格局来看，传统发达国家的竞争优势依然比较明显，但近年来主要新兴国家发展速度也在不断加快，后发优势日益显现。同时，各国都在积极制定自己的竞争战略，有些国家还成立了专门的国家竞争力研究与促进机构谋划长期发展，以期增强自身的国家竞争力，在激烈的国际竞争中脱颖而出。本部分主要对美、日、德、法、欧盟等发达国家和地区以及韩国、新加坡、印度等新兴工业化国家的国家竞争战略进行了梳理和分析，以期知己知彼，为我国的国家竞争战略提供借鉴。

第一节 主要发达国家和地区的竞争战略

一、美国

早在 1980 年，美国劳工部就发布了一份名为"关于美国竞争力的总统报告"的国家竞争力报告，之后如美国总统产业竞争力委员会从美国产业的角度对国家竞争力进行了分析，并出版了一份名为"全球竞争：新现实"的报告。在

20 世纪 90 年代初，美国政府还成立了由企业界、产业协会、政府部门官员组成的政策咨询机构，即美国国家竞争力政策委员会，该委员会于 1992 年发布了名为"构建竞争优势"的年度报告。这些报告对美国竞争力提升有着重要的影响。2006 年，美国正式宣布了以"创新引领世界"为口号的"美国竞争力计划"，特别强调以科技和教育提升创新能力，提升国家竞争力。具体内容主要包括以下几个方面。

第一，大幅度增加基础研究资助。"美国竞争力计划"对国家科学基金会、能源部科学办公室等联邦核心机构在物理科学和工程学方面的基础研究资助将以年均 7% 左右的速度增加，这些基础研究将支撑并补充私营部门进行的短期研究。另外，"美国竞争力计划"还加大对科学工具的投入，尤其是那些超出单个机构承受范围的高精尖类的工具。

第二，研究和试验税收减免永久化，促进私有部门对创新的投资。美国政府将积极推进研究和试验税收永久减免，鼓励企业提高研发投入，减少企业研发投入的实际成本。同时尽可能地使课税免除的推行简单化和现代化，使这一免税政策在鼓励私营部门进行创新方面更具效率。

第三，强化数学与科学教育。首先，"美国竞争力计划"明确提出"小学生数学计划"和"初中生数学计划"两个数学计划。该数学计划激励教师们利用有效的教学方法和教学材料，为学生初高中阶段学习更高难度的数学课程打下坚实的基础。其次，"美国竞争力计划"通过各州的教育主管部门向地方的教育机构提供资助，使所有学生都能在毕业时掌握他们进入大学或参加工作所需的知识和技能等。最后，"美国竞争力计划"还提供资金支持"支教联合会计划"，鼓励科学、数学和工程专业人士作为教师去讲授特定的高中数学、科学和技术课程，以发挥公共教育体系之外的高素质人士的能力来满足中学的特定需要。

第四，改革劳动力培训体系。为改善美国在教育和技能培训上资金不足，"美国竞争力计划"提出建立职业进步账户（CAA）。该账户是自管理账户，刚加入劳动队伍或在两种工作间转换的工人，或者需要新技能来保持就业或晋升职位的在职工人，均可获得多达 3 000 美元的培训费。此外，"美国竞争力计划"还加大了对社区学院的投入，使其成为培训工人的基地。

第五，增强美国吸引和留住全球最优秀人才的能力。重点支持满足经济增长需要的全面的移民制度改革；提供世界级的教育和研究机会；营造鼓励创业者和保护知识产权的商业环境，增强国家吸引和留住优秀人才的能力。

二、日本

日本在 2002 年开始实施"知识产权立国"战略，希望通过从战略层面创造、保护和应用知识产权，增强日本的国家竞争力。具体来看，日本的"知识产权立国"战略包括 270 项措施，由知识产权创造、知识产权保护、知识产权应用、文化创意产业发展、专业人才培养提升五大部分组成。

第一，激励知识产权创造。日本强调在研究开发上进一步加强产、学、研合作，促进联合开展知识创新和发明创造。在大学和科研院所中建立和完善知识产权管理体系，同时强化激励机制，将知识产权列为评估教师、研究人员研究开发业绩的指标，作为在审批研究课题经费时的重要参考内容。

第二，强化知识产权保护。日本建立方便高效的专利审查制度，开发和普及审查高新技术，专利审查标准与国际惯例接轨，使得审查速度和审查质量都达到世界领先水平。同时日本重视加强司法审判机构和制度建设，严厉取缔仿造和盗版，特别重视保护重要科研成果尤其是高新技术领域的知识产权。

第三，推动知识产权应用。日本积极促进大学和公共研究机构知识产权的转让和流通，大力推行知识产权经营战略，鼓励大企业把没有应用的专利向社会开放，以支持中小企业、风险企业和个人有效地运用知识产权。同时建立和完善知识产权价值的评价和交易体系，促进知识创造和研究开发成果的流通和利用。

第四，发展文化创意产业。日本主要以动漫、电影、音乐、游戏软件等在世界上具有优势和广泛影响的多媒体产业为重点，从技术和法律等各个方面加强实质性保护，并实行奖励制度，促进文化创意产业的发展。

第五，培养人才并提高国民意识。日本积极培养知识产权专业人才，从初等教育到中等教育和高等教育，都以培养创造性人才为目标，同时适应知识经济时代对司法服务的要求，培养世界一流的特别是既懂法学又懂自然技术的复合性人才。同时，日本还特别注重通过宣传和普及知识产权基本知识，加深国民对知识产权的认识和了解，形成鼓励创造和创新的社会氛围。

三、法国

2004 年，法国开始实施"竞争力极点"战略计划。"竞争力极点"是指在特定的地理范围内，一些企业、培训中心和公立或私营研究机构以合作伙伴的形式联合起来，相互协同，共同开发以创新为特点的项目。"竞争力极点"战略的目标是依托竞争力极点，以科技创新创造强大的工业竞争力，使法国成为整个欧洲工业创新和科技发展的样本。

第一，明确"竞争力极点"范围。法国政府授予了 67 个分布在全国各地的项目"竞争力极点"标签。这些"竞争力极点"标签项目都是植根于当地有活力的、效益较好的、能够抵御国际竞争的经济领域。项目包括陶瓷业、粮食生产新技术、儿童产品、工业加工、纳米技术、癌症治疗和健康、营养和健康、移动和现代运输、再生能源和建筑、香水和香料、天然纤维、高档纺织业、未来型车辆、物流业、机动车辆、运动和休闲、化妆品、土木工程、农业营养品等。

第二，加大对"竞争力极点"的财税支持。法国政府自 2006 年起，在三年时间内为项目提供了 15 亿欧元的资金支持。法国"国家研究署"、"工业创新署"和"OSEO"分别扶持不同的项目和企业。同时，"竞争力极点"项目享受免除利润税、职业税和地产税的优惠政策。对于在企业从事研究和创新工作的雇员，企业还可以免缴 50% 的社会分摊金。

第三，对项目的个性化的跟踪。法国有关大区政府针对项目成立了专门的协调委员会。该委员会的任务是为项目准备框架合同，明确合作各方及其与地方政府的关系。除了所有"竞争力极点"享受的统一优惠之外，对一些能够迅速产生效益的项目，协调委员会内专门的跟踪小组可以进入快速处理程序，在资金、人才方面给予特别支持。

四、德国

2006 年，德国首次推出了将科研与创新连为一体的"国家高科技发展战略"。该战略的主要目的是要"使德国在今后最重要的市场上重新居于领先地位"。①

一方面，明确发展战略的核心领域。德国明确提出了未来发展的 17 个专业领域。内容包括：生命医学、针对犯罪和恐怖主义的安全防范、为农业和工业开辟新道路的植物学、环境学、信息和电信技术、汽车和交通技术、航空技术、太空技术、航海和海军技术、建立在知识经济基础上的现代服务业、纳米技术、生物技术、微系统技术、光学技术和工艺、新型材料技术、满足现代生产的重大技术装备工艺。另一方面，制订重点高技术专项计划。重点高技术专项计划主要有以下 6 项，即德国信息社会 2010 行动计划、信息与通信技术

① 参见《德国首次系统提出国家高科技发展战略》，载《科技日报》，2006-09-28。

2020 创新研究、民用安全研究资助计划、医疗技术行动计划、工业生物技术 2021 发展规划、气候保护高技术战略。

同时，德国特别注重为科技创新提供全方位保障。重点促进科技界和经济界之间的交流，促进优秀创新机构和市场的联合，增强银行对中小企业研究项目的金融支持；改善创办高科技企业和创新基地的条件，为新的技术型企业对资金和新市场的需求提供方便；支持新技术的快速推广，促进高校和研究机构的科研成果向市场转化；大力投资人力资源，建立面向未来的职业教育体系和终身教育培训机制，建立有国际比较优势的研究和教育体系，促进杰出人才的培养并积极吸引国外优秀人才。

五、英国

英国是世界产业革命的发源地。长期以来，英国始终注重抢占全球产业高端，紧跟时代需求提升国家竞争力。当前，英国国家竞争战略主要以低碳为主题。2009 年 7 月 15 日，英国政府正式发布名为《英国低碳过渡计划》的国家战略文件以及《英国低碳工业战略》、《可再生能源战略》和《低碳交通计划》三个配套文件，根本目的是要抢占 21 世纪新增长领域的制高点，牢牢把握高端技术和核心产业能力，打造英国国家和企业的核心竞争力。

《英国低碳过渡计划》明确提出：到 2020 年，英国电力供应的 1/3 来自可再生能源；到 2020 年，二氧化碳排放量在 1990 年的基础上减少 34%；到 2020 年，可再生能源供应占到全国能源供应结构的 15%。为实现上述目标，英国政府对各经济部门制定了严格的减排额度要求，同时大力发展诸如核能、风能、太阳能、海洋能以及清洁煤炭等，创造更多的绿色工作岗位。①

六、欧盟

欧盟于 1993 年公布了有关其整体竞争力的研究报告《增长、竞争和就业：通向 21 世纪的挑战与出路》。在 1995 年，欧洲成了专门的"竞争力咨询小组"，向欧盟首脑会议和欧洲议会，提供提高欧洲竞争力的政策建议。2000 年 3 月，针对欧盟在科技创新、教育和信息化方面仍然与最好水平存在差距，欧盟 15 国领导人在葡萄牙首都里斯本举行特别首脑会议，达成并通过了一项提升欧盟竞争力的规划，即"里斯本战略"，其目标是希望通过鼓励创新、加速信息通信技术的应用与发展进程，探索面向知识经济的下一代创新，使欧盟在 2010 年

---

① 参见《英国发布低碳国家战略计划》，载《节能与环保》，2009(8).

前成为"以知识为基础的、世界上最有竞争力的经济体"。继"里斯本战略"后，欧盟委员会在 2010 年 3 月继续推出了"欧洲 2020 战略"。

"欧洲 2020 战略"把智慧增长、可持续增长和包容性增长作为今后 10 年的发展战略。其中，智慧增长是基于知识和创新的经济增长，强调大力提高教育质量、加快调整研发投入的重点领域及其支出规模等，从而达到刺激经济增长和扩大就业的目标；可持续性增长是基于提升资源效率型和绿色发展的经济增长，提高资源使用效率，推广绿色技术，推动欧盟向低碳经济转型、创建资源节约型社会；包容性增长是实现经济、社会和地区聚合的高就业增长，强调加大技能培训投入，实现劳动力市场、培训和社会保障体系的现代化建设，创建一个更具凝聚力的社会。具体来看，"欧洲 2020 战略"共有 7 大计划组成。其中，实现以发展知识经济为主的智能增长的计划有 3 个，包括面向创新的"创新型联盟"计划、面向教育的"流动的青年"计划和面向数字社会的"欧洲数字化议程"；实现以发展绿色经济为主的可持续增长的计划有 2 个，分别是面向气候、能源和交通的"能效欧洲"计划和面向提高竞争力的"全球化时代的工作政策"计划；实施全面增长的计划有 2 个，分别是面向提高就业和技能的"新技能和就业议程"、面向消除贫困的"欧洲消除贫困平台"计划。①

第二节 主要新兴工业化国家的竞争战略

新兴工业化国家主要是指原有经济基础相对薄弱，但在较短的历史时期内克服了经济社会落后状态，在工业化进程中一定程度地接近于发达国家水平的国家。一般来看，新兴工业化国家的工业化进程大多是在已有的空间范围内，不开拓新领土的情况下，通过挖掘本国资源潜力，自我发展实现工业化进程的，是世界政治经济格局的后起国家。从目前的情况看，主要新兴工业化国家都已经形成或开始着手制定较为清晰的国家竞争战略，试图通过国家竞争战略的实施谋求更好更快的发展。

一、韩国

韩国政府成立了专门的国家竞争力总统委员会，该委员会在《国家竞争力

---

① 参见 European Commission. Europe 2020：A European Strategy for Smart，Sustainable and Inclusive Growth，2010. http://europa. eu/press_room/pdf/complet_ en_barroso _007_europe_2020_en_version. pdf.

报告 2009：通过国家竞争力塑造未来》中指出，为了使韩国跻身世界一流国家行列，韩国需要一系列提高竞争力的战略以适应新的经济秩序。概括起来，这些措施大致包括以下几个方面。

第一，改善市场环境。着力放开市场、打破垄断，液化天然气、煤气、信用卡等行业对民营企业开放，同时简化相关行业的准入手续；提高政府和公共部门的服务水平和促进信息公开化，提供一站式服务；加强对网络交易的监管；为电子商务提供舒适的政策环境。

第二，积极扶持企业成长。对包括企业所得税在内的多项税率进行大幅下调，以刺激消费，推动经济增长；对企业的研发投入提供更多的税收优惠；完善对企业的风险投资；建立多种形式的产业园区；推行企业绿色化生产；保护企业知识产权。

第三，增强吸引外资的能力。重点引进高附加值的行业，尤其是绿色产业和高科技产业；大力解决外国投资者在韩国的困难，如保险、就医和子女上学等问题。

第四，增加人力资本存量。推动培训机构之间的竞争，加强培训成果的评估，提供更多的培训选择；强调培训要注重实际操作技能的拓展；完善职业培训体系；改革国籍制度以吸引国际人才来韩就业和投资。

第五，提高各行业的竞争力。包括支持农业产业化经营，提高农产品的附加值；提高建筑行业的设计标准，确保竞标公平透明；改进传统的生产工艺，发扬光大韩国的酒文化；鼓励美容行业的海外投资；推动韩国品牌的国际化。

第六，其他方面的改革。包括缩小军事保护区，改善军事设备，军事福利设施将与民共享，促进军民合作；简化交通标志，减少路口等候时间，提高交通效率；建立韩语文化中心和韩语学习网站，提高韩语在全球的知名度。

二、新加坡

20 世纪 70 年代末以来，新加坡经济迅速腾飞，目前已成为全球最繁荣的国家之一。尽管受到金融危机的冲击，但由于其本身具有良好的商业环境、完善的基础设施、高质量的教育系统、高效率的公共服务等优势，使得新加坡的经济基本面依然强劲。在全球专业分工格局变化国际大背景下，新加坡政府审时度势，进一步形成了《新加坡竞争力 2009：分析与建议》，围绕国家竞争力提升提出了以下几点发展战略。①

第一，积极参与国际合作。主要包括推动亚洲经济一体化进程；围绕区域振兴议程，开展和东盟的合作；加快推进区域贸易自由化；在跨境基础设施、集群网络、科学研究等重点领域加大国际合作力度。

第二，推动知识型经济发展，主要包括在创业、风险投资、知识产权保护等方面创造良好的环境推动知识创新和商业运用；在公共研发和公共政策等方面明确知识密集型等现代新兴产业的发展导向；建立技能发展政策和市场对技能需求之间的联系，注重建立人才的吸引和培训机制；树立世界眼光，强调国际化的联系网络和标杆对比，加强与跨国企业、国际组织的沟通与合作，借助外力提升知识创新水平。

第三，提高产品的生产率，主要包括重点发展现有的和新兴的行业，不将过多精力关注于狭窄产业的新机会；运用高科技和先进的管理有效配置人力、物力和财力资源；鼓励企业通过知识和创新重新创造自己的商业模式，而不依赖低廉的外国工人；加强集群联系，延长产业链，提高公司的专业化程度以实现产品增值。

专栏：新加坡吸引跨国公司研发机构的主要举措

跨国公司的研发机构是新加坡研发创新的引擎，极大地帮助了新加坡向资本和技术密集型产业升级。新加坡吸引跨国公司研发机构的政策举措主要有以下几点。

（1）全面的税收优惠政策。为吸引大量的跨国公司进行研发投资，新加坡的税收优惠政策包括：单一的公司税制度，即在新加坡出售知识产权所获得的营利无须缴税；集体估税、扣税制度，即允许将属于同一企业集团的一家公司或资本税务补贴全部转移到另一家公司进行税收抵扣，这项措施适用于子公司之间，也适用于母子公司之间，但投资补贴和来自海外企业的亏损不允许转移；在企业所得税方面，跨国公司的研发机构可申请资本性支出项目加计100%所得税费用扣除，高新技术公司和进行研发活动的公司有10年的免税期，出售专有技术收入免所得税，技术许可收入可扣减预提所得税，跨国公司在新加坡设立全球总部更是能享受0至10%的优惠税率。

（2）慷慨的研发基金激励。在第一个国家技术计划（1991—1995）期间，新

---

① 参见 Singapore's Competitiveness 2009：Key Findings and Recommendations. http://www.spp.nus.edu.sg.

加坡政府就设立了 20 亿新元的科学与技术发展公共基金，其中大部分基金用于鼓励企业在新加坡进行研发投资。在第二国家技术计划和第三个国家技术计划中，这一基金数额分别被提高到 40 亿新元和 70 亿新元。1991—1999 年，跨国公司每投资于研发 1 美元，新加坡政府大致投入 0.3 美元，资金匹配达到了 3：1。在吸引研发机构进驻以后，新加坡政府还针对属于国家重点发展行业的跨国研发机构制定专项资助政策，以引导研发方向，比如，如果跨国公司从事的是计算机编程、试验和测试以及与医药相关的研究，则其研发费用可以免税；2000 年拨款 10 亿新元用于生命科学研发活动。

（3）高端的人才资源开发。新加坡政府深知吸引跨国公司研发机构进驻的重要条件就是具备充足的高素质人才。为了满足研究与开发对人才的需要，新加坡采取了许多具体措施，包括：加强高等教育和高级科研人才的培养；鼓励企业同大学和研究机构联合开展培训项目和提供培训课程，提高技术水平；提供学习津贴，资助企业科技人员到科研院所深造，资助跨国公司中的研究人员和科学家到当地或海外的大学进行深造和培训；采取宽松的移民政策，如允许外资企业管理层可带父母入住新加坡等，大量吸引海外人才。

（4）完整的知识产权保护体系。新加坡建立了一套完善的知识产权保护监管制度和法律法规，并定期评估现有的措施和计划，以确保其时效性、有效性和充分性。对于创办公司的知识产权参股即技术股份的比例由投资者按市场情况来评估，政府不参与评定；研究院一般不控股公司或从事市场运作，更不以从事经营活动为主，而是以知识产权不断投入而拥有一定的股份，技术在转化的过程中较好地保护了研究开发者的权益。

（5）科学的管理体制机制。新加坡政府高度重视，专门设立了针对跨国公司研发机构的部门，制定了详细的管理规划。新加坡经济发展局（Economic Development Board，EDB）的职能就是主要通过分布在世界各地的驻外办事处为海外投资者提供投资咨询、协助投资者取得工业土地及所需的营业设施与服务，同时也在税务与财务方面提供一系列的奖励措施，为投资者介绍申请长期低利资金，为跨国公司满足国际市场的需求提供最适合的投资及发展环境。此外，新加坡还建立了国家级的科研院所，通过搭建高层次的技术平台来增强与跨国公司研发机构的交流合作，掌握世界产业发展动向，为新生的企业、公司提供相关产业信息和风险投资，为本地的企业研发积累经验。

资料来源：张小济、隆国强主编：《外商投资与自主创新：政策与案例》，北京，对外经济贸易大学出版社，2011。

三、印度

2005 年，印度国家制造业竞争力委员会首次发布了《印度制造业国家战略》白皮书，提出未来几年印度争取实现制造业年增长 12％的目标，以及使印度成为中国之外的另一个"世界工厂"的战略构想。

第一，加大招商引资力度。《印度制造业国家战略》提出，要制定透明的规章制度，完善投资环境；要求印度地方政府积极加强与东盟各国发展互惠互利的经济合作关系；建立贸易仓储区，对外资实行一系列的政策优惠，利用外商直接投资来提升技术水平和帮助印度产品打入国际市场；为吸引外资，印度政府还将借鉴中国的经验，批准设立经济特区。

第二，重视基础设施建设。《印度制造业国家战略》明确提出，为了实现既定的增长速度，印度必须大量利用公共和私人投资，加强基础设施建设，为外资创造一个适宜的环境。同时，印度政府对私人资本在基础设施领域投资给予税收方面的优惠，特别是所得税方面的优惠。

第三，支持制造业快速发展。大幅降低制造业领域的税收比率，努力把制成品的税率降至与中国同等水平。改革制造业的公司体制，减少政府的过多干预，让此类公司完全拥有管理和商业的自主权。在产业发展方面，以优先发展汽车制造业、电子制造业等资本技术密集的制造业为先导，推进整体制造业的发展。

第四，增加出口扩大"印度制造"的影响力。《印度制造业国家战略》提出，印度在未来 5 至 10 年内其制造业出口将增加到 1 500 亿美元至 2 000 亿美元，2015 年争取达到 3 000 亿美元。为此，印度大力推行关税体制改革，利用印度在设计方面的雄厚实力和丰富的劳动力资源，降低产品成本，刺激出口。

第三节　主要经验与启示

通过对主要国家的竞争力分析，我们可以看出，国家竞争力可以被理解为国家的民众、企业与政府在一定的制度规则和关系环境下，通过供给并配置当地要素资本和利用外部要素资本，创造当地需求和满足外部需求，而创造国家财富的能力。[1] 而从世界各国的竞争力战略中，我们不难发现有以下几个共同点。

---

[1]　倪鹏飞主编：《中国国家竞争力报告》，23～24 页，北京，社会科学文献出版社，2010。

一、提升国家竞争力要重视增强企业素质

企业是国家竞争力的主体，企业素质的高低直接影响企业竞争力的强弱并反映国家竞争力的强弱。从各国的国家竞争战略来看，无论是发达国家还是新兴工业化国家都特别注重提升本国的企业素质，都在不断改善企业生存与发展的市场和创业环境，制定相应政策和提供财税支持，鼓励和引导企业提升自身竞争力并参与国际竞争。

二、提升国家竞争力要重视培育高端要素

人才、科技、基础设施等都是影响国家竞争能力的重要供给要素。一个国家如果拥有高端要素的绝对比较优势和相对比较优势，就可以通过不完全竞争的垄断优势，制定垄断价格，生产和提供高附加值的产品和服务，获得经济收益。世界各国的国家竞争战略也都侧重于培育这些要素。事实证明，各国都在国家竞争战略中强调加大教育投入，增加人力资本存量，并高度重视科技产业发展，将科技创新作为国家竞争的关键所在。

三、提升国家竞争力要重视参与全球竞争与合作

全球联系比本地联系更重要，参与全球价值链是提升自身能力和获得升级的重要途径。在全球经济一体化的趋势下，各国都通过制定竞争战略确立核心竞争领域，寻找自身在全球竞争中的位置。同时，各国在竞争战略中也都充分意识到合作的重要性，提到要结合自身实际，促进国家主体之间互动交流，通过实现有效密切的国际分工合作来体现自身的国家竞争力。

四、提升国家竞争力要重视完善公共制度体系

公共制度是对主体交往的规则安排。对于企业和高端要素而言，规则安排的差异会产生不同的结果。良好的制度和实施机制可以有效降低交易成本，提高交易的效率，从而形成更高的经济增长率。另外，良好的制度还可以保证公民获得应有的福祉，减少不平等和歧视。各国的国家竞争战略都有相应的制度设计内容，旨在为国家发展制定公正的游戏规则，创造一个公平良好的竞争环境。

第五章
产业升级与国家竞争优势：日本的案例

第二次世界大战以后，日本在战争留下的废墟上，成功推动了一个国土面积不大、人口密度很高、发展条件极差的岛国的经济复苏和对外贸易的飞速发展，实现了从贸易大国向贸易强国的战略性转变。以人为鉴，研究和借鉴日本发展的经验，对促进我国的产业升级、增强我国国际竞争力都很有裨益。

第一节　日本经贸发展的主要历程

第二次世界大战以后，日本经贸发展大体经历了四个阶段，即战后恢复期、快速增长期、调整优化期和转型升级期，每个时期的国际形势不同，日本经济发展条件也不同，但日本始终注重挖掘、培养、壮大、巩固具有全球竞争优势的相关产业，经贸发展总体呈曲折上升态势。

一、战后恢复期（1946—1955 年）

战后初期日本的经济几乎处于崩溃的边缘，生产设备和生产资料不足导致总供给不足，短缺是日本国内宏观经济的总体反映。战败的日本已经失去了战前的技术设备优势，更没有自然资源和资本优势，所拥有的优势主要是人力资本。在国际上，作为防止共产主义渗透和资本主义世界防卫体系桥头堡，特殊的国际战略地位使日本在随后的冷战和局部性战争中获得了经济和贸易发展不可或缺的有利的国际条件。特别是美国对日本的扶植政策，是日本经贸崛起的重要原因，对日本出口贸易的扩大和经济发展带来了巨大刺激。到 1948 年年末，美国通过"占领地区救济基金"、"占领地区恢复基金"对日援助已达10.5亿美元，占该时期日本进口总额的70%，而当时日本的出口能力不过1亿～3亿美元，美援发挥了"输血"的作用。日本以此款项进口原料、石油、煤炭、铁矿石、橡胶、原毛、纸浆；出口援助物资的款项通过贸易资金特别会计的渠道，作为出口补助金用于产业设备投资，投放在电力、钢铁等重点工业部门，从而大大加速了整个日本经济的恢复。[①] 随后，日本积极吸收美国的资金，学习、借鉴美国的先进工艺、科技和管理经验，并加强仿制、模仿和创新工作，不断发展，历经10年，日本经济实现了快速的复苏。（如表5-1所示）

表5-1　战后日本经济恢复时期对外贸易情况

项目 ＼ 年份		1946	1952	1955
实际国民生产总值		62	111	136
人口		109	124	129
人均实际国民生产总值		57	89	105
对外贸易	进口	21	59	94
	出口	7	36	75

资料来源：余晷雕著：《日本经济新论》，302页，长春，吉林大学出版社，1999。

从上表可以看出，日本经济过程中，对外贸易增长了5倍多，对外贸易依存度达到1955年的1.24倍。其中，1946—1952年，是国内需求恢复阶段，此后出口开始大幅度增加。到1955年，日本的国民生产总值达到美国的三分之一、联邦德国的二分之一。

二、快速发展期(1956—1973年)

这一阶段，日本产业国际竞争力得到极大提高，促进了日本出口贸易的迅速发展，成为世界第一大出口国。日本经济在高速增长时期年均增长水平达到9.8%，几乎是同期发达国家经济增长速度的两倍，1968年成为仅次于美国的世界第二经济大国。[②] 20世纪60年代后半期，日本的国民生产总值(GNP)在相继超过英国(1965年)和法国(1967年)后，于1968年超过联邦德国，成为西

---

① 赵儒煜：《战后初期日本经济恢复机理刍议》，载《现代日本经济》，2007(1)。
② 韩瑞、李建军：《战后日本贸易政策的变迁——从利用主义到构建主义》，载《国际贸易》，2008(4)。

方世界 GNP 排名的"老二"。[①] 日本钢铁、机械、化学工业、造船、汽车等产业在国际上确立了比较优势。例如，钢铁工业中，钢产量日本在 1960 年和 1970 年，产量分别为 2 214 万吨和 9 332 万吨，连续实现了两个十年翻两番。1973 年，钢产量又突破了 1 亿吨，成为了仅次于美国和苏联的世界第三钢铁工业大国；化学工业从零起步，迅速发展为重要的生产部门，1970 年，石油化工产业已经占到化学工业生产总额的 25%；造船和汽车工业也迅速发展增长，1960 年，日本造船总吨位为 173 万吨，跃居世界第一位；汽车产量在 1955 年只有 6.9 万辆，美国当时产量是 920 万辆，然而到了 1970 年，日本汽车产量增加到 529 万辆，比 1955 年增加了 75 倍以上，到 1980 年又增加到了 1 104万辆，超过美国，跃居世界第一位。[②] 面对日本经济的快速崛起，1971 年 7 月，美国总统尼克松也不得不承认日本已经成为一个"世界经济实力中心"。[③]

三、调整优化期（1974—1990 年）

在这一时期，"石油危机"对日本的对外贸易造成了一定程度的冲击。日本对外贸易的年均增长速度受"石油危机"的影响比前一时期有明显的回落，但仍保持着 11% 左右的强劲增长势头，贸易收支在外部冲击下曾出现过短期逆差，但总体上是顺差不断扩大的。到 1990 年为止，石油危机、日元升值和泡沫经济等一系列事件对日本的经济增长产生了重要的影响，但是对日本对外贸易发展所产生的不利影响是短暂而有限的。为应对国际市场的不利环境，日本政府和企业以技术进步为动力，调整产业结构，实现经济转型，最终使得日本这一"资源小国"得以比资源禀赋好于日本的大部分发达国家更顺利地渡过了危机。

这个时期，随着技术水平的提高，日本代表性产业产品结构也发生明显变动，产品技术含量明显提高。其中，日本工业机器人产业迅速发展。虽然第一台工业机器人是 1969 年从美国进口的，但经过短时间的"引进—模仿—改良"过程后，20 世纪 70 年代，工业机器人在日本各大产业中得到广泛的应用，日本成为世界上最早、最大和要求最高的机器人市场，也是世界上最大的工业机

---

① 王晓生、赵军山编：《战后日本经济社会统计》，471 页，北京，航空工业出版社，1988。

② 刘昌黎：《论日本世界工厂的发展及其经验》，载《日本学论坛》，2004(1)。

③ 保罗·肯尼迪著，王保存译：《大国的兴衰》，508 页，北京，求实出版社，1988。

器人使用国。① 除了机器人产业外，该阶段日本具有竞争力的产业还有半导体、电脑、交通运输（包括汽车、造船）、办公设备、休闲娱乐以及家电产业（包括空调）等。日本出口贸易虽然经历了三次日元升值和泡沫经济崩溃的侵扰，但日本产业竞争力并没有削弱，日本产品在国民挑剔的需求的培育下，全球市场上难遇强的竞争对手。根据美国普查局经济计划和协调处的数据，1975 年全球尖端技术出口额占世界技术出口总额的比重平均为 20%，当时的日本还处于较低的水平，仅为 19.8%，而美国为 26%，英国为 25.2%，西德为 22.2%。到了 1984 年，日本已经成为全球尖端技术出口最高的国家，占比达到 32.1%，而美、英、西德分别为 30.4%、27.6% 和 27%。②

四、转型升级期（1991 年至今）

20 世纪 90 年代以来，日本大力发展互补型对外投资，以此逃避对外贸易壁垒，降低产品成本。日元升值后，日本对外直接投资开始不断增加。1986 年到 1988 年的 3 年时间对外投资累计 1 028 亿美元，超过了战后 1951—1985 年 35 年间累计对外投资总额的 837 亿美元。从 20 世纪 90 年代开始，日本对外直接投资超过了美国，首次跃居世界第一位。从投资结构看，日本对外投资主要集中于制造业。占其对外制造业投资的 64% 都是电气、汽车、化学、钢铁和有色金属等制造行业，金融保险、商业服务和不动产等服务业一直未占据主导地位。从投资目标地区构成看，日本对外投资主要以发达国家为主，依次为美国、英国、荷兰、澳大利亚、加拿大、德国和法国。对发展中国家的投资主要集中在东亚地区，包括中国、印度尼西亚、泰国、中国香港、新加坡和马来西亚等。③

从产业价值链的角度看，日本通过对外投资实现国际贸易的转型。比如日本向美国和欧洲国家的投资主要是为了绕开发达国家的贸易壁垒，对东亚国家的投资主要是为了降低生产成本。换句话说，日本将其产业链价值低端部分转移到其他东亚国家，通过利用这些国家廉价的工业用地和劳动力形成生产能力，再向欧美国家出口。因此，日本对东亚国家的投资主要以劳动密集型制造业为主，使这些国家对日本资本密集性资本品的需求不断增加，日本出口增长得以保持。

---

① 迈克尔·波特著，李明轩、邱如美译：《国家竞争优势》，204～206 页，北京，中信出版社，2007。
② 吕有晨：《产业结构变化与日本经济发展的关系》，载《东北亚论坛》，1994(1)。
③ 张宗斌、于洪波：《中日两国对外直接投资比较研究》，载《世界政治与经济》，2006(3)。

第二节 日本产业升级的内在动因

一、需求拉动和市场竞争

战后日本经济的高速发展是日本产业升级的根本原因。在第二次世界大战中，日本经济遭受到了严重的破坏，战后日本开始了经济的重建和发展。在短短的十几年内，实现了经济的高速发展和现代化。经济的快速增长为产业升级奠定了坚实的物质基础。同时，卖方市场向买方市场的转变意味着商品生产商之间的竞争加剧。日本市场挑剔的消费者培养了企业以消费者为中心的战略定位，满足市场需求，提高市场占有率自然成了企业的努力方向。

（一）国内需求的拉动

迈克尔·波特认为，形成日本国家竞争优势最重要的关键要素是需求条件。在许多强劲的产业中，都具有庞大的国内需求的拉动，而出口只是日本产业发展的第二个阶段。[①]

一方面，日本国内需求量巨大，且需求结构变化很快。例如，耐用消费品是日本家庭社会地位的象征，耐用消费品的转化升级成就了日本的"消费革命"。而在该领域，日本国内消费从战后到 20 世纪 80 年代初，就先后经历了四次较为明显的"消费革命"。（如表 5-2 所示）

表 5-2　日本四次"消费革命"情况

消费革命	时　间	标　志
第一次	1955 年至 1970 年	黑白电视机、洗衣机、电冰箱普及率达 90％以上
第二次	20 世纪 60 年代末至 70 年代中期	小汽车、空调器和彩电的普及
第三次	1973 年至 1975 年	高消费向节约型转变，选择性购物革命
第四次	1976 年至 20 世纪 80 年代初期	注重消费的家内化和文化性

资料来源：姚力鸣：《日本的"第四次消费者革命"》，载《现代日本经济》，1984 年第 2 期。

[①] 迈克尔·波特著，李明轩、邱如美译：《国家竞争优势》，366～371 页，北京，中信出版社，2007。

另一方面，消费者联盟出现并迅速发展。日本消费者团体多达几千个，这些消费者团体向消费者发布消费信息，且信息渠道流通顺畅，产品稍有瑕疵不但会遭到个别消费者拒买，还会受到其他消费者拒绝购买的威胁。因此，这迫使产品生产商之间展开竞争。日本企业产品不仅要"精美好用"，还要有完善的售后服务。日本运动组织机构经常举行消费者教育活动。例如，他们通过广泛宣传，使得"购物四原则"①家喻户晓。可见，企业赢得新顾客的唯一途径就是通过不断创新，改良企业产品。除这些软约束外，日本还颁布了消费者权益保护法，逐步形成了消费者利益保护体系。根据《消费者利益保护基本法》的有关规定，在都、道、府、县及市、町、村各级，设有200多个消费生活中心。各地消费生活中心的主要任务是结合当地社会经济情况制定保护消费者权益的措施，并保证其实施。②

（二）国内产业内的竞争

战后日本每一个具有国际竞争力的产业，都有几家甚至数十家的企业相互竞争。（如表5-3所示）剧烈的竞争压力迫使每个企业都非常重视市场份额，以市场占有率为目标，逼迫企业寻求产品的高科技化以及新产品的不断推出。很多时候，由于激烈的竞争，产业内企业很少能分清领导者和跟随者。即便有领导者也很难全面胜出或在一个领域长期保持下去，更不用说形成稳定的市场垄断力量。

表 5-3　日本产业中相互竞争的企业数量　　　　　　　单位：个

空调	13	摩托车	4
音响设备	25	乐器	4
汽车	9	个人电脑	16
相机	15	半导体	34
汽车音响	12	缝纫机	20
碳纤维	7	造船	33
建筑设备	15	钢材	5

---

① 所谓"购物四原则"是指：①商品分量是否足；②商品的价格是否合理；③商品的质量是否可靠；④商品功能是否良好。参见陈先驱：《日本消费者运动》，载《世界经济》，1988(2)。

② 陈海东：《日本消费者权益保护》，载《外国经济及管理》，1994(3)。

复印机	14	合成纤维	8
传真机	10	电视机	15
吊车	8	卡车和公共汽车轮胎	5
机床	112	卡车	11
大型电脑	6	打字机	14
微波设备	5	录像机	10

　　资料来源：迈克尔·波特著，李明轩、邱如美译：《国家竞争优势》，377 页，北京，中信出版社，2007。

　　同时，国内产业内的激烈竞争也增强了企业的竞争意识和竞争能力，使京瓷、索尼、松下、川崎等很多日本企业形成了自己独具特色的企业文化和管理模式，有效地增强了企业竞争力，在市场竞争中脱颖而出，成为了具有国际竞争力的优秀企业，也推动了日本整体产业升级和国家竞争能力的提升。

专栏：日本京瓷：敬天爱人与阿米巴经营

　　日本京瓷公司创立于 1959 年，最初为一家技术陶瓷生产厂商，目前已经成长为一家从精密陶瓷元器件和电子元器件到移动电话、打印机、复印机等产品的世界著名的跨国集团公司。京瓷公司的成长壮大很大程度上依赖于公司创始人稻盛和夫独到的经营理念。技术员出身的他完整地经历了日本经济从战后恢复，到创造奇迹，再到泡沫破裂的完整过程。而他刻苦勤奋的精神以及所坚守的商业道德准则也使他成为日本本土企业家的代表人物。

　　"敬天爱人"是"京瓷哲学"的基本理念。"敬天爱人"的含义包括两个方面：一是"敬天"，即要按事物的本性做事，崇敬自然，热爱自然，保护自然，强调企业发展要为人类发展和社会进步做出贡献；二是"爱人"，也就是按人的本性做人，"利他"，强调利他者自利，为客户创造了价值，企业也就可以从中分享价值。

　　阿米巴经营是京瓷公司创始人稻盛和夫在经营公司的过程中，为实现自身经营哲学而创造的、基于牢固的经营哲学和精细的部门独立核算管理的经营手法。京瓷公司细分成所谓"阿米巴"的小集体，从公司内部选拔阿米巴领导，并委以经营重任，从而培育出许多具有经营者意识的领导，也就是经营伙伴。并以各个阿米巴的领导为核心，让其自行制订各自的计划，依靠全体成员的智慧和努力来完成目标，同时构建精细的、透明的部门独立核算管理机制，准确掌握各阿米巴的经营内容，快速应对市场变化。这样一种做法，能够让一线的每一位员工都能成为主角，主动参与经营，进而实现"全员参与经营"。

"尊重员工利益、以回报社会为己任"的企业文化和现代科学的管理模式，依靠全体员工智慧和努力实现了企业的飞速发展，也为社会作出了积极的贡献，成为当代企业学习的典范。

资料来源：稻盛和夫著，陈忠译：《稻盛和夫自传》，北京，华文出版社，2010；稻盛和夫著，陈忠译：《阿米巴经营》，北京，中国大百科全书出版社，2011。经整理。

二、基础研究和技术创新

日本企业技术创新能力世界瞩目。利用世界 0.3％的国土面积和 2％的人口，在 20 世纪 80 年代中期，日本创造了占世界近 16％的 GDP，成为世界第二经济科技强国，这些背后除了政府对科学研究的大力支持外，技术创新的主角——企业——功不可没，这从日美申请的专利数量对比可见一斑。日本的发明家在美国专利申请中所占份额由 1975 年的 8.9％上升到 1985 年的 17.9％。这样的成绩归功于企业持续的科技创新。（如表 5-4 所示）

表 5-4　日、美和其他国家发明者在美国申请到的专利数所占比重　单位：％

年份	1975	1980	1985
日本	8.9	11.6	17.9
美国	64.9	60.4	55.5
其他国家	26.3	28.1	26.7

资料来源：克里斯托夫·弗里曼著，张宇轩译：《技术政策与经济绩效：日本国家创新系统的经验》，11 页，北京，东南大学出版社，2008。

(一)民间主导的基础科学研究

有观点认为，日本不断缩小与发达国家的差距后，基础科学方面的相对薄弱将使其赶超美国和西欧更加困难。不否认日本在工业技术领域的研发实力要比基础科学领域强很多，但是日本在基础科学研究领域进步非常快，主要研究开发费用的投入以民间投入为主，大约占全部研究费用投入的三分之二到四分之三。在 1973—1982 年，日本在 2 300 种被 SCI 收录的刊物上发表论文所占比例从 5.1％上升到 7.3％。在美国和西欧等发达国家中，日本所占的份额从 7.1％增加到 10.1％。（如表 5-5 所示）

表 5-5　日本、美国和西欧的科技论文发表情况比较　　　单位：%

年份	1973	1974	1975	1976	1977	1978	1979	1980	1981	1982
日本	7.1	7.0	7.3	7.7	8.1	8.7	8.8	9.5	9.8	10.1
美国	54.4	53.5	52.7	52.8	52.4	51.8	52.0	51.0	51.1	51.1
西欧	38.5	39.5	40.0	39.5	39.5	39.5	39.2	39.5	39.1	38.8

资料来源：克里斯托夫·弗里曼著，张宇轩译：《技术政策与经济绩效：日本国家创新系统的经验》，15～20 页，南京，东南大学出版社，2008。

上表数据是对英文刊物运用文献计量学进行分析得出的结果。实际统计数据中，日本所占份额很有可能被低估。并且从引用率分析来看，日本的科技论文在世界文献中被引用的频率越来越高，引用率的增长速度也令人惊讶。在特定领域的研究日本和发达国家的差距非常小。[1]

（二）企业主导的应用科技研究和技术创新

应用科学的发达程度是生产力强弱的标志，技术创新是应用科学发展的灵魂。沿着战后初期的"吸收—模仿型"技术创新路径，日本经历了"追赶型"科技创新阶段，最终成为世界"领先型"的创新型国家，在这个过程中企业承担着最重要的角色，是"产学研合作体制"的中心，该体制中企业具体做法有：①企业为在校生提供"奖学金"并吸引毕业生来工作；②企业为在校大学生提供实习场所；③企业选派员工到大学和研究机构进行某些领域研究；④企业委托大学开展一些项目研究；⑤企业向大学提供投资；⑥企业与大学在人才上相互交流。除此之外，企业还可以从大学和研究机构获得技术创新成果。日本政府制定并实施了《关于大学等技术研究成果向民间产业转移促进法》，根据该法获准设立的技术转移代理中介机构（Technology Licensing Organization，TLO）可以享受产业基础振兴基金的补贴和专利申请费的减免等优惠措施。[2]

产学研项目运作中，企业不仅是技术创新的主体，更是研究成果实施的主体。通过产学研合作，日本实现了物质资本和智力资本的有机快速结合，实现了从基础研究到市场的完整价值链转移。此外，日本政府为促进企业竞争，在1947 年 3 月颁布了《禁止垄断法》。1977 年又对《禁止垄断法》进行了修订，加

---

[1]　Granberg A，Abibliometric Survey of Laser Research in Sweden，West Germany and Japan，*Discussion Paper No. 172*，Research Policy Institute，Lund.

[2]　尹翔硕、强永昌、田素华等：《贸易战略的国际比较》，247 页，上海，复旦大学出版社，2006。

强对企业垄断的管制，更多地利用市场机制来配置资源。值得一提的是，日本自古就重视知识产权的保护。早在 1899 年，日本就先后制定了两部著作权条例，在 1971 年正式形成《著作权法》，1959 年日本颁布了《商标法》，此后根据实际情况不断修订。[①] 企业创新有了动力机制，创新结果能得到法律的保护，因此企业永远是技术创新的主导者。

第三节　日本产业转型升级的外在条件

一、丰富持续的人才储备

生产要素替代关系中，人力资本是最重要的。战后日本非常重视教育，不断加大教育投入，使得教育成为日本战后用以克服自然资源和资本约束的重要途径。（如表 5-6 所示）

表 5-6　日本战后公共教育经费占国民生产总值的比重　　单位：%

年份	1970	1975	1980	1985	1990
λ	3.9	5.5	5.8	5	4.7

注：λ表示公共教育经费占国民生产总值的比重。

资料来源：《中国统计年鉴 1996—1999》、《国际统计年鉴 1996—1999》，北京，中国统计出版社，1996—1999。

（一）教育规模和质量齐抓并举

为了适应经济发展的需要，日本战后非常重视教育的提高和普及，构建了一流的基础教育体系，不但要求严格，而且强调数学和科学方面的训练，一般高中毕业生的数学程度实际上不亚于大多数美国大学毕业生。首先，实行了九年制义务教育。1947 年，日本政府颁布《教育基本法》，按照美国式学制建立了小学、初中、高中、大学的"六、三、三、四"制，将过去的六年制义务教育扩大为九年制义务教育，把培养学生掌握社会上所需要的职业基础知识和技能作为教育目标。教育变革满足了当时日本大力发展劳动密集型的轻工业和农业所急需的文化素质较好的劳动力需求。其次，普及高中教育和大学教育。1956年，日本政府公布了《第十次经济白皮书》，提出实现经济现代化的目标。经济

---

① 李平、陈志恒：《日本知识产权保护的经验及对我国的启示》，载《现代日本经济》，2003(6)。

发展已经不是简单的"恢复"，而是在恢复阶段的基础上，由劳动密集型转向资本密集型的重工业和化学工业，此时对人才的需求要求普及高中教育和大学教育。1955—1965 年，日本的高中生从 260 万增加至 507 万。高中入学率也从战后初期的 35% 上升至 80%，到 1973 年，高中入学率高达 90% 以上。20 世纪 60 年代，大约 700 万高中毕业生到国家各个经济部门就业。与此同时，高等教育也在普及高中的基础上迅速发展起来。20 世纪 50 年代末，日本高校仅有 350 所，在校生约 40 万人。到了 20 世纪 60 年代末，高校增至 820 所，在校生达 150 万人。1973 年的短期大学毕业生为近 13 万人，是 1951 年的 150 倍；四年正规大学 405 所，在校生人数 159 万人。大学教育的发展为日本经济腾飞培养了大量高素质的人才。[①] 同时，日本的大学数量多，教育质量好，尤以技术领域见长。在 20 世纪 70 年代早期，日本电子工程学的毕业生人数几乎超过了美国。（如表 5-7 所示）

表 5-7　美、日电子和电机工程的毕业生人数比较(1969—1979 年)　单位：人

人才类型 年份	美国		日本	
	本科	本科、硕士和博士	本科	本科、硕士和博士
1969	11 375	16 282	11 035	11 848
1970	11 921	16 944	13 085	13 889
1971	12 145	17 403	14 361	15 165
1972	12 130	17 632	15 020	16 052
1973	11 844	16 815	16 205	17 345
1974	11 347	15 749	16 140	17 419
1975	10 277	14 537	16 662	18 040
1976	9 954	14 380	16 943	18 258
1977	9 837	14 085	17 668	19 257
1978	10 702	14 701	18 308	20 126
1979	12 213	16 093	19 572	21 435

资料来源：克里斯托夫·弗里曼著，张宇轩译：《技术政策与经济绩效：日本国家创新系统的经验》，34~35 页，南京，东南大学出版社，2008。

① 尹翔硕、强永昌、田素华等：《贸易战略的国际比较》，197~271 页，上海，复旦大学出版社，2006。

（二）鼓励和支持民间职业技术教育

日本民间职业技术教育体系非常发达，主要体现在以下两个方面。第一，企业全员培训计划。日本各大企业把培养和确保高素质劳动者看做提高企业竞争力、决定企业未来的强大武器，设立各种形式的培训中心，不断提高工人、管理人员和技术人员的专业技能，以适应不断革新的设备、工艺产品的要求，提高生产效率。其中技术消化费用就包括企业全员培训计划成本在内。第二，中介机构推动，政府重视。日本经济团体联合会曾先后提出《关于重新研究新教育制度的要求》和《关于适应新时代要求的技术教育的意见》，指出培养技术工人刻不容缓。在企业界的推动下，政府颁布了《产业教育振兴法》，逐步扩大职业高中办学规模，改善教学设施，强化对学生职业技能的培养。随着日本经济的发展，日本政府给学生提供多种多样的有课程差别和能力差别的扩充职业训练，高中阶段的课程设置就为提高劳动力大军素质做充分准备。20世纪80年代以来，为适应企业国际化、信息化和能源节约化的要求，职业高中让位于综合高中，并开设相关内容新课程等，以适应经济发展对职业技术人才的需求。

二、政府主导下的国家创新保障

在战后的60年里，日本走过了从"贸易立国"到"技术立国"再到"科技创新立国"的发展道路。技术进步与创新是诸多要素中最为重要的因子，而技术进步和创新的保障制度就是国家创新体系。

日本的国家创新体系并非在战后才确立起来，它最早始于1868年的明治维新时期，并且经历了一个漫长的演变发展和不断完善的过程。日本国家创新体系在战后重建过程大致分为以下两个历史阶段，一是以引进为主的国家创新体系的重建与发展时期（从战后到20世纪70年代末）；二是国家创新体系的重大调整走向科学技术立国的时期（20世纪80年代以后）。日本政府发挥集中协调的作用，科学技术决策权由科学技术会议、科学技术厅、文部省、通产省工业技术院和科学技术政策咨询机构共同构成，其中科学技术咨询机构代表学术界和民间产业部门在科学技术发展方面的意见。

促进产业技术创新的宏观政策是日本国家创新体系的有机构成部分。政府促进产业技术创新的政策非常广泛，主要包括两大类：一是直接政策，日本政府推行对国内创新活动积极引导和重点扶持的强干预政策。政府引导促进了日本企业技术结构的升级和国内创新活动的开展。例如通过工矿业技术研究组合制度、大项目制度等直接资助研究开发活动。二是间接政策，例如宏观财政金融政策、禁止垄断政策和各种限制政策等。20世纪80年代以后，日本国家创新系统进行了重大调整，强调了基础研究在国家未来经济发展中的重要地位。1980年日本产业结构审议会发表了旨在提高创造性的自主技术开发能力的《80年代的通商产业政策》，第一次提出了"技术立国"政策，此后日本研究开发支出占GDP比重不断增加。1995年，日本政府通过了《科学技术基本法》，提出了"以科学技术创造立国"的技术创新政策。此外，日本通商产业省不断改善企业的外部环境和进行基础性投资，也在努力使日本产业在市场开拓中保持长期最先进的新技术优势。

三、产业政策

利用产业政策引导企业行为、扶持重点产业、促进产业结构升级是日本战后复兴和经济高速增长时期的重要成功经验之一。同时，日本产业政策运用的模式和内容也体现了比较强的动态调整性，始终随着经济发展阶段的变化而有所改变。

（一）战后恢复时期日本的产业政策

战后初期，日本政府经济政策的目标明确，就是尽快恢复经济，解决国内供应不足和失业问题。这一时期主要产业政策有三类。一是倾斜生产方式政策。为了解决资金和原材料不足问题，日本采取诸如原材料分配，复兴金融公库贷款，价格控制，差价补助金，进口物资分配等一些直接控制手段，把政策倾向于煤炭、钢铁、化肥、电力等产业部门。二是产业的合理化政策。为了促进经济结构调整和资源在产业之间的合理分配，日本政府通过租税特别政策，财政投资贷款，海运利益补贴，外汇配额等，加快降低设备更新和技术改进的成本。三是新兴产业的扶持与振兴政策。政策目标的主要目标是促进机械、电子工业设备和技术的现代化，培育与扶持新兴产业。政策手段主要是在财政投资贷款和税收等方面给予支持和优惠，其中最具代表性的是1956年5月国会通过的《机械工业临时措施法》和第二年6月通过的《电子工业振兴临时措施法》。

（二）快速发展时期的产业政策

这一时期，日本产业政策的目标、手段和功能开始向适应现代经济发展要求的方向转化，政府主要政策是：一是调整政府与企业之间的关系，扩大政府干预的范围，以更强有力地推进产业结构的转换；二是制定并实施《中小企业

85

现代化促进法》，调整中小企业参与领域和促进中小企业的专业化和现代化，以调整竞争秩序，发展专业化生产体制，以协调大中小企业之间的关系，保持竞争活力。这一时期日本产业政策有两个特点：一是法律手段受到重视，产业政策更多地是通过制定各种法律性规定出现的，使产业政策体现较高的权威性，同时也保证了政府干预的合法性以及产业政策的执行力；二是建立官民协调体制和制度化的审议会制，理顺了产业政策制定过程中政府、企业、学术界之间的关系，使日本产业政策能够充分反映社会各方利益主体的意见。

（三）调整优化期的产业政策

20世纪70年代两次石油危机的冲击，迫使日本进行产业结构的调整，主要从三个方面制定并实施了产业政策：第一，对高能耗衰退产业进行调整，促进产业结构向节能型转换；第二，不断提高加工工业比重，延伸加工层次，通过产业结构的高加工度来减轻甚至摆脱经济发展对资源，特别是对能源的过度依赖；第三，大力发展节能技术和高科技产业，力图完成从资本密集型的"工业化结构"向技术密集型的"后工业化结构"转换，以最终巩固技术要素替代资源要素在经济增长中的支柱地位。具有代表性的产业政策有《石油供求合理化法》、《特定产业安定临时措施法》等。该时期产业政策有两个显著的特点。一是在资源分配方面强化了市场机制的作用。政府运用财政、税收、金融、外汇等方面的权限干预资源分配和通过与行业组织等协商实施行政指导等手段受到很大的限制，政府发布"长期展望"等信息指导方式则成为主要的手段。二是重点产业政策向全局性产业政策转变。在这一时期，一方面有重点、有区别地单向产业政策逐渐减少；而能源政策等全局性的产业政策逐渐增加。日本通过"节能"法规的制定和强化，起到提高能源利用效率的作用，在这一过程中，企业开始发现大量的节能投入实际上会为自己带来了长期持续发展的能力和竞争力，实现了由"被动"向积极环保对策转变的"观念变革"。①

（四）转型升级期的产业政策

20世纪90年代以来，世界经济形势急剧变化，世界其他国家尤其是美国与东亚等国家的发展，对日本在工业品上的竞争力形成强有力的挑战，这迫使日本不得不调整竞争战略，实施更有利于提升产业竞争力的产业政策。这一时期，日本政府除了在多边贸易体制与区域经济合作方面签订了有关开放市场的

① 赵晋平：《20世纪90年代以来日本产业结构的演变及其启示》，载《国际贸易》，2007(9)。

协议之外，为了提高国内产业的竞争力，还在影响产业发展的各个领域实行了自主的放松管制政策。日本的管制放松政策开始于20世纪80年代后期，在电信、运输（铁路和航空运输等）、金融为首的各个领域内实施了对企业的市场参入和费用管制进行的改革措施。其中，电电（日本电信电话公司）、国铁（日本铁道，JR）、专卖（日本专卖公司）三家国营企业的民营化以及公共费用评估中竞争机制的导入是划时代的。进入20世纪90年代，为了促进经济的活性化，管制放松的重要性又被重新提起。1993年，经济改革研究会公布的《平岩报告》确定了放松管制为政府最重视课题之一的地位。受以上潮流的影响，日本政府于1995年3月制订并通过了综合性的《管制放松推进计划》。这个改革计划包括：①竞争政策；②土地，住宅；③情报通信；④流通；⑤认证，进口标准；⑥金融，证券，保险；⑦能源；⑧雇佣，劳动；⑨公害，废弃物，环境保护及危险物，防灾安全9大范围11领域1 001项具体措施。作为日元升值的紧急对策，这个计划由原来的5年计划变为3年计划，在这之后的每年，这个计划都被修订和得以实施，1998年开始规定了对计划的实施状况进行检查的义务。[①]从已经实施的情况来看，日本放松管制的主要措施就是运用各种可行的手段来降低或者削弱产业进入壁垒，以培养和壮大富有国际竞争力的产业，促进产业优化升级，全面增强产业的国际竞争力。

四、对外贸易政策

（一）战后恢复时期的对外贸易政策

"贸易立国"思想是日本对外贸易政策的依据。战后恢复时期，日本政府充分发挥比较优势——劳动力供给充足，发展劳动密集型产业（纺织业、加工业、水产品等）自然成为日本的首选。日本为了扩大出口而采取的政策有：①开拓新的贸易市场。通过民间商社海外联络员、海外办事处和参加海外产品博览会等形式，开拓海外市场。②出口金融支持。一是出口贷款支持，主要包括日本银行对出口前贷款汇票的优惠制度、外汇资金贷款制度、外汇配额进出口连环制度和日本进出口银行的金融贷款。二是出口保险制度。③出口补贴和税收优惠制度。贸易补贴的关键是找到补贴的标准，日本通过"逆推法"找到对外贸易补贴标准。以日本对美国出口为例，为了增加日本本国产品在美国市场的竞争力，日本政府首先确定美国市场可以接受的价格，然后扣除运费、保险费、美

---

①　新庄浩二：《日本产业结构的变化与再生》，载《产业经济评论》，2003(2)。

国贸易公司的利润以及其他成本，便构成了商品出口价格。反之，当进口时，在国外市场销售价格的基础上加上运费、保险费、利润和其他费用，就构成了日本国内进口价格。这些价格与成本的差额政府通过补贴方式解决。①

（二）高速增长时期的对外贸易政策

高速增长期的对外贸易政策很多是恢复期贸易政策的延续。从宏观上，日本在这个阶段主要实施的是战略性贸易政策。战略贸易政策的主要原因与当时日本面临的国内外政策、经济环境有着密切联系。从外部条件看，日本有推行带有保护贸易色彩的贸易政策的良好国际环境；从内部条件看，日本奉行贸易立国政策，积极鼓励国内企业参与国际竞争，努力促进进口贸易，甚至不惜以较长时期降低利润率为代价开拓国际市场。政策的执行稳定了日本企业的市场需求，并带来持续的巨额贸易顺差。

战略性保护贸易政策的目标主要是实现贸易转型，即从过去的纺织业、加工业和水产品业向重化工业和制造业转型，通过贸易保护、税收优惠等制度安排提高重化工业、钢铁、电力等产业的国际竞争力，实现日本经济重化工业化。具体政策包括：①日本政府推行了以结构性保护关税和严格限制外资为主要内容的战略进口贸易政策，有效提高了日本的化学、石油化学、钢铁、有色金属及机械等部门的实际保护率；②成立日本贸易振兴会（JETRO）、"最高出口会议"和"海外商品贸易会议"等组织，增进对海外市场的跟踪了解，并对贸易摩擦进行预报和处置等；③建立出口商品质量检查制度，日本政府为了改变"日本货质量差"的坏名声，提高日本出口商品的国际信誉，制定了"出口检查法"。这项法律规定特定商品在出口时，有义务接受政府指定检查机构对商品包装和质量的检查，这一制度改善了日本商品的声誉；④制定知识产权保护法（《设计法》和《商标法》），改善出口商品设计和防止照抄模仿。②

（三）调整优化期的对外贸易政策

20世纪70年代后半期到80年代前半期，整个世界经济低迷，日本与美欧各国之间的贸易摩擦日益尖锐，加之日元升值的影响，日本的贸易立国战略被迫向技术立国战略转化，曾经作为日本经济战略支撑点的日本保护贸易政策开始向贸易自由化方向转变。这一时期，日本积极促进与其他国家的经济政策协调，加强多边贸易和发展全球经济，特别重视推动亚太地区的贸易自由化进

---

① 李古樵：《战后日本的对外贸易政策》，载《国际贸易》，1982(9)。
② 李远：《"二战"后日本对外贸易政策的变迁》，《经济体制改革》，2005(6)。

程，试图通过双边和多边贸易谈判推动亚太地区国家开放市场，主导亚太地区的贸易秩序。

（四）转型升级期的对外贸易政策

进入 20 世纪 90 年代，随着国内外经济环境的变化，世界其他国家尤其是美国与东亚等国家的发展，对日本在工业品上的竞争力提出了强有力的挑战，日本原来在工业品上的竞争力已经开始下滑，同时国际多边贸易体制进一步向自由化方向迈进，日本也面临着开放市场的压力。这一时期，日本的对外贸易政策也随之发生了变化。一方面，进一步强化贸易自由主义，由以前的限制逐渐转化为采取各种措施大力吸收国外直接投资；另一方面，进一步融入了以WTO 为首的多边贸易体系，将日本商品市场与要素市场进一步对外开放。同时，日本政府更加注重区域贸易关系的构建，在 2002 年提出了"多层面的贸易政策"的新主张，加紧双边自由贸易区的建设，并在 2002 年 1 月与新加坡正式签署自由贸易协定，对外贸易政策更加开放和多元化，与包括东亚各国在内的世界各国的经济联系越来越密切。

第四节　小结与启示

第二次世界大战以后日本对外贸易的发展经历了四个主要阶段。每一个阶段都形成了具有国际竞争力的代表性产业：在战后恢复时期，服装业和机械制造相关产业迅速崛起；到了快速发展期，钢铁、机械、化学工业、造船、汽车等产业在国际上确立了比较优势；调整优化期，日本工业机器人、半导体、电脑、交通运输（包括汽车、造船）、办公设备、休闲娱乐以及家电产业（包括空调）等发展迅速；在转型升级期，日本电气、汽车、化学、钢铁和有色金属等制造业和金融保险、商业服务业都有了很大发展，在国际舞台上扮演着重要的角色。这些在满足国内需求基础上成长起来的产业，转而在世界市场上也具有强大的竞争力。日本国内优势产业的转化升级是一个连续的过程，在旧产业的基础上，不断衍生新的产业，而且很多新的产业又能加快原产业的技术升级。

日本国际竞争力的提升和经贸转型升级是产业升级的结果。概括起来，第二次世界大战以后日本产业的转型升级与日本国内四大因素有关，即挑剔的需求、产业内部的竞争、高质量劳动力资源储备和政府政策支持体系。日本与很多出口导向型国家不同，国内产品首先要满足国内市场，然后出口到国外。由于日本国内消费者对产品设计和质量的要求非常之高，国内剩余产品出口国外基本不会因质量问题遇到障碍，即便是在石油危机、日元升值等不利条件下，仍然具有很强的竞争力。产品高质量与产业内部企业间的竞争直接相关，二者给予企业创新源源不断的动力支持。

特别需要值得重视的是，日本政府通过提供教育等公共物品以及政策支持体系，高度重视产业升级并为产业升级提供持续支持。在战后日本产业升级过程中，日本政府支持起了很重要的作用。日本政府通过加大教育投入，制定相关的产业政策、贸易政策等，既为产业升级提供要素支持，还为产业升级提供制度保障，引导企业将资源运用到技术创新、提高竞争力方向上，使日本从一个百废待兴的国家一跃成为了世界经济和贸易强国，在不同历史时期都对日本产业升级和国家竞争优势提升发挥了巨大作用，为我们提供了可供借鉴的经验。对于后发国家而言，由于技术水平低下和资金供给处于相对劣势，企业和产品的国际竞争力较弱，单靠企业自身往往无法实现产业国际竞争力的形成和提高，政府的支持和引导是不可或缺的重要因素。尤其在当今世界经济不断发展，国际市场竞争日趋激烈的情况下，特别是在某些发展水平悬殊的产业领域，仅仅依靠企业自身的力量来改变自身在国际分工和贸易利益分配中的不利地位非常困难，需要政府加大支持力度，特别是增加关键性人才、技术等高端要素供给，既提供以加快战略性主导产业培育、迅速缩短同发达国家差距为重点的"倾斜型产业政策"，也提供以为各类产业和企业创造公平竞争的政策环境为目标的"竞争型产业政策"，优化企业参与竞争的发展环境，为企业创新发展、产业转型升级提供支持和保障。

第三部分　中国战略篇

第六章
中国产业升级的历程、现状与问题

当今的世界是竞争的世界，要想在世界经济发展中占据有利地位，必须努力提高本国的竞争优势。产业结构的调整和环节的提升最终决定着国家功能和地位的提升，因此，推动产业升级是世界各国提高自身竞争能力的重要途径和主要方式。目前，世界范围内生产力、生产方式、生活方式、经济社会发展格局正在发生深刻变革。今后的一段时期，是我国深化改革开放、加快转变经济发展方式的攻坚阶段，也是我国促进产业升级、提升国家竞争力的关键时期。在这一背景下，分析和回顾我国产业结构演变的历史进程，客观评估我国产业的国际竞争力，研究我国产业升级面临的主要问题，对于我们深刻认识并准确把握国内外形势新变化和新特点，在更高层次上参与国际竞争，全面提升国家竞争力都具有积极的现实意义。

第一节 中国产业结构演变的历史进程

从国际产业结构演变的一般规律来看，三次产业①的产业结构演进经历了以第一产业为主体的阶段、以第二产业为主体的阶段和以第三产业为主体的阶段，总体呈现不断优化升级的转变趋势。可以说，产业结构的演变过程既是产业结构自身调整和发展的过程，也是一个产业结构优化的过程。我国的产业结

------

① 按照国际上通行的 AIS 划分方法，国民经济中的产业体系可以分为三大类：即第一产业（主要为农业）、第二产业（主要为工业）、第三产业（主要为服务业）。

构演变进程既符合世界各国发展的一般规律，又具有鲜明的中国特色。

一、改革开放前中国产业结构演变的主要特征

对于不同的经济体，由于各自所处的历史阶段不同，产业结构升级的起点不同，产业结构演变的阶段和速度也就存在明显差异。"在所有落后的国家里，不管有没有建立社会主义体制，都有一种所谓'后来者'的急迫和压抑心态，深切地感到严重落后于那些更为发达和富裕的国家。"①曾经有过辉煌历史的中国也是如此。这种心态直接影响着我国在建国初期对资源配置方式和发展战略的选择。在中央政府的强力推动下，我国建立了高度集权的计划经济体制，确立了重工业优先发展的产业发展方向，我国的工业化水平得到大幅度提高，建立了独立的国民经济体系。但总体而言，我国产业结构演变发展也具有明显的时代特征，改革开放前的产业结构演变历程，主要是在高度集中的计划经济体制下，在封闭的内向型发展路径中，立足于国内要素资源的积累而发展的，体现出了浓厚的政策和人为色彩。

总的来看，这一时期的基本特征有三个方面：一是以封闭的计划经济体制、极低的人均国民收入为基本国民经济背景；二是以快速发展赶超资本主义国家、建立独立的工业体系、满足国内市场需求为主要目标；三是以优先发展重工业、优先发展国有经济并逐步实现对其他经济成分的改造、采用高关税和高估本币等方式推进进口替代、采用外延增长方式改善工业生产布局和区域经济发展不平衡为四项基本的工业化战略；四是倾斜式而非均衡式发展，重工业优先发展，重工业中又以钢铁工业为先导产业；五是由行政力量而非市场力量推动产业发展，从工业规划的制定到投入产出的全过程，政府都在其中发挥了决定性的作用，政府投资成为工业发展的主要资金来源，形成了占总金融70%以上的工业资本；六是选择了进口替代的工业化，以自力更生、艰苦创业为主；七是产业发展资金以内源为主，特别是牺牲农业和农民利益，保证工业和作为工业空间载体的城市发展。

---

① 雅诺什·科尔奈著，张安译：《社会主义体制：共产主义政治经济学》，153页，北京，中央编译出版社，2008。

表 6-1　计划经济时期中国工业化发展战略

	国民经济恢复时期(1949—1952年)	"一五"时期(1953—1957年)	产业结构重型化时期		
			"大跃进"时期	国民经济调整时期	"文化大革命"时期
经济工作中心	恢复生产调节供需	工业建设	超英赶美	调整、巩固、发展、提高	积极备战
产业政策	产业结构重组	重工业为主轻工业为辅	以钢为纲	先农后工先轻后重	重工业化,以加工工业为主
重点扶植产业	工业、农业	重工业	重工业	轻工业、农业	重工业
经济体制	公私混合经济	直接干预	直接干预	直接干预	直接干预

资料来源：冯飞主编：《迈向工业大国：30年工业改革与发展回顾》，44页，北京，中国发展出版社，2009。

在当时的背景下，新中国刚刚成立，受到西方发达国家的敌视和封锁，而苏联的发展又为我国树立了榜样，这使得这种道路选择具有合理性和必然性。但是，缺乏重工业与其他产业协同发展的机制导致了"重工业重、轻工业轻"的结构性缺陷，轻工业及其他产业严重落后，表现出"高积累、低消费、低效率"的特征。消费品严重短缺，消费需求受到严格抑制。在此期间，工业尽管保持了较高的增长速度，但工业与第一、第二、第三产业之间，轻重工业之间，积累与消费之间的关系极不协调，资源配置和结构状况存在明显缺陷。工业化过程经常处在"工业高速增长—结构关系失衡—调低工业发展速度—恢复比例关系—再提高工业发展速度"的反复循环过程中，国民经济增长处在严重波动的状态中，因结构矛盾而缺少稳定、持续的增长能力。

总的来看，计划经济时期传统的工业化道路在推进我国工业化进程和产业升级方面功不可没，使我国在短短二三十年时间内就基本实现了国家工业化的初期目标，建成了一个初具规模、门类齐全的工业体系和国民经济体系。但传统的产业发展思路也存在不少问题和教训，使我们付出了很高的代价，在所有制结构上实行单一的公有制，限制甚至排斥个体、私有经济的发展；在资源配置上实行高度集中的计划经济，牺牲了经济效率，妨碍了市场作用的发挥；在发展战略上实行优先发展重工业的方针；在发展方式上追求高速度，走粗放式发展的道路；在工农关系、城乡关系上，工业依靠农业积累资金并限制农业和农村劳动力的转移；在国际关系上片面强调自力更生，对外开放程度低，牺牲了比较优势，不重视学习国外的先进技术和管理经验，不惜付出沉重的资源代价发展重工业，以便尽快在产值上赶上和超过西方国家。这种高投入、低效率的增长模式，造成了极其严重的经济和政治后果。[①]（如表 6-1 所示）

二、改革开放后中国产业结构演变的主要阶段

改革开放以来，伴随着体制机制创新步伐的加快，产业发展的活力得到极大释放，我国产业升级步伐不断加快，产业结构不断优化，产业结构演变水平得到了显著提升。一般来看，改革开放以后我国产业结构演变进程可大致分为三个主要发展阶段：加速发展阶段（1978—1991 年）、深化发展阶段（1992—2000 年）和提升发展阶段（2001 至今）。

（一）加速发展阶段（1978—1991 年）

中国产业结构的调整与改革开放的进程密不可分。每一次改革开放的大举措都会引起产业结构的调整。1978 年以前实行的是高度集中的计划经济体制，1978 年以后的改革总体上是市场化取向的制度变迁。[②] 这种深刻的制度变迁对经济社会发展的影响是全面而深远的。经过始于 20 世纪 70 年代末期的农村改革和始于 80 年代上半期的城市改革，我国城乡居民受到长期限制的生活必需品需求急剧扩张，在这种需求的带动下，以农产品加工和轻工业产品生产为主的乡镇企业及其他形式的非公有制企业迅速成长，逐渐成为经济增长的主要推动力量。与此同时，计划经济体制下长期以来形成的住房、交通、通信及其他服务业严重不足的问题也被提上了议事日程，第三产业得到补足性发展。这一时期，与改革开放之初相比，我国的产业结构发生了重大改变，第一产业增加值的比重先增后降，总体下降了 3.7 个百分点；第二产业增加值比重基本上处于下降趋势，共下降了 6.1 个百分点；第三产业增加值比重迅速上升，共上升了 9.8 个百分点，产业结构演变的步伐开始加快，产业结构逐渐呈现优化态势。

（二）深化发展阶段（1992—2000 年）

1992 年，党的十四大正式确立了市场经济体制改革的目标，标志着我国由此进入全面建立社会主义市场经济体制的新时期。这一阶段，市场经济体制逐步替代计划经济体制成为推动产业结构演变的主导力量，而我国稳步地推进

---

① 吴敬琏：《解决工业化道路和增长模式问题》，载《今日浙江》，2005(9)。
② 李若谷：《制度适宜与经济发展》，13~31 页，北京，人民教育出版社，2008。

对外开放，也为产业升级提供了有利的外部条件。整个 20 世纪 90 年代，随着外商投资的资金、技术和市场的转移，我国逐渐发展形成了全球规模最大的加工制造能力和制造平台，成为全球重要的加工制造基地。同时，国有企业改革也进入以产权制度改革为中心的时期，在对外扩大开放、对内深化改革的双重作用下，我国第二产业的增加幅度开始提升，产业结构不断优化升级，产业整体竞争力有了显著提升。

（三）提升发展阶段（2001 至今）

2002 年以后，我国三次产业增加值比重仍然遵循着第一产业持续降低、第二产业稳中有升、第三产业迅速发展的趋势。这一阶段，我国产业结构演变的发展路径、动力来源和背景条件都发生了根本性改变，我国积极深化经济体制改革，市场经济体制已经替代计划经济体制成为配置要素资源的主导力量，而伴随着我国加入世界贸易组织，更加开放的发展战略使得我国的产业结构演变进程得以融入经济全球化浪潮，我国参与国际分工与合作的规模和层次不断扩大和提高，产业结构的调整和升级不断加快，产业结构替代演化的特征更加明显。

从我国产业结构演变发展历程来看，我国产业结构升级进程呈不断加快趋势。特别是在改革开放以后的三十多年来，我国第二产业所占比重总体基本持平，第一产业所占比重明显下降，第三产业所占比重大幅上升，第一、第三产业呈"剪刀形"发展态势，产业结构总体从第一产业为主向以第二、第三产业为主转变的特征非常突出。（如图 6-1 所示）

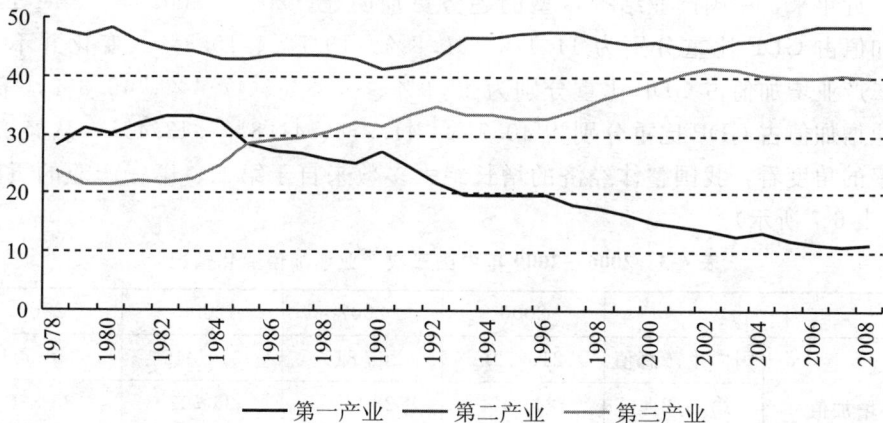

图 6-1　1978—2008 年中国三次产业增加值比重变化图

从横向比较的视角来考察，我国产业结构升级的特征也十分显著，第二、第三产业的发展速度也非常迅速。以服务业为例，根据世界银行的测算，2000—2007 年，我国服务业年均增长率达 10.6%，比世界平均水平高 7.6 个百分点，相较于同是发展中大国的印度、巴西，也具有明显的优势。（如图 6-2 所示）

表 6-2　世界部分国家和地区服务业增加值年均增长率　　　　单位:%

国家/地区	服务业年均增长百分比	
	1990—2000 年	2000—2007 年
全世界	3.1w	3.0w
低收入国家	3.6	5.8
中等收入国家	4.3	6.2
高收入国家	2.9	2.5
美国	3.4	2.9
法国	2.2	2.0
日本	2.0	1.6
印度	1.3	4.0
巴西	3.8	3.4
我国[a]	10.2	10.6

注：a 由生产者价格构成，w 表示加权平均值。

资料来源：世界银行：《2009 年世界发展指标》，北京，中国财政经济出版社，2009。

近年来，中国产业结构转型的趋势更加明显。2006—2009 年，第一产业增加值占 GDP 比重分别为 11.1%、10.8%、10.7%、10.3%，变化并不大。第二产业增加值占 GDP 比重分别为 47.9%、47.3%、47.4%、46.3%，第三产业增加值占 GDP 比重分别为 40.9%、41.9%、41.8%、43.4%，从经济贡献率的角度看，我国整体经济的增长绝大多数来自于第二、第三产业的贡献。（如表 6-7 所示）

表 6-3　2006—2009 年中国三次产业增加值变化情况

年　份		2006	2007	2008	2009
增加值（亿元）	国内生产总值	216 314	265 810	314 045	340 507
	第一产业	24 040	28 627	33 702	35 226
	第二产业	103 720	125 831	149 003	157 639
	第三产业	88 555	111 352	131 340	147 642

续表

年　份		2006	2007	2008	2009
比重 （%）	国内生产总值	100	100	100	100
	第一产业	11.1	10.8	10.7	10.3
	第二产业	47.9	47.3	47.4	46.3
	第三产业	40.9	41.9	41.8	43.4
平均增长速度 （%）	国内生产总值	16.3			
	第一产业	13.6			
	第二产业	15.0			
	第三产业	18.6			

注：本表比重及增速按当年价格计算。

资料来源：国家统计局：《中国统计年鉴（2010）》，北京，中国统计出版社，2010。

在经济贡献率不断提升的同时，我国第二、第三产业的劳动生产率也在不断提高。2006—2009 年，第二产业劳动生产率从 5.40 亿元/万人提高到 7.27 亿元/万人，第三产业劳动生产率从 3.60 亿元/万人提高到 5.55 亿元/万人，都远高于总体平均水平。（如表 6-4 所示）

表 6-4　2006—2009 年中国三次产业劳动力生产率

年　份		2006	2007	2008	2009
增加值 （亿元）	总体	216 314	265 810	314 045	340 507
	第一产业	24 040	28 627	33 702	35 226
	第二产业	103 720	125 831	149 003	157 639
	第三产业	88 555	111 352	131 340	147 642
就业人员 （万人）	总体	76 400	76 990	77 480	77 995
	第一产业	32 561	31 444	30 654	29 708
	第二产业	19 225	20 629	21 109	21 684
	第三产业	24 614	24 917	25 717	26 603
劳动生产率 （亿元/万人）	总体	2.83	3.45	4.05	4.37
	第一产业	0.74	0.91	1.10	1.19
	第二产业	5.40	6.10	7.06	7.27
	第三产业	3.60	4.47	5.11	5.55

资料来源：国家统计局：《中国统计年鉴（2010）》，北京，中国统计出版社，2010。

从具体产业来看，我国第二产业升级的速度也在不断加快，产业自主创新能力不断增强，已经形成了一批拥有自主知识产权和知名品牌、国际竞争力较强的优势企业，包括电子与信息，航空航天及交通，光机电一体化，生物技术，新型材料，新能源与高效节能，环境与资源利用，地球、空间及海洋工程，医药与医学工程等在内的高新技术行业的实力也有了明显提升。第三产业增加值占 GDP 比重分别为 40.0％、40.4％、40.9％，也得到了大力发展。其中，金融保险业、信息服务业等生产性服务业发展迅速，文化创意、电子商务等新兴产业和新型业态也有了长足进步，北京、上海、广州等大城市初步形成了以服务经济为主的产业结构。（如表 6-5 所示）

表 6-5   2001—2009 年北京市三次产业增加值占全市 GDP 比重 单位：％

年　　份	地区生产总值	第一产业	第二产业	第三产业
2001	100.0	0.8	26.7	72.5
2002	100.0	0.5	23.4	76.1
2003	100.0	−0.2	33.4	66.8
2004	100.0	−0.1	37.9	62.2
2005	100.0	−0.3	26.9	73.4
2006	100.0	0.1	23.5	76.4
2007	100.0	0.2	24.9	74.9
2008	100.0	0.1	2.4	97.5
2009	100.0	0.4	26.5	73.1

数据来源：北京市统计局：《北京统计年鉴（2010）》，北京，中国统计出版社，2010。

特别值得注意的是，近些年来，中国第三产业在产业就业人员比重不断增加的同时，产业内部的就业结构也在不断优化。其中，信息传输、计算机服务和软件业、金融业、房地产业、租赁和商务服务业、科学研究、技术服务等生产性服务业吸纳就业的能力显著曾强，占服务业就业比重越来越高。而与之相反，交通运输、仓储和邮政业、批发和零售业等传统服务行业的就业比重则有所下降。（如表 6-6 所示）

表 6-6   中国服务业内部各行业占服务业就业比重   单位：％

	2003	2004	2005	2006	2007	2008
交通运输、仓储和邮政业	10.8	10.6	10.2	10.0	10.0	9.8

续表

	2003	2004	2005	2006	2007	2008
信息传输、计算机服务和软件业	2.0	2.1	2.2	2.3	2.4	2.5
批发和零售业	10.7	9.9	9.0	8.4	8.1	8.0
金融业	6.0	6.0	6.0	6.0	6.2	6.5
房地产业	2.0	2.2	2.4	2.5	2.7	2.7
租赁和商务服务业	3.1	3.3	3.6	3.9	4.0	4.3
科学研究、技术服务和地质勘察业	3.8	3.7	3.8	3.9	3.9	4.0
卫生、社会保障和社会福利业	8.1	8.3	8.5	8.6	8.7	8.8
水利、环境和公共设施管理	3.0	3.0	3.0	3.0	3.1	3.1
公共管理和社会组织	20.0	20.2	20.6	20.7	20.7	20.8
住宿和餐饮业	2.9	2.0	2.0	2.0	3.0	3.0
文化、体育和娱乐业	2.1	2.0	2.0	2.0	2.0	2.0
居民服务和其他服务业	1.0	1.0	1.0	1.0	0.9	0.9

资料来源：国家统计局：《中国统计年鉴（2004—2010）》，北京，中国统计出版社，2004—2010。

总的来看，中国产业结构演变已经进入了一个新的发展时期。在这一时期，中国的产业结构基本上实现了由工农业为主向第一、第二、第三产业协同发展的根本性转变，现代产业体系已经初步构建，各类产业的素质都有了很大提升，产业结构的合理化与高级化水平显著提高，三次产业结构在不断的优化升级中更加趋于完善，取得了很大成绩并面临着众多的发展机遇。

第二节　中国产业国际竞争力评估

在国际竞争中衡量产业竞争力需要充分考虑开放经济特点。这里，我们选取了三个衡量指标，即出口商品构成、产业内贸易以及包括显性比较优势指数（RCA）在内的产业竞争力指标。这三项指标分别从不同的侧面反映出我国产业国际竞争力的情况。

一、出口商品构成评价

1978 年至今，中国对外贸易经历了一个快速增长的过程，外贸总量持续扩大的趋势十分显著，进出口商品与服务结构也有很大优化。自1978年改革开放以来，除1997年亚洲金融危机期间略有波动外，我国对外贸易一直呈现出高速增长的态势。1978—2009年，中国商品进出口总额从206亿美元增长至22 075亿美元，进出口规模扩大了107倍，年均增速达16%。其中，2009年商品出口总额达12 016亿美元，相较于改革开放之初，增加了122倍，年均增速达16.8%；2009年商品进口总额达10 059亿美元，相较1978年扩大了92.4倍，年均增速达15.7%。（如表6-7所示）

表6-7 1978—2009年中国商品进出口贸易总额的变化表 单位：亿美元

年份	进出口总额	出口总额	进口总额	贸易差额	年份	进出口总额	出口总额	进口总额	贸易差额
1978	206.4	97.5	108.9	−11.4	1994	2 366.2	1 210.1	1 156.1	54.0
1979	293.3	136.6	156.7	−20.1	1995	2 808.6	1 487.8	1 320.8	167.0
1980	381.4	181.2	200.2	−19.0	1996	2 898.8	1 510.5	1 388.3	122.2
1981	440.3	220.1	220.2	−0.1	1997	3 251.6	1 827.9	1 423.7	404.2
1982	416.1	223.2	192.9	30.3	1998	3 239.5	1 837.1	1 402.4	434.7
1983	436.2	222.3	213.9	8.4	1999	3 606.3	1 949.3	1 657.0	292.3
1984	535.5	261.4	274.1	−12.7	2000	4 742.9	2 492.0	2 250.9	241.1
1985	696.0	273.5	422.5	−149.0	2001	5 096.5	2 661.0	2 435.5	225.5
1986	738.5	309.4	429.1	−119.7	2002	6 207.7	3 256.0	2 951.7	304.3
1987	826.5	394.4	432.1	−37.7	2003	8 509.9	4 382.3	4 127.6	254.7
1988	1 027.9	475.2	552.7	−77.5	2004	11 545.5	5 933.2	5 612.3	320.9
1989	1 116.8	525.4	591.4	−66.0	2005	14 219.1	7 619.5	6 599.5	1 020.0
1990	1 154.4	620.9	533.5	87.4	2006	17 604.0	9 689.4	7 914.6	1 774.8
1991	1 357.0	719.1	637.9	81.2	2007	21 737.3	12 177.8	9 559.5	2 618.3
1992	1 655.3	849.4	805.9	43.5	2008	25 632.6	14 306.9	11 325.6	2 981.3
1993	1 957.0	917.4	1 039.6	−122.2	2009	22 075.4	12 016.1	10 059.2	1 956.9

资料来源：1978—1989年数据来源于国家统计局：《中国统计年鉴(2002)》，北京，中国统计出版社，2002；1990—2009年数据来源于国家统计局：《中国统计年鉴(2010)》，北京，中国统计出版社，2010。

随着中国的进出口贸易的快速增长，我国货物贸易商品结构不断升级优化，初级产品在贸易总额中所占的比重大幅降低，工业制成品的比重则迅速上升。其中，在工业制成品中，又以机电产品为主，机电产品贸易中又以高新技术产品为主的进出口格局。机电产品进出口在我国货物贸易中的比重超过了50％的水平，其中高新技术产品进出口占比维持在30％上下。（如表6-8所示）

表6-8　我国货物贸易的商品构成　　　　　　　　　　单位：%

年份	初级产品		制成品		其中：机电产品		其中：高新技术产品	
	出口	进口	出口	进口	出口	进口	出口	进口
2005	6.4	22.4	93.6	77.6	56	53.1	28.6	30
2006	5.5	23.6	94.5	76.4	56.7	54	29.1	31.2
2007	5.1	25.4	94.9	74.6	57.6	52.2	28.6	30
2008	5.4	32.0	94.6	68.0	57.6	47.5	29.1	30.2

资料来源：商务部官方网站；海关官方网站；国家统计局：《中国统计摘要2009》。

继续将商品细化，从表6-9可以看到在制成品出口中，我国钢铁、化工品等资源资本密集型产业的出口占比近年来处于升势，但出口规模依然有限；纺织、服装等传统劳动密集型产业的出口占比一直呈现下降的态势；而机械与运输设备等技术资本密集型产业的出口占了半壁江山，其中办公与电信设备出口又占了机械与运输设备出口的一半以上。在办公与电信设备出口中，电子数据处理及办公设备和电信设备的出口占到了80％以上，而集成电路及电子部件和汽车制品虽然占比在不断上升，但规模仍有限。从商品的细类来看，未来我国产业结构升级仍有很大的发展空间。

表6-9　我国制成品出口商品构成　　　　　　　　　　单位：%

年份	2000	2001	2003	2005	2007	2008
制成品	100	100	100	100	100	100
钢铁	2.00	1.34	1.21	2.75	4.54	5.34
纺织	7.34	7.13	6.78	5.86	4.93	4.91
服装	16.41	15.54	13.11	10.59	10.16	9.02
化工品	5.50	5.66	4.93	5.11	5.32	5.96
医药	0.81	0.84	0.72	0.54	0.53	0.61
机械与运输设备	37.57	40.24	47.30	50.29	50.91	50.71
办公与电信设备	19.78	22.16	29.71	32.26	30.65	28.75

续表

年份	2000	2001	2003	2005	2007	2008
电子数据处理及办公设备	8.48	10.00	15.74	15.81	14.62	13.30
电信设备	8.87	10.07	11.34	13.54	12.89	12.17
集成电路及电子部件	2.43	2.09	2.62	2.91	3.14	3.28
汽车制品	0.72	0.80	0.90	1.42	2.03	2.16

资料来源：WTO 数据库。

二、显性比较优势指数评价

显性比较优势指数（RCA）是当前评价一国出口产业竞争力的方法。表 6-10 显示，我国在纺织、服装、办公和电信设备以及其中的电子数据处理、办公设备、电信设备等行业具有比较优势。（如表 6-10 所示）

表 6-10　中国主要出口产品的 RCA 指数

年份	2000	2001	2003	2005	2007	2008
钢铁	0.66	0.46	0.37	0.63	0.90	0.95
纺织	2.19	2.16	2.14	2.10	1.95	2.05
服装	3.90	3.62	3.10	2.79	2.80	2.61
化工品	0.44	0.43	0.34	0.34	0.34	0.37
医药	0.35	0.29	0.19	0.14	0.14	0.15
机械与运输设备	0.67	0.73	0.89	0.95	0.98	0.99
办公与电信设备	0.96	1.19	1.71	1.85	1.92	1.93
电子数据处理及办公设备	1.07	1.36	2.34	2.46	2.54	2.54
电信设备	1.45	1.69	2.02	2.14	2.20	2.14
集成电路及电子部件	0.37	0.39	0.52	0.62	0.73	0.82
汽车产品	0.06	0.06	0.07	0.11	0.16	0.18

注：RCA＝X_{ij}/X_{iw}，X_{ij} 是商品 i 在国家 j 出口中的比重，X_{iw} 是商品 i 在世界出口中的比重，RCA 大于 1 意味着 j 国在 i 商品上具有竞争力，小于 1 则不具竞争力。

资料来源：根据 WTO 数据库统计数据计算。

波特在评估一国的产业竞争力时遵循三个原则。一是以一国占全球贸易比重的平均值作为该国各类产业是否具有国际竞争优势的临界点，当该年度该国某产业出口占全球出口总量的比重大于（或等于）该临界点时，就被认为是具有国际竞争力的。二是检查该项产业的出口是否被其国内的外商所主导控制，因为当地可能是外商全球化战略中生产网点。波特在其研究中经由这个原则剔除的产业并不多，原因在于数据不足。三是波特还剔除了完全只与其邻近国家进行贸易的产业，如美国汽车底盘大量出口到加拿大。他认为，当一个产业因邻国贸易而取得优势时，地缘因素的作用往往超过它在国际上的竞争能力的作用，除非能证明该国这项产业的直接大量投资在邻国。对比显性比较优势分析方法与迈克尔·波特方法可以看出，波特评估方法中的第一个原则就是显性比较优势，不过波特在评估产业竞争力的时候添加的两个修正原则使其方法更加贴近现实。利用波特产业竞争力分析方法的第一原则，我们比较了我国一些制成品产业出口占世界市场份额与我国出口占全球出口比重的情况，发现与所测算的 RCA 指数基本一致。（如图 6-2 所示）

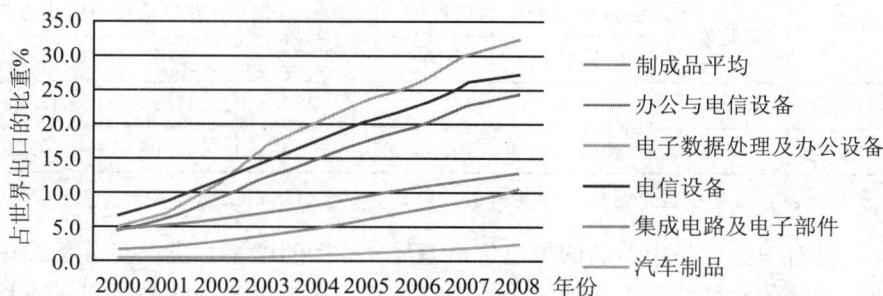

图 6-2　中国制成品产业出口占全球出口比重

虽然日本、韩国以及东南亚国家和地区在我国贸易中的比重不低，但由于整个东亚地区出口产品的最终目标市场在欧美，因此邻国因素对判断我国产业竞争力的影响不大。但是外资因素的影响却不容忽视。我国机电产品出口中近 3/4 是由外商投资企业完成的（2006 年为 74.05％），其中约有 33.26％的电器电子产品，27.02％的机械及设备出口是由外商投资企业完成的。如果按 30％的综合比例进行剔除，我国在电子数据处理及办公设备、电信设备领域的竞争力就会大幅下降，更加接近制成品平均水平这一临界点。

三、产业内贸易评价

随着国际分工的细化和全球价值链的形成，世界贸易中以中间品贸易为主要内容的产业内贸易获得了极大的发展。全球贸易中一半以上是产业内贸易。一国贸易中产业内贸易的发展状况可以反映出该国融入全球价值链的程度。融入全球价值链的程度越高说明该国企业的竞争力越强。而产业内贸易又分为垂直性产业内贸易和水平性产业内贸易，水平性产业内贸易往往存在于发达经济体之间，而垂直性产业内贸易则存在于发达经济体与发展中经济体之间。作为发展中经济体，如果我国外贸以产业内贸易为主、产业内贸易的水平性特征越来越明显，那么就可以判定我国外贸转型升级正在朝着良好的方向发展。

以中美为例，本书利用国际上通常采用的贸易重叠程度指标①，考察中美贸易中产业内贸易的发展情况。分析结果显示，我国从美国进口中近 3/4 属于产业内贸易，对美国的出口中超过半数以上属于产业内贸易②。（如表 6-11 所示）

表 6-11　中美制造业贸易类型情况

类型	2001 年			2005 年		
	类数	占进口总额中的比重(%)		类数	占进口总额中的比重(%)	
		美国	中国		美国	中国
单向贸易	35	51.23	16.15	38	41.95	15.50
产业内贸易	35	46.63	74.43	32	56.06	73.26

资料来源：根据中国海关统计和美国国际贸易委员会(USTIC)统计资料计算。

通过对中美贸易中商品的单位价格差异③指标的考察，进一步分析了中美产业内贸易的水平性和垂直性，分析结果显示：中美间产业内贸易以垂直性为主；在垂直性产业内贸易中，美国对我国的贸易条件优于我国对美国，即我国从美国进口商品的附加值在总体水平上高于对美的出口；我国对美贸易条件好的商品主要是劳动资源密集型产业，美对中贸易条件好的商品主要是代表高新技术的机电产品。

中国产业内贸易的大发展充分说明了改革开放以来我国在融入全球价值链

---

① 贸易重叠程度用经济体 k 从 k′进口商品 j 的价值和经济体 k′从 k 进口商品 j 的价值中最小值与最大值的商来衡量，当该值小于等于阈值(0.1)时，此类商品的贸易为单向贸易，当该值大于阈值时，此类商品的贸易为产业内贸易。

② 张丽平：《中美产业结构的关联度分析》，载《国务院发展研究中心调研报告专刊》，2008。

③ 商品的单位价格差异以经济体 k 从 k′进口商品 j 的平均单位价值和经济体 k′从 k 进口商品 j 的平均单位价值的商来衡量。当该值落在由阈值倒数和阈值构成的闭集内时，说明此商品是水平性产业内贸易，当该值落在闭集外面时，说明此商品是垂直性产业内贸易。

方面的成功，但中美产业内贸易以垂直性为主、且美国在中美机电产品贸易中贸易条件优于我国的事实也说明了，我国在价值链上还处于被控制的地位。有学者曾对中美一些具体产品的显性比较优势和产业内贸易平衡状况进行了研究，得出结论：中国在杂项制品(代码 8131 等 66 类)、原料制品(代码 6122 等 51 类)，以及机械与运输设备代码(代码 7161 等 36 类)商品组上，对美出口具有很强的竞争力或上升的出口竞争力，而在化学及相关产品产业内贸易上处于显著劣势。该研究认为，中美工业制成品静态产业内贸易平衡状况较差，大多数商品组趋向于产业间贸易，少数商品组表现为垂直产业内贸易；虽然中国对美机械与运输设备出口在 36 类商品组上具有显著的或上升的出口竞争力，但同时在机械与运输设备贸易的其余 47 类商品组上，1995—2004 年中国对美出口基本上处于显性劣势，缺乏出口竞争力。[①]

从上述分析，不难得出结论：如果单从出口商品构成来看，中国外贸领域存在着明显的升级，但综合产业竞争优势、产业内贸易分析来看，中国依然在传统的劳动密集型产业(纺织、服装等)具有明显竞争优势，而在技术资本密集型行业的竞争优势只集中在少数领域(办公设备、电信设备、消费类电子和钟表)，即便是这些行业我国在价值链上依然处于被控制地位，加快产业升级，提高全球价值链中低技术含量、低附加值工序环节的高新技术产品的出口比重的任务依然艰巨。

第三节 中国产业升级面临的主要问题

一、传统比较优势的动态变化惯性制约升级步伐

发展一个与经济的比较优势相一致的产业和技术结构，是大多数发展中国家加速经济增长、实现与发达国家经济发展水平相近的主要道路。改革开放以来很长一段时间，受要素禀赋和外汇短缺的限制，我国利用劳动力、资源成本低的优势，发展劳动、资源密集型产品并扩大出口，换取国内经济发展所需要的高新技术产品。这种进出口模式是当时的现实选择，在很长一段时间内对我国外贸发展和经济发展产生了积极的作用。但是其中的弊端也是很明显的，而

---

① 沈国兵：《显性比较优势、产业内贸易与中美双边贸易平衡》，载《管理世界》，2007(2)。

且随着形势的变化越来越成为制约我国经济发展的重要因素。目前，虽然中国已经成为许多产品最主要的世界制造基地，但"中国制造"仍处于国际分工体系的低端，主要依托劳动力优势，承担着劳动密集的环节，即加工组装环节，而资本密集环节和技术密集环节，即产品研发环节、零部件生产环节和产品销售环节却很少涉及，致使长期以来我国出口产品中以低附加值、低收益产品为主。而由于产品低端的价格优势，近年来我国面临的国际贸易摩擦不断，迫切需要加快产业升级，转变发展模式，向国际分工的高端化格局转变。

近年来，尽管我国的劳动力成本绝对水平在不断攀升，我国劳动力优势依然存在。但传统比较优势发挥的过程中也存在一些亟须面对的问题。在长期具有劳动力优势的环境下，企业在生产经营活动中产生了对发展劳动密集型产业或生产环节的依赖性，不愿意花大力气进行技术创新。这一点可以从中国香港企业应对外部竞争压力的反应得到很好的印证。20世纪70年代末80年代初，中国香港企业面临着本土劳动成本上升、企业转型升级的压力，此时大陆开始改革开放，有大量的廉价劳动力可以用，于是中国香港企业就无心进行技术创新，而是转移到内地，延续着利用廉价劳动力发展的模式。同时，由于过分依赖劳动力在劳动密集型产业或生产环节上的优势，我国缺乏吸引高端环节落户的条件。很多国内的企业在并购了发达经济体的企业，成为价值链主导企业后，还是会将劳动密集型生产环节转移回国内，而将技术、管理密集型环节留在发达经济体。

而从国家发展的角度看，劳动力低成本的另一面，就是劳动者权益保护不够和员工收入低下。例如，大量的农村劳动力来到城市成为农民工，为发展劳动密集型产品出口和加工贸易作出了巨大贡献，但农民工平均工资上升很少，大大低于城镇职工人均收入增长的速度，不仅影响到劳动力的就业积极性，也成为许多社会矛盾产生和激化的重要隐患。

同时，资源成本低也是我国长期以来参与国际竞争的传统比较优势，但这一传统比较优势的许多负面作用和影响正在出现。现实中，在GDP优先和地方政绩驱动下，我国从事出口生产的各类企业往往不仅能够通过经济技术开发区、产业园区、保税区和出口加工区等特殊功能区获得各种经营上的优惠和通关上的便利，更能获得廉价的土地、水、电、气等资源，并承担相对较低的环境成本。特别是那些污染严重、破坏生态平衡的项目也往往在招商引资的名义下大量建设和投产，加之我国较低的环保标准以及执行漏洞，致使近年来一些能源、化工、建材、制药领域的企业造成环境污染的事故屡见不鲜，对我国自然生态环境造成了极大的破坏。

二、产业转型升级内在基础薄弱

产业结构是决定经济增长的关键因素，是衡量经济发展水平和国民经济整体素质的重要标志。改革开放三十多年来，在市场化改革推动下，我国产业结构不断优化升级，初步实现了工业化中期的阶段性目标。但三次产业结构的比例还不协调，与国际标准和欧美发达国家相比还存在一定差距，产业合理化水平还不高，产业高级化程度还不够，产业转型升级的内在基础相对薄弱。

世界银行的资料显示，世界人均 GDP 已经于 1973 年、1979 年和 1987 年分别达到 1 000 美元、2 000 美元和 3 000 美元水平，我国于 2001 年才实现人均 GDP1 000 美元，到 2006 年超过 2 000 美元，2008 年达到 3 000 美元。人均 GDP 实现 3 000 美元，是一个国家经济进入新发展阶段的重要标志，这一阶段，国家的产业结构、消费结构等都会发生较大转变。这一时期，如果该国经济转型成功，其经济就会加速发展，否则其经济就会停滞不前。目前，中国也正处于人均 GDP 达到 3 000 美元的经济结构转型阶段。这里以钱纳里的"多国模型标准"①和世界银行的数据为基础，将世界各国人均 GDP 达到 3 000 美元时产业结构变化的共同规律与中国的实际情况加以对比。（如表 6-12 所示）

表 6-12　不同人均 GDP 水平下的产业结构　　　　单位:%

指　标	1 000 美元	2 000 美元	3 000 美元	中国人均 GDP 3 000 美元
第一产业占 GDP 比重	18.6	16.3	9.8	10.7
第二产业占 GDP 比重	31.4	33.2	38.9	47.5
第三产业占 GDP 比重	50.0	50.5	51.3	41.8
第一产业劳动力所占比重	28.6	23.7	8.3	39.6
第二产业劳动力所占比重	30.7	33.2	40.1	27.2
第三产业劳动力所占比重	40.7	43.1	51.6	33.2

资料来源：H·钱纳里、S·鲁宾逊、M·赛尔奎著，吴奇、王松宝等译，《工业化和经济增长的比较研究》，上海，上海三联书店、上海人民出版社，1986；《中国统计年鉴(2009)》、《中国统计年鉴(2010)》。

---

① 美国经济学家霍利斯·钱纳里在对 101 个国家进行调查的基础上，运用投入产出分析、经济计量分析等方法，得出了他的"多国模型"。该理论认为，经济结构与经济总量之间存在一些规律性联系，一国的人均 GDP 达到一定量，其产业结构与就业结构应当处于一个合理的状态，这一合理状态对未来经济总量的增长有巨大的推动作用。

通过比较我们可以发现，世界人均 GDP 达到 3 000 美元时，三次产业结构的比例分别为 9.8%、38.9% 和 51.3%，而中国在 2008 年达到人均 GDP 3 000 美元时三次产业结构的实际比例为 10.7%、47.5% 和 41.8%。明显地，在人均 GDP 3 000 美元的水平下，中国第一产业比重高于世界平均水平 0.9 个百分点，第二产业比重高于世界平均水平 8.6 个百分点，第三产业比重低于世界平均水平 9.5 个百分点，产业结构仍然有待优化提升。

同时，中国三次产业结构还不合理，尤其是服务业发展仍然相对不足。服务业是国民经济的重要组成部分和经济增长的主要动力。大力发展服务业，对于吸纳就业人员增加就业率，实现城市化和工业化，推进我国产业结构的调整升级，促进我国人民生活水平的提高，都有极为重要的作用。从全球范围看，高度发达的社会化大生产要求更多更好的配套性服务行业，商品流通要求有仓储、运输、批发、零售服务，市场营销要求有广告、咨询、新闻服务，且专业化程度越高，越要求企业间的协作与交流，越要求有发达的市场服务体系。同时，随着收入的提高和闲暇时间的增多，人们追求更丰富多彩的物质消费和精神享受的愿望也日趋强烈，由此也将促进文化教育、体育娱乐、医疗保健、旅游度假等服务行业的发展。从世界各国产业结构演变的情况看，大部分发达国家第三产业所占比重均超过了 60%，基本上实现了国民经济的服务化，现代服务业已经成为其经济发展的中坚力量。具体来看，到 1990 年，美国第三产业所占比重开始超过 70%，2005 年达到 76%，法国从 1992 年起第三产业的比重超过了 70%，英国从 1999 年开始第三产业的比重超过了 70%，意大利从 2003 年开始第三产业比重超过了 70%，日本、德国目前的第三产业比重也接近 70%。而截至 2009 年，我国第三产业增加值占 GDP 的比重为 43.4%，低于世界平均水平，更低于发达国家 70%～80% 的水平，仍处于相对落后的阶段。（如表 6-13 所示）

表 6-13　主要发达资本主义国家 20 世纪 90 年代以后第三产业所占比重

单位:%

年份	美国	德国	法国	英国	意大利	日本
1990	70.1	61.2	69.5	63.0	64.4	57.8
1991	71.5	62.0	69.9	65.1	65.3	58.3
1992	72.3	63.2	70.2	66.3	66.0	59.5
1993	72.5	65.6	71.8	66.9	66.6	61.2

年份	美国	德国	法国	英国	意大利	日本
1994	72.1	65.9	71.8	66.6	66.6	62.6
1995	72.1	66.6	71.8	66.3	66.4	63.6
1996	72.4	67.4	72.6	66.6	67.0	63.8
1997	72.9	67.7	73.3	67.8	67.3	64.2
1998	74.1	67.8	73.5	69.4	67.5	64.8
1999	74.5	68.5	73.9	70.5	68.3	65.3
2000	74.6	68.5	74.3	70.7	68.8	65.8
2001	75.8	69.0	74.7	71.9	69.2	67.3
2002	76.6	69.7	75.5	73.2	69.7	67.9
2003	76.8	70.1	76.3	74.4	70.4	68.0
2004	76.5	69.9	76.6	75.0	70.5	67.9
2005	76.0	69.7	77.0	74.8	71.2	68.6
2006	n. a.	69.1	77.2	75.0	71.4	n. a.

资料来源：国家统计局中国经济景气监测中心：《中国景气月报增刊——改革开放30年统计资料汇编》，北京，中国统计出版社，2008。

以美国为例，美国第二产业在国内生产总值中的比重远远低于第三产业。从下图可以看出，进入21世纪以来，美国的产业结构非常稳定，三次产业之间的比例关系基本维持在1∶20∶79（第三产业包含了政府部门的增加值），第三产业居于绝对的主导地位，第二产业次之，第一产业最低，大多数人口已经不再从事农业或制造业，而是从事服务业，如贸易、金融、运输、保健、娱乐、研究、教育和管理等，完全进入了后工业化社会。[①]

同时，在美国的服务业构成中，金融业、专业及商业服务业、政府服务业、教育、保健和社会服务业居前四位，分别占 GDP 的 20.4%、12.5%、11.9% 和 7.8%（2006 年）。其中，金融业在 GDP 中占比最高，充分说明了美国金融业的发达程度。专业及商业服务业的发达也说明了美国服务经济发展的高端化。值得重视的是，美国重视公共服务特别是教育、保健和社会服务业的

———————

① 丹尼尔·贝尔著，丁学良译：《后工业社会的来临》，20 页，北京，商务印书馆，1986。

发展，拥有良好的公共服务环境、完善的科研基础设施和教育体系、大量的高水平科研人员，这些都为美国产业升级和国家发展提供了长久动力和竞争优势。（如图 6-3，表 6-14 所示）

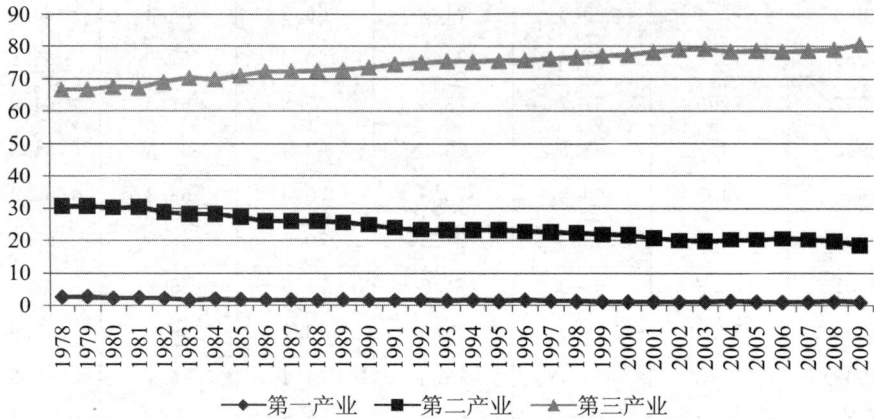

图 6-3　美国产业结构变动情况（1978—2009 年）

资料来源：美国国家经济分析局。

表 6-14　2004—2006 年美国 GDP 的行业增加值构成

单位：亿美元，%

行　业	2004 年		2005 年		2006 年	
	增加值	构成	增加值	构成	增加值	构成
批发贸易	6 867	5.9	7 224	5.8	7 732	5.9
零售贸易	7 769	6.6	8 247	6.6	8 665	6.6
运输及仓储	3 446	2.9	3 647	2.9	3 874	2.9
信息	5 306	4.5	5 578	4.5	5 596	4.2
金融保险、房地产、租赁	23 788	20.4	25 279	20.4	26 858	20.4
专业及商业服务	13 382	11.5	14 639	11.8	15 664	11.9
教育、保健和社会服务	9 163	7.8	9 697	7.8	10 258	7.8
艺术娱乐住宿及食品服务	4 275	3.7	4 518	3.6	4 849	3.7
其他除政府服务之外的服务	2 739	2.3	2 875	2.3	2 995	2.3
政府服务	14 916	12.8	15 688	12.6	16 491	12.5

资料来源：美国国家经济分析局。

专栏：美国已进入现代化社会

美国工业化的发展轨迹是对钱纳里工业化阶段理论的最好诠释。美国的产业结构先后经历了以农业为主（即工业化前的经济），以工业为主（即工业化经济），然后以广义服务业为主（即后工业化经济）的发展阶段，现在已经进入了知识密集型产业从服务业分离的现代化社会阶段。美国的产业结构不断向现代化、高级化方向发展。按照增加值占比由高到低排序，美国的产业结构呈现出"三二一"的分布，即第三产业比重最高，第二产业次之，第一产业最低，这完全符合后工业化阶段的特点。

第一次工业革命虽然开始于18世纪末，但美国的工业革命起步却比英国晚了30年，直到南北战争以后，美国才进入工业化的高涨时期。南北战争前夕，美国依然是以农业为主的社会。当时，美国80%以上人口还在农村，农业在国民收入中所占比例少于1/3，制造业只占12%。由于工业化起步晚，美国在工艺与技术水平上落后于英国等欧洲国家。美国一方面积极引进技术，特别是从英国引进；另一方面，努力从事发明创造。美国的纺织业正是利用来自英国的技术才得以发展起来。在早期工业革命中，美国人不仅注意引进先进技术和从事发明创造，而且进行体制的革新，把原来一些分散的制作过程加以合并，实行新分工，而后将制造某种商品的所有工序集中在一个工厂，并置于统一的管理之下。到19世纪40年代至60年代，美国出现了经济起飞。1884年美国工业净产值在经济中的比重已超过农业，达到50%以上。

美国在19世纪末20世纪初基本上完成了由农业国向工业国阶段的过渡。1920年前后，美国的工业人口超过农业人口。随后，美国的工业化继续快速向前发展。到1950年，第一产业占GDP的比重为7.3%，第二产业为37.0%，第三产业变为主导产业，占54.5%。劳动力也迅速由第一、第二产业向第三产业转移，第三产业逐渐在国民经济中占据优势地位。1975年，第三产业在GDP中比重达到65.5%，其中信息业达到50%以上。美国从农业经济为主向工业经济为主转变用了100多年（1816—1920年），但变为以信息产业为主导，只用了20年左右的时间。

20世纪80年代，在新技术革命影响下，美国产业结构的变化表现出两大特点：一方面国民经济的重心越来越向第三产业转移，即所谓"去工业化"；另一方面制造业的重心逐步向高技术产业转移，低端制造业向发展中国家转移，主导了全球价值链的形成。

美国"去工业化"的突出地表现是第三产业的迅速发展。20 世纪 90 年代以来，美国第一产业在 GDP 中的比重在 1.5％～1.9％徘徊，在总就业中的比重也稳定在 2.6％～2.8％。第二产业在国民经济中的比重和地位也比较稳定，产值占 GDP 的比重稳定在 22％～23％，就业人数占总就业人数的比重也稳定在 23％～24％。第三产业发展速度最快，20 世纪 50 年代开始，产值在 GDP 中的比重连续上升，1960 年占 60％左右；1986 年超过 70％；1993 年达到 73.5％；之后基本稳定在 75％以上的水平。

目前，受金融危机影响，美国正努力回归实体经济。奥巴马总统明确提出了今后美国经济要转向可持续的增长模式，即由过去的维系于金融信贷之上的高消费模式，转向出口推动型和制造业增长模式，实现产业动力再造。美国正在加紧实现再制造业化，或称再工业化。但是这种回归不可能也不会使美国经济回到原来的传统制造业领域。美国一方面会避免与在传统制造业领域具有竞争优势的经济体，如中国、东南亚新兴经济体等进行竞争，努力发展制造业的高端环节，与这些经济体形成差异化发展；另一方面，美国会加大在新能源、新材料、生物医药等新兴产业领域进行再工业化的努力。

资料来源：张丽平：《中美产业互补性研究》，北京，商务印书馆，2011。

三、产业国际竞争力相对较弱

就中国发展的现实情况看，三次产业整体素质总体还不高，农业、工业、服务业在技术水平、产业附加值等方面还不同程度地存在着发展"短板"，产业国际竞争力仍然不强。

农业作为国民经济的基础，是最本质的物质生产部门。现代农业以资本高投入为基础，以工业化生产手段和先进科学技术为支撑，以达到产量多、质量好、收入高、生态优为目标，是高产、优质、高效、生态、环境友好的新型农业生产体系。目前，我国农业发展整体上还没有达到现代农业水平，传统农业特征仍然明显，农业生产和经营缺乏现代科学技术和管理方法的支撑，"完全以农民世代使用的各种生产要素为基础的农业"[1]还在许多地方存在，多数农业产业化龙头企业仍从事一般性的种养业及初加工生产，农业产业化水平低，

---

[1] 西奥多·W. 舒尔茨著，梁小民译：《改造传统农业》，4 页，北京，商务印书馆，1987。

劳动生产率不高，农产品附加值较低，农业整体素质偏低，国际竞争力较弱。

就制造业而言，我国已成为全球制造业大国和"世界工厂"，但我国制造业仍以劳动密集型产业为主，相当多数量的企业还在采用传统乃至陈旧落后的生产模式，产业发展集中于低附加值、低盈利率的加工组装环节，对引进技术的消化、吸收和创新效果较差，技术进步、产品开发和产业升级的速度较为缓慢，整体研发水平并不高，关键核心技术受制于人，自主知识产权、自主品牌缺失，缺乏具有自主知识产权的核心技术和自主研发能力，在成本和技术装备水平等方面与国际先进水平存在较大差距，在国际分工和竞争中也主要出口附加值较低的低技术产品和劳动密集型产品，只赚取微薄利润，而研发设计、核心技术、销售渠道、品牌运作等上下游高附加值价值链环节则被牢牢掌握在海外跨国公司手中，缺乏足够强大的产业竞争力，还远未能实现从"中国制造"到"中国创造"的跨越式发展。

相对于农业和工业来说，服务业是我国近年来发展最快的产业。但我国服务业发展的整体水平仍有待提升，服务业中具有高附加值和高竞争力的生产性服务业发展更为滞后。包括交通运输、信息传输、计算机服务和软件、金融业、商务服务业以及科学研究、技术服务业在内的生产性服务业的比重仍有待提升，生产性服务业对制造业的支撑和服务功能相对不足，支持创新和创造的生产性服务业体系还尚未完全建立，服务业的国际竞争优势也不明显。

同时，一个在国内具有竞争力的产业，如果在国际上也具有竞争力，那么这个国家出口增长就会促进该国经济实力和国民生活水平的提升，因此波特认为，国内高生产率产品的出口表现，比全国整体的出口表现重要。国家整体出口纵使趋缓，只要高生产率产品的出口能持续增长，这个国家的生产力成长依然可以持续下去。以劳动生产率来衡量，我国石化、金属冶炼、化工、交通运输设备制造、医药、通信设备计算机及电子设备制造、电气机械及器材制造等行业具有领先优势。但是这些行业中只有通信设备计算机及电子设备制造业可以算得上具有国际竞争力，因为在我国出口产品中该领域的产品出口在世界市场上的份额超过了平均值。而在我国劳动生产率较低的纺织、服装、皮革、家具等行业，却依然在国际上具有竞争优势，这些行业在世界市场中的份额远远高于我国制成品出口在世界市场上的平均水平。同时，从国家高技术产业的劳动生产率情况来看，我国也并不占优势。（如表 6-15 所示）

表 6-15　部分国家高技术产业的劳动生产率

	中国 (2009)	美国 (2009)	日本 (2008)	德国 (2007)	法国 (2007)	意大利 (2007)
制造业	9.1	37.0	30.5	30.4	37.0	27.0
高技术产业	9.2	38.8	33.2	31.3	54.4	26.7
医药制造业	8.6	71.8	70.2	41.2	107.0	42.6
航空航天器制造业	6.1	39.7	20.0	37.2	99.4	28.1
电子及通信设备制造业	8.3	29.0	31.4	43.0	34.3	24.3
电子计算机及办公设备制造业	14.6	50.3	39.0	46.6	40.4	30.1
医疗设备及仪器仪表制造业	7.0	28.5	20.1	19.2	24.0	19.1

资料来源：国家统计局：《中国高技术产业统计年鉴（2010）》，北京，中国统计出版社，2010。

　　正是由于我国主导产业缺乏国际竞争力，我国在国际贸易中的转型升级受到了极大的束缚。我国国际贸易发展与波特所认为的理想模式正好相反。波特认为，理想的发展模式是一个国家有能力出口高生产率的产品，并进口其国内生产率偏低的产品，因为这种方法可以使国家生产力全面提升。而我国的情况却是出口国内生产率偏低的产品，进口国内高生产率的产品。总的来看，中国在国际产业中的分工与地位并未发生根本性改变，出口产品总体附加值和技术含量不高，拥有自主知识产权和自主品牌产品少，在国际市场的竞争力缺乏核心竞争力，还未能完全实现从"中国制造"到"中国创造"的改变，中国产业竞争优势的形成仍然更多依靠自身劳动力优势而非创新，仍处在国际产业价值链的低端，在国际分工中的角色和地位还有待提升。

四、产业创新能力仍待提升

　　产业创新能力是产业竞争力的核心。在过去相当长的一段时间里，在国内外技术水平差距较大的情况下，技术引进成为我国获取技术进步、推动产业发展、实现经济快速增长的有效途径[①]。进入 21 世纪以后，技术进步逐渐成为提高企业竞争力和促进产业升级换代的主要动力，技术进步的作用日益凸显。

———————

　　①　林毅夫、张鹏飞：《后发优势、技术引进和落后国家的经济增长》，载《经济学季刊》，2005(1)。

2006 年后，我国明确提出要大力推进自主创新，加强关键技术攻关，实现核心技术集成创新与跨越，促进引进技术的消化吸收再创新。近年来，我国产业创新能力不断提升，产业自主创新水平有了显著提高。但是，我国产业的自主创新能力同世界先进水平相比仍有较大差距，技术创新对产业升级的贡献率仍然不高，仍然需要面对现实，立足长远，积极推进自主创新，以实现我国产业发展从资源依赖型转向创新驱动型转变。

第一，关键技术领域仍需突破。国际经验表明，关键性技术的发展事关国家长远和战略利益。一项重大战略产品计划的成功实施，不仅能够有效带动相关学科、技术和产业的发展，形成新的经济增长点，而且能够充分体现国家战略意愿，提升国际地位。但真正的关键技术是买不来的，必须依靠自主创新。世界上许多国家都把科技创新作为国家战略，超前部署和发展前沿技术及关键技术领域，实施重大科技计划，着力增强国家创新能力和国际竞争力。但就目前的情况看，我国的科学技术水平还不能满足产业发展需要，关键技术自主研发比例低，特别是突破能源资源和环境对可持续发展的制约、提升传统产业和发展新兴产业方面的关键性技术方面，同发达国家相比还存在较大差距。亟须从现实的紧迫需求出发，着力突破重大关键技术、共性技术，支撑产业升级和经济社会全面协调可持续发展。

以新能源行业为例，近年来，我国新能源企业主要工艺装备水平和资源综合利用水平持续提高。但也要看到，中国新能源企业的核心技术和尖端技术常常受制于外人。目前，中国新能源企业利用的大部分核心技术和设备制造依赖进口，技术和设备国产化程度不高。例如，对于风电企业，需要依托高压大规模远距离的输送来避免风能的不稳定性带来系统调峰调频、电网适应性、电压控制、安全稳定性等问题。但我国风电企业的设备制造整体能力不高，中国的风电制造企业在叶片、变速齿轮箱、发电机等核心部件上，都没有完全掌握核心技术，依然依靠进口。同样，在我国发展比较快得光伏产业领域，整个光伏产业链产品供应商的数量呈金字塔形分布，位于最上端的多晶硅生产厂商相对较少，技术壁垒较高的原料高纯度多晶硅的提炼制造则发展相对较慢，多晶硅提纯技术长期以来基本上依靠美国、日本和德国，缺乏一批具有自主知识产权的核心技术和产品。下游的硅片、太阳能电池片、太阳能组件环节的生产技术已经相对成熟，光伏发电晶体硅电池片以及组件厂商迅速增多，产能扩张较快，在当前新能源市场培育尚未成熟的情况下，容易出现产能过剩风险。（如表 6-16 所示）

117

表 6-16 我国目前光伏产业链各环节技术现状

工序环节	国际技术状况	国内技术状况
多晶硅	技术主要掌握在美国、日本、德国,产能主要技术在全球 7 大生产商手中	主要都为引进俄罗斯的改良西门子法,技术相对有一定差距
硅锭与硅片	单晶、多晶技术都相对成熟,切割工艺不断提升,硅片厚度不断下降	单晶硅拉制技术比较成熟,单晶炉已实现国产化,价格低廉;多晶硅浇铸炉依靠进口,价格昂贵
电池及组件	电池片的光转化效率高	生产工艺和国际相当,生产设备国产化率最高,从业门槛最低,从事企业最多,且扩产最快,产量最大的一个环节

资料来源:作者整理。

第二,企业自主创新能力不足。在发达的市场经济国家,研究开发活动的主体是企业,其次是大学,然后是政府所属的科研机构,大部分科技力量都分布在企业中。世界上许多知名的大公司每年都不惜投入巨资从事 R&D,这也是他们保持竞争力的重要原因之一。但就我国而言,企业创新能力仍然存在不足,我国 R&D 经费支出由企业执行的比例与发达国家相比依然偏低,相当数量的企业还在采用传统乃至陈旧的生产模式,对引进技术的消化、吸收和创新效果较差,技术进步、产品开发和产业升级的速度较为缓慢,整体研发水平并不高,没有形成自己的核心技术,拥有自主知识产权和自主品牌产品少,与发达国家存在很大差距。例如,2010 年上半年来华的发明专利申请中,美国为12 803 件,同比增长 15.6%;欧洲为 14 263 件,同比增长 11.3%;日本为16 587件,同比增长 4.0%。美、欧、日来华发明专利申请数量分别是我国向其提交数量的 4 倍、14 倍和 33 倍,相对劣势十分明显。[1]

第三,科技成果转化相对滞后。创新网络是企业、特别是高新技术企业生存与发展的保证。[2] 市场经济条件下,各类企业、科研机构、高等院校、科技中介组织等是一个联系紧密的有机整体,具有形成创新网络的内在条件,而创

---

[1] 国家知识产权局专利统计简报(2010 年第 17 期),http://www.sipo.gov.cn/sipo2008/ghfzs/zltjjb/201008/P020100825605591591083.pdf。

[2] DeBresson C,Amesse F,Networks of Innovators:A Review and Introduction to the Issue,*Research Policy*,1991(20):363-379.

新网络形成可以有效降低企业在创新活动中的技术和市场不确定性，克服单个企业从事复杂技术系统创新的能力局限，有效地促进产业升级。但中国科技改革主要在科技系统内部完成，往往囿于自身的小循环，没有完全进入经济社会发展的大循环体系之中，产业发展与科技之间经常相对脱节。科研院所和高等院校受传统科研体制的影响，研究开发成果是为项目经费而非企业实际需要而进行，提供的是实验型、技术型的成果，而不是企业所需要的生产型、市场型的技术商品，存在着重基础理论研究而轻应用技术研究、重论文而轻产品、重技术含量而轻市场成本等问题，难以转化为现实生产力，无法满足社会需求。此外，我国技术市场的功能和服务水平不强，科技中介服务行业规模小、功能单一、服务能力薄弱，管理体制和运作机制不合理，专业化程度低，常常难以发挥应有的桥梁和纽带作用，也严重制约了技术成果的现实转化。

第四，知识产权保护水平亟待提高。随着经济全球化进程的加快，知识产权在国际竞争中的重要性与日俱增，逐渐成为产业和国家竞争力的核心要素。但是，总的来看，我国的知识产权创造能力还不强，创新主体的知识产权意识还较薄弱，知识产权保护、管理与运用的能力仍然有限，特别是知识产权立法和执法水平亟待提高。我国知识产权相关法律、法规体系不完善，目前还缺乏一部系统性的专门针对知识产权的法律规章，无法有效地保护技术创新，也不利于技术扩散；同时，涉及知识产权领域的执法力度不够，导致企业的合法权益无法得到有效保护，知识产权管理不能有效地贯穿于企业科研、生产、经营的全过程，更无法灵活地运用知识产权战略来促进产业的发展，直接影响我国核心竞争力的形成。

第五，技术交流合作水平有待提升。产业自主创新并不排除对外交流与合作，必须认真学习和充分借鉴人类一切优秀文明成果。日本、韩国等国家的快速发展和自主创新能力的提升都有赖于其对国外技术的充分消化吸收。改革开放以来，我国引进了大量技术和装备，对提高产业技术水平、促进经济发展起到了重要作用。但长期以来，我国在技术引进与消化吸收方面严重脱节，单纯引进而不注重技术的消化吸收和再创新，参与国际技术合作的程度较低，特别是建立产业战略联盟开展高端技术合作更为鲜见，利用国际知识资源和创新人才的能力相当不足，势必削弱自主研究开发的能力，拉大与世界先进水平的差距。未来中国迫切需要提升对外技术交流合作水平，摆脱"引进、落后、再引进、再落后"的被动局面，利用全球资源增强自身产业自主创新能力。

五、缺乏具有国际竞争力的企业

实践证明，比较优势更多地强调各个国家优势的潜在可能性，而竞争优势则更多地强调各国所具有优势的现实态势。在国际竞争中仅有相对优势的国家不一定有竞争优势，特别是对发展中国家而言更是如此。而实现比较优势向竞争优势转化的关键在于企业。在美国《财富》杂志发布 2011 年度"世界 500 强"企业最新排名中，如果计入中国台湾地区的上榜企业，我国的上榜公司数量达到 69 家，已经超过日本，仅次于美国(133 家)。主要包括：中国石化、中国石油、国家电网、中国工商银行、中国移动、中国建设银行等。但就结构而言，在内地上榜企业中，只有两家民营企业，即华为公司(第 351 位)和江苏沙钢集团(第 366位)。其他大多都是国有企业，而其所属领域大多为垄断行业，发展的力量也主要来自"中国"二字，而非企业真正的影响力和竞争力。(如表 6-17 所示)

表 6-17 进入 2011 年度"世界 500 强"企业的前十名中国企业

排名	公司名称	营业收入(百万美元)	利润(百万美元)
5	中国石油化工集团公司	273 421.90	7 628.70
6	中国石油天然气集团公司	240 192.40	14 366.90
7	国家电网公司	226 294	4 556.10
60	鸿海科技集团	95 190.50	2 450.40
77	中国工商银行	80 501.30	24 398.20
87	中国移动通信集团公司	76 673.30	9 733.10
95	中国中铁股份有限公司	69 973.30	1 106.30
105	中国铁建股份有限公司	67 414.10	627.3
108	中国建设银行	67 081.40	19 920.30
113	中国人寿保险(集团)公司	64 634.50	3 505.40

资料来源：中国公司在 2011 年世界 500 强最新排名，http://mnc.people.com.cn/GB/126636/15136722.html。

而从美国的企业看，从数量和领域上讲，美国的上榜公司仍然是最多的，达到 133 家，覆盖食品饮料、电子及电子设备、信息技术服务、半导体、烟草、计算机软件、建筑和农业机械、家庭及个人用品、互联网服务、管道运输、商业航空、娱乐、制药、食品和药品零售等几乎所有产业领域。就品牌而言，美国也是世界著名品牌的大国，如可口可乐、通用、福特、惠普、花旗、强生、摩根士丹利、戴尔、波音、微软、耐克等都是世界闻名。在《财富》杂志评出 2011 年全球最受尊敬的 50 家企业中，前 10 名全部是美国公司，依次是：

苹果、谷歌、伯克希尔－哈萨韦、美国西南航空、宝洁、可口可乐、亚马逊、联邦快递、微软、麦当劳(如表 6-18 所示)。其中有些企业在金融危机中受到重创,如联邦快递、通用汽车、福特汽车、花旗集团,但并无损其品牌的力量。所以,尽管美国遭受了严重的金融危机,但由于美国企业竞争力强,品牌优势突出,所以美国在全球经济中的地位仍无法从根本上撼动。

表 6-18 2011 年最受赞赏的前 10 名公司

公司名称	排名	上 榜 理 由
苹果	1	苹果令人目不暇接的新产品发布速度让整个科技行业的其他公司都望尘莫及。
谷歌	2	谷歌依然是搜索领域的王者。公司还通过免费、开源的操作系统进一步深入设备市场。
伯克希尔－哈萨韦	3	首席执行官沃伦－巴菲特依然受人尊敬,无论是他在选股方面的智慧还是在经营伯克希尔方面。
美国西南航空	4	自从 20 世纪 70 年代推出低成本航班以来,美国西南航空比大多数其他航空公司表现更为稳定。
宝洁	5	宝洁的产品范围之广令人惊叹。它是全球最大的消费者产品公司,年销售额大约 790 亿美元。
可口可乐	6	这家饮料巨头继续在整个中国扩展,其保护水资源的环保努力也赢得了一些敬意。
亚马逊	7	亚马逊宣布其 3G 版 Kindle 为公司史上最畅销的产品。尽管当初有人担心苹果的 iPad 会是一个问题。现在,许多人似乎两样都买,各有不同用途。
联邦快递	8	联邦快递未能像期望中那样从衰退中快速复苏。但全球企业继续依赖联邦快递提供及时的、高质量的送货服务。
微软	9	过去几年微软推出了不少受欢迎的新产品。搜索引擎必应(Bing)可以算是谷歌的替代产品,Windows 7 操作系统迄今已经出售 3 亿份授权。
麦当劳	10	虽然社会对快餐的反对之声经久不息,麦当劳品牌依然如此受人尊敬和识别度如此之高。

资料来源:2011 年全球最受赞赏公司排行榜,

http://www.fortunechina.com/rankings/c/2011－03/03/content_50714.htm。

六、产业内部竞争环境仍待完善

市场经济是公平竞争的经济，要求各市场竞争主体必须平等。而对竞争的人为限制会直接影响市场机制本身所具有的活力，使平等竞争和优胜劣汰的经济运行规则不能发挥作用，往往导致落后经济得到保护，却限制了先进经济的健康成长。同时，对竞争的限制自然会形成垄断，垄断者制定的垄断价格也使市场价格信号失真，不能客观反映市场供求状况，影响资源的配置效果，造成全社会的福利损失。促进产业优化升级的前提是市场在资源配置中发挥基础性作用，但在现实中，中国很多产业仍然不得不面对市场准入和微观规制问题。特别的，与制造业相比，体制因素对于服务业发展的影响往往更为明显。目前中国服务业发展滞后的局面在很大程度上是服务业体制改革不到位、市场机制没有发挥资源配置主导作用、市场活力不足造成的。例如，政府对服务业的垄断经营现象比较严重，市场准入限制多。电信、民航、铁路、教育卫生、新闻出版、广播电视等行业至今仍保持着十分严格的市场准入限制，还基本处于垄断经营、管制经营、限制经营的状态，其他一些行业对民营资本也没有完全开放。在这些行业里，国有企业仍占据主体地位，多数服务产品的价格还是由政府制定和管理，市场决定价格的机制很难完全实现，使市场缺少应有的竞争。而由于垄断势力的直接或间接阻碍，被排挤或新进入的服务企业的生产和经营往往难以正常进行，往往进入行业后也会遇到形形色色的"玻璃门"，所投入资本的利用率低，难以获得正常的利润，而那些技术水平低、产品质量差、生产规模小的国有服务企业却由于政府保护的存在往往难以被淘汰，甚至还通过与政府的利益捆绑强化了垄断地位，平等竞争和优胜劣汰的经济运行规则不能发挥作用，在很大程度上束缚了服务业整体竞争力的提升。

第七章
中国的发展基础与战略环境

对内改革与对外开放的相互促进，国内与国际两个市场、两种资源的相互补充，共同推动了中国经济的高速增长。目前，我国的综合国力显著增强，社会事业全面发展，民主法制不断完善，文化教育日益繁荣，人民生活明显改善，国际地位和影响力显著提高，在经济、社会、科技、文化等各个方面取得了举世瞩目的成就，为产业升级和国家长远可持续发展奠定了重要基础。同时，我国已经初步建立了开放型的经济体系，与世界经济的相互联系日益密切，并且在国际舞台上扮演着越来越重要的角色。在波澜壮阔的全球化浪潮中，中国与世界的关系愈加密不可分。中国的发展离不开世界，世界的发展也离不开中国。中国在融入世界经济体系中，世界经济社会发展也越来越需要来自中国的声音与力量。在这一背景下，我国也必须适应和融入新的战略环境，立足本土、谋定全球，推动产业升级，凸显国家竞争优势。

第一节　中国发展的现实基础和条件

深刻认识并准确把握国内外形势新变化新特点，抓住和用好我国发展的重要战略机遇期、促进经济长期平稳较快发展，是实现国家竞争优势的重要保证。从目前的情况来看，我国发展的现实基础和条件相对较好，当前和今后一个时期，世情、国情继续发生深刻变化，我国发展仍处于可以大有作为的重要战略机遇期。

一、大国战略地位优势明晰

纵观历史，竞争优势的形成要求生产要素规模和产品的生产规模达到一定的水平，小国先天就在这一点上受到限制，而大国可以充分利用自己的规模优势发展规模经济。中国的大国优势明显，是影响全球和地区政治经济发展的重要力量。具体来看，中国人口总量居世界第一位，有 960 万平方公里的陆地国土以及 300 万平方公里的海洋国土，疆域辽阔，仅次于俄罗斯和加拿大，居于世界第 3 位，背倚亚洲内陆，面朝太平洋，在地理上兼具陆海大国的双重优势。同时，中国的战略地位十分突出，在亚太地缘格局中处于中心地位，本身又是面向亚太、辐射力极大的中心市场，是与亚太各主要力量中心发生直接地缘联系的唯一国家。区域内各国已不同程度地对中国市场形成一定依赖关系，在地区和国际事务中具有重要地位。正如一些国际战略学者所言："中国位于亚洲中心，区域环境复杂，有许多难以相处的邻邦，夹在美俄两大势力范围之间区域——所有这些因素说明中国地理位置困难，但又说明它战略地位重要，而且有能力实现它的外交政策目标。"[①]

本次金融危机在严重冲击国家经济发展的同时，也为我国提供了一个难得的历史机遇。在国际金融危机当中，由于应对积极，中国经济保持了平稳较快增长，已经用实际行动和具体表现为推动亚洲地区和世界经济复苏作出了贡献，我国在国际经济格局中的地位进一步提高，并不自觉地走上了全球经济治理的前台，负责任的国际大国形象日益突出。同时，我国在国际组织的话语权得到提高，2010 年，世界银行发展委员会通过了改革方案，我国在世行的投票权从 2.77% 提高到 4.42%，成为仅次于美国和日本的第三大股东国；国际货币基金组织中我国的份额也升至 6.394%，投票权升至第 3 位，超越德国、法国和英国，仅排在美国和日本之后。目前，我国综合国力显著提升，对国际事务的参与度加深，经济、政治、文化影响力已远远超出地区范围，大国地位得到国际社会普遍认可，这为我国进一步参与国际竞争、提升国家竞争力奠定了坚实的基础和条件。

长远来看，中国经济是世界经济体系的重要组成部分并日益深刻地影响着世界经济格局。中国在开放和融入世界市场的过程中，不仅以自己的市场和要

---

① 安德鲁·内森、罗伯特·罗斯著，柯雄等译：《长城与空城计——中国对安全的寻求》，22 页，北京，新华出版社，1997。

素为世界提供了机遇与财富，也为世界经济的振兴提供了信心和支持。从全球经济形势来看，国际金融危机的阴影仍然没有完全散去，对世界经济的破坏性影响依旧存在，其对全球市场需求造成了剧烈冲击，使得全球经济总供求失衡的局面在短时期内难以得到改变。尽管许多国家采取了积极的经济振兴政策，而在重大技术创新尚未突破和普及条件下，世界各国所采取的超常规的经济刺激计划和措施在缓解短期危机的同时，在长期内还有可能产生一定的"副作用"，可能会加剧全球性产能过剩，并引发全球性的通货膨胀。在这一背景下，市场需求显得尤为重要。可以说，如果没有足够强大的市场需求，所有的短期经济干预措施都将仅仅是临时性的治标之计，难以为经济复苏提供持久的动力，达到固本培元的效果。对世界经济而言，谁能够提供广阔的市场和强大的需求，谁就是最具有全球经济价值的经济体。作为世界上人口最多、城市化和工业化规模最大的发展中国家，中国的大国经济持续繁荣发展会形成庞大的财富积累与市场空间，孕育着蓬勃的生机和巨大的发展潜力，会为世界创造市场和需求，不仅会为世界提供一个不断扩大的中国市场，有效地弥补全球市场需求的萎缩，还会为世界各国提供更多的发展机会，优化世界的分工体系、价格体系和供求体系，为全球经济持续增长提供动力，对全球经济的增长和可持续发展产生持久影响，具有巨大的全球经济价值。

二、国民经济持续繁荣稳定

1978 年，中国国内生产总值仅有 3 645.2 亿元，位居全世界经济最不发达的国家行列。伴随着改革开放的推进，我国经济走上快速发展的轨道，无论是经济总量还是人均水平都呈现加速扩张态势，我国与世界主要发达国家的差距逐渐缩小，国家综合国力和国际影响力逐渐增强。

表 7-1　1978—2009 年中国 GDP 变化情况

年份	GDP（亿元）	GDP 年增长率（%）	人均 GDP（元）	人均 GDP 年增长率（%）
1978	3 645.2	11.7	381	10.2
1979	4 062.6	7.6	419	6.1
1980	4 545.6	7.8	463	6.5
1981	4 891.6	5.2	492	3.9
1982	5 323.4	9.1	528	7.5

续表

年份	GDP（亿元）	GDP 年增长率(%)	人均 GDP(元)	人均 GDP 年增长率(%)
1983	5 962.7	10.9	583	9.3
1984	7 208.1	15.2	695	13.7
1985	9 016.0	13.5	858	11.9
1986	10 275.2	8.8	963	7.2
1987	12 058.6	11.6	1 112	9.8
1988	15 042.8	11.3	1 366	9.5
1989	16 992.3	4.1	1 519	2.5
1990	18 667.8	3.8	1 644	2.3
1991	21 781.5	9.2	1 893	7.7
1992	26 923.5	14.2	2 311	12.8
1993	35 333.9	14.0	2 998	12.7
1994	48 197.9	13.1	4 044	11.8
1995	60 793.7	10.9	5 046	9.7
1996	71 176.6	10.0	5 846	8.9
1997	78 973.0	9.3	6 420	8.2
1998	84 402.3	7.8	6 796	6.8
1999	89 677.1	7.6	7 159	6.7
2000	99 214.6	8.4	7 858	7.6
2001	109 655.2	8.3	8 622	7.5
2002	120 332.7	9.1	9 398	8.4
2003	135 822.8	10.0	10 542	9.3
2004	159 878.3	10.1	12 336	9.4
2005	184 937.4	11.3	14 185	10.7
2006	216 314.4	12.7	16 500	12.0
2007	265 810.3	14.2	20 169	13.6
2008	314 045.4	9.6	23 708	9.1
2009	340 506.9	9.1	25 575	8.6

资料来源：国家统计局：《中国统计年鉴(2010)》，北京，中国统计出版社，2010。

"十一五"期间，我国经济继续保持平稳较快发展，年均经济增长率达到10％以上。尽管自2008年第四季度以来，由美国"次贷危机"引发的全球金融危机愈演愈烈，并对实体经济产生深刻影响。受金融危机的影响，我国经济发展速度有所放缓，但由于中央政府及时推出了包括四万亿投资刺激计划、十大产业振兴规划、改善民生、稳定出口等在内的一揽子经济刺激计划，有效应对国际金融危机巨大冲击，使得我国经济各项经济指标在危机中仍有积极表现。2008年，我国国内生产总值超过德国，位居世界第三位。2010年，我国国内生产总值按平均汇率折算达到58 791亿美元，超过日本，成为仅次于美国的世界第二大经济体。目前，我国经济社会持续繁荣稳定，人均国民收入稳步增加，经济结构转型加快，市场需求潜力巨大，资金供给充裕，科技和教育整体水平提升。经济平稳较快发展良好态势，为我国经济长远可持续发展奠定了重要基础，为我国发挥竞争优势、加快发展提供了广阔的空间。（如表7-1所示）

三、国家宏观调控能力不断增强

良好的宏观调控能力是保证我国经济社会稳定发展重要保障。从历史上看，我国宏观经济就经历了几次大的调整，宏观调控能力也在不断提升。1992—1993年我国出现了经济过热，党中央、国务院果断采取宏观调控措施，1996年成功地实现了"软着陆"。1997—1998年，受亚洲金融危机的影响，我国经济又面临通货紧缩的压力。我国政府及时提出了扩大内需的方针，实施积极的财政政策和稳健的货币政策，保持了我国经济的整体平稳增长，并且从大局出发，坚持人民币不贬值，为东南亚乃至世界经济的发展作出了自己的贡献。2005—2008年，为了防止经济偏快发展演变为经济过热，避免国民经济出现大起大落，党中央、国务院在经过科学论证的基础上，及时果断地做出了财政金融政策转型的重要决策，由扩张性的积极财政政策转向松紧适度的稳健财政政策，由稳健的货币政策转向适度从紧的货币政策。2008年，国际金融危机在全球范围内蔓延，我国政府迅速决定实施总额4万亿元的经济刺激计划，并明确提出实施积极的财政政策和适度宽松的货币政策要以经济手段和法律手段为主，把加快发展方式转变和结构调整作为保增长的主攻方向，深化重点领域和关键环节改革，把提高对外开放水平作为保增长的强大动力，把改善民生作为保增长的出发点和落脚点，充分发挥各种政策的组合效应，对金融危机形势下的中国经济进行了宏观调控。在4万亿元经济刺激的作用下，宏观经济迅速走出低谷，2008年经济增长率达到了9％，可以说宏观调控的节奏快、效果明显。2009 年，为应对金融危机造成的冲击，保证国民经济继续稳定增长，财政各项支出与 2008 年相比都有了大幅度的增长，这是面对极其复杂的国内外形势，政府实施积极的财政政策来应对国际金融危机所作出的调整。同时，适度宽松的货币政策也使得货币流动性不断增强。财政政策和货币政策的灵活配合使 2009 年我国实现国内生产总值（GDP）33.5 万亿元，同比增长8.7%，经济增速逐季加快，在 2009 年年底就使得经济总体走出了全球金融危机的影响，经济增长率远远高于同期世界平均水平。2011 年，面对复杂的经济形势，我国政府依据经济走势，主动把握宏观调控的方向、力度和节奏，更加注重政策的针对性、灵活性和前瞻性，以稳健为主线把稳定物价总水平作为首要任务，稳定通胀预期，同时保持外贸政策的连续性和稳定性，努力促进对外贸易平稳增长和基本平衡，不断适应形势的变化以促进我国经济健康发展。总的来看，我国政府已经积累了应付各种复杂形势、处理各种突发事件的丰富经验，宏观调控能力和水平都有了很大提升，这是中国经济保持长期增长的重要保证。

四、工业化进程不断推进

工业化是现代化演变过程中的一个历史阶段，以工业迅速发展、逐渐成为国民经济的主导产业为标志。按照《新帕尔格雷夫经济学大辞典》的定义，"工业化是一种过程。首先，一般来说，国民收入（或地区收入）中制造业活动和第三产业所占比例提高了；其次，在制造业和第三产业就业的劳动人口的比例一般也有增加的趋势。在两种比率增加的同时，除了暂时的中断以外，整个人口的人均收入也增加了。"[①] 最初由威廉·阿瑟·刘易斯提出，后来由费景汉和古·拉尼斯等人发展的二元结构理论揭示：如果一国经济具有二元结构性质，那么该国经济是不发达经济；在二元经济向一元经济转变的过程中，必然伴随着产业结构的升级和经济的高速增长。[②③] 从历史上看，工业化是一个动态的过程。对每一个经济体而言，工业化都有一个相当长的发展过程。如英国基本实现工业化经过了 100 多年时间，日本用了 70 年，韩国用了 30 年。目前我国

---

① 《新帕尔格雷夫经济学大辞典（第 2 卷）》，861 页，北京，经济科学出版社，1996。

② Lewis W A，Economic Development with Unlimited Supplies of Labor，The Manchester School of Economic and Social Studies，1954，22(1)：139-191.

③ Gustav Ranis，John C H Fei，A Theory of Economic Development，The American Economic Review，1961，51(4)：533-558.

人均 GDP 按简单汇率计算相当于 3 000 美元，按此标准判断，我国目前正处在工业化中后期或发达工业化阶段，在工业化的道路上还将持续相当长的时间，从发达国家经济发展的经验看，在此阶段经济快速增长仍有较大潜力。同时，我国第二产业结构升级速度不断加快，产业自主创新能力不断增强，已经形成了一批拥有自主知识产权和知名品牌、国际竞争力较强的优势企业。第三产业增加值占 GDP 增量比重逐渐增加，尤其 2008 年，第二产业对 GDP 的贡献率首次与第三产业对 GDP 贡献率持平，交通运输、物流配送、金融保险、信息服务等发展较快，文化创意、电子商务等新兴产业和新型业态蓬勃发展，主要区域中心城市初步形成了以服务经济为主的产业结构。可以判断，未来一段时期，我国工业化进程不断推进不仅为经济的建设与发展提供了动力和支撑，更为经济发展提供了产业结构优化升级的方向和平台，为中国经济实现经济发展方式实质性转变提供了良好的环境和基础条件。

五、城市化步伐稳步加快

城市化是我国经济社会持续发展的主要动力，作为世界上人口最多的发展中国家，过去的一段时间，我国经历了人类历史上最大规模的城市化加速过程，有力地支撑了我国经济增长的奇迹。长期来看，"一个兴盛的经济体的城市化程度会提高，而农村地区会逐渐减小"。[①] 我国真正实现转型、实现强盛，最根本的是要实现城市化。稳步推进城市化进程有利于经济增长和结构转型，更有利于创新的聚集、文明的促进，对国家发展和民族崛起都具有深远的意义和影响。2008 年，我国城镇人口占总人口的 45.7%，比世界平均水平低 2.3 个百分点左右，比中等收入国家平均水平低 13 个百分点左右，比高收入国家低 33 个百分点左右，表明我国城市化的道路还很漫长，拉动经济增长的潜力还很大。随着我国工业化外向型、外延式扩张发展模式走到尽头，我国正在面临外需和工业化"双难依赖"的新形势，加快城市化进程必将成为推进国民经济发展的战略选择，不仅可以有力地释放被结构扭曲压抑的潜在生产力，有效地提高国民经济的整体效益，更是新阶段国民经济发展的带动力量。

具体来看，城市化是我国提升国家竞争力的必然选择，会为国家崛起提供全方位的保障与支持。我国的城市化实现了人类历史上最大规模的人口聚集，

---

① 简·雅各布斯著，金洁译：《城市与国家财富》，154 页，北京，中信出版社，2008。

为国家发展提供了充足的劳动力资源，使得我国不仅在过去相当长的一段时间内保持着相对较低的劳动力成本优势，也为国民经济的长期持续发展提供了坚实的国内需求支撑和广阔的发展空间，凝聚着支持大国经济发展的强劲驱动力。同时，我国的城市化推动着国家产业结构的升级与优化，促进着我国以农业为基础、高新技术产业为先导、基础产业和制造业为支撑、服务业全面发展的第一、第二、第三产业协调发展格局的形成与完善，使得国家经济社会发展始终建立在稳固的产业基础之上，蕴含着蓬勃的生机与旺盛的生命力。我国城市化的发展也同样有利于国土空间布局的优化，在城市化进程中所产生的巨大集聚、辐射和带动效应，能够引导生产要素在广袤的国土空间上合理流动，实现国家空间功能和资源利用效率的有机统一，形成大量国家经济增长极，为提升我国国家竞争力提供了强大的空间载体。总的来看，我国城市化是一项综合的、系统的战略工程，是提升我国国家竞争力，推动我国参与全球竞争的关键所在，关系着未来中国的发展前途和命运。在未来的一段时间里，充分挖掘城市化发展的潜力，稳步推进我国城市化进程，会为我国发展提供有力且全面的支持，将是中国崛起的战略选择。

同时，以转变经济发展方式为主题的中国经济，需要构建扩大内需的长效机制，建立以内需拉动为主的经济增长方式。在我国经济发展方式转型的重要历史阶段，加快城市化进程是不断释放国内需求、推进国民经济持续健康发展的必然选择。正像外部需求为沿海地区发展提供巨大市场一样，城市化进程所带来的国内巨大需求为我国的发展提供了更加广阔的空间，具有巨大的潜在市场容量。一方面，我国城乡居民的消费水平、消费结构都有很大差异。城市化在有效扩大城市消费群体，优化城市居民消费结构，增加城市居民消费的同时，由于城市化进程使得大量农村居民成为城市居民，相应地，其消费水平、消费结构随之变化，不仅扩大了消费需求规模，也提升了消费需求质量。另一方面，城市化带来城市人口、产业的聚集与发展，也会带来城市基础设施、公共服务设施建设和房地产开发等多方面的投资需求。而无论是城市化所带来的消费需求还是投资需求，都将为我国经济发展提供了强大而持久的动力，对带动我国经济持续健康发展发挥巨大作用。

专栏：现阶段中国城市化发展的主要特征

中国正处于经济与社会结构转型、发展方式转变的关键时期，城市化不仅是这一转型过程的一部分，而且将是应对转型过程中诸多挑战的重要手段。伴随着中国经济社会的发展，中国城市化对中国发展的带动作用日益突出，出现了许多新的变化并呈现出鲜明的发展特征。

（1）城市化总体规模平稳增长，城市化速度逐渐放缓。改革开放三十多年来，中国的城市化率从 1979 年的 17.9％提高到 2009 年的 46.6％，年均增长 0.93 个百分点。从中国城市化发展的历史轨迹看，进入新世纪后，中国城市化水平总体上有了大幅提升，由 2000 年的 36.22％上升到 2010 年的 47.7％，10 年上升了 10 多个百分点。但是，从年度增长幅度来看，在中国城市化进程中，人口每年大概以 1‰的速度增加，在增长速度上并没有发生明显剧烈的变化，可以说，现阶段中国城市化总体规模上已经趋于平稳，进入了一个稳定增长的区间。

（2）人口流动不断加剧，梯度转移特征明显。中国人口流动不断加剧，除农村人口向城市转移外，由于资源要素集聚程度不同和公共服务非均等化影响，人口从小城镇向中等城市转移，中等城市向大城市转移的由小到大式的梯度转移特征明显。同时，由于各地政府采取多项措施，鼓励当地居民就近就业、创业，加之劳动密集型产业逐渐从东部转移到中西部，更由于大城市生活成本不断提升，例如，高房价与高物价同时存在，通勤成本及交通拥堵等现象较为普遍等，离开"北上广"的人口外流现象也逐渐出现，许多生活在一线城市的人口开始回流至中西部二三线城市，由大到小式的梯度转移也成为城市化进程中的一种重要现象。

（3）空间集聚不断加速，城市群继续引领区域发展。集聚化、网络化发展已经成为中国城市化空间格局变化的重要特征，以城市群促进区域经济发展已经成为国家和地方发展的共识。在过去的一段时间里，大量的城市群发展规划被提升到国家战略层次，"京津冀都市圈"、"长三角都市圈"区域规划正在重新制定，城市群发展不断升级，一些新兴的城市群（带）不断涌现，如"呼包银城市群"、"海西城市群"、"北部湾城市群"等正在形成。这些城市群或城市圈通常以某个或多个大型城市为核心，周围簇拥着许多中小城镇，每个城市功能不同，定位各异，彼此之间相互补充、互通有无，形成了网络状的城镇发展新格局。这种城市群发展格局聚集效应明显，不断兴起和发展的城市群区域不但聚集着全国最好的发展资源，也以快于全国的发展速度引领区域快速发展。

（4）区域城市化呈"东稳西快"态势，西部地区城市发展迅速。中国东部地区经济基础较好，区域城市化水平总体较高，整体发展较为平稳。同时，受国家西部大开发战略的影响，西部地区城市发展也极其迅速，如位于西部的包头、呼和浩特、鄂尔多斯，GDP 年均增长都在 20% 以上，都已与东部沿海城市齐头并进引领中国经济的快速增长，城市化水平持续提升。伴随着"呼包银重点经济区"发展规划的制定与实施，西部大开发后十年重点经济区和新的经济增长极会更加明确，若再加上关中—天水、成渝、北部湾三个重点发展区域，西部城市化发展的后发优势将逐渐凸显。

（5）城市化发展模式不断转变，低碳与绿色从理论走向实践。在城市化发展进程中，城市化发展模式问题日益受到关注，低碳与绿色成为了中国城市发展的热点，并逐渐从理论走向城市发展实践。早在 2008 年，世界自然基金会（WWF）就将上海与保定列入首批低碳经济试点城市。2010 年 8 月，国家发改委发布了《关于开展低碳省区和低碳城市试点工作的通知》，在广东、辽宁、湖北、陕西、云南五省和天津、重庆、深圳、厦门、杭州、南昌、贵阳、保定八市开展试点工作。目前，我国很多城市陆续发布了低碳城市发展意见和目标任务，天津中新生态城、深圳光明新区、河北唐山曹妃甸新城、江苏苏州工业园区等都开始进行低碳生态城区建设实践，大力推动节能减排和低碳经济发展，积极开展推动城市绿色发展的探索。

（6）户籍、土地制度的地方性探索深化，城乡一体的制度体系逐步完善。中国城市化的快速发展加速了制度改革倒逼机制的形成，由地方政府主导的各类制度创新尝试不断增多，力度也在不断加大。更多的省市宣布改革主要内容包括建立城乡统一的户口登记管理制度，取消农业户口、非农业户口性质划分，打破户籍管理城乡分割的二元管理模式。例如，2010 年，重庆市全面启动统筹城乡户籍制度改革，40 个区县（自治县）及相关市级部门分别设立咨询转户点，现场办理农民转户手续。同样，在农村土地承包经营权流转方面和农村集体建设用地流转方面，许多地方都进行了积极而有益的探索。重庆在处理进城农民的土地问题上，规定农民进城落户后，最长 3 年过渡期内可以保留宅基地和承包地，此后政府有偿收回，从而在很大程度上维护了农民的利益。

资料来源：赵峥：《中国城市化的进程及趋势分析》，载倪鹏飞主编：《中国住房发展报告 2011》，北京，社会科学文献出版社，2011。

六、空间经济发展均衡性增强

过去一段时期，为进一步缩小地区发展差距，促进我国各区域均衡发展，国家已经把统筹区域经济协调发展作为国家发展的长期战略，强调深入推进西部大开发，全面振兴东北地区等老工业基地，大力促进中部地区崛起，积极支持东部地区率先发展。目前，我国地区结构进一步优化，区域发展的整体协调性不断增强。例如，西部大开发战略实施以来，西部地区经济保持平稳较快发展，经济总量明显扩大，2000—2008 年，西部地区生产总值由 16 655 亿元增加到 58 257 亿元，年均增长 11.9%，西部各省市区生产总值都有较大幅度的增长，总体上与东部地区经济增速的差距呈收敛态势。（如表 7-2 所示）

表 7-2　西部 12 省市区 GDP 变化情况　　　　单位：亿元

地区	2000 年	2008 年	2000—2008 年增长额
内蒙古	1 401.01	7 761.80	6 360.79
广　西	2 050.14	7 171.58	5 121.44
重　庆	1 589.34	5 096.66	3 507.32
四　川	4 010.25	12 506.25	8 496.00
贵　州	993.53	3 333.40	2 339.87
云　南	1 955.09	5 700.10	37 45.01
西　藏	117.46	395.91	278.45
陕　西	1 660.92	6 851.32	5 190.40
甘　肃	983.36	3 176.11	2 192.75
青　海	263.59	961.53	697.94
宁　夏	265.57	1 098.51	832.94
新　疆	1 364.36	4 203.41	2 839.05

资料来源：根据《中国统计年鉴（2001—2009）》数据整理计算。

　　同时，西部地区基础设施薄弱环节建设取得明显成效，能源、重要矿产资源、农副产品加工和旅游业等特色优势产业加快发展。东北地区国有企业改革改制和联合重组进程加快，外向型经济和非公有制经济比重上升，就业状况改善，重大技术装备国产化成效显著，资源型城市经济转型积极推进。中部地区作为全国重要的粮食生产基地、能源和原材料基地、现代装备制造和高技术产业基地，以及综合交通运输枢纽的地位得到强化。东、中、西部地区都有很大的发展。目前，国家正在实施区域发展总体战略，构筑区域经济优势互补、主体功能定位清晰、国土空间高效利用、人与自然和谐相处的区域发展格局。未来，在区域协调性整体增强的背景下，国家延续空间均衡发展战略，实现区域经济协调发展，将会进一步优化我国空间经济结构，为国民经济整体发展提供持续动力。

七、市场经济活力不断释放

企业是市场的主体，是繁荣经济、发展经济的基本组成部分。企业能否具有活力是经济体能否具有发展竞争力的关键所在。伴随着市场化改革的深入推进，我国已经形成了经济正常运行规则，使企业可根据国内外市场需求来自主组织生产经营活动，不同性质企业的活力不断释放，大量非公有制企业已经在国民经济不同领域扮演着十分重要的角色。以外贸企业为例，自1978年以来，通过经济和贸易体制改革，中国政府对外贸准入条件的控制不断放松，大批生产企业获得了进出口经营权，少数外贸专业公司垄断经营的格局被打破，外商投资企业、集体和私营企业等非国有企业进入外贸领域的数量越来越多，中国对外贸易的市场主体多样化态势十分明显。

表7-3　2005—2010年中国不同性质企业占进出口份额变化表

指标 年份	国有企业			外商投资企业			其他性质企业		
	出口额（亿美元）	比重（%）	同比增长（%）	出口额（亿美元）	比重（%）	同比增长（%）	出口额（亿美元）	比重（%）	同比增长（%）
2005	1 688.1	22.15	9.9	4 442.1	58.30	31.2	1 489.8	19.55	47.3
2006	1 913.5	19.75	13.4	5 638.4	58.18	26.9	2 139.0	22.07	43.6
2007	2 248.1	18.46	17.5	6 955.2	57.10	23.4	2 976.8	24.44	39.2
2008	2 572.3	18.01	14.4	7 906.2	55.34	13.6	3 807.0	26.65	27.9
2009	1 909.9	15.89	−25.8	6 722.3	55.94	−15.0	3 384.4	28.16	−11.6
2010	2 343.6	14.85	22.7	8 623.1	54.65	28.3	4 812.7	30.50	42.2
2005	1 972.0	29.87	11.8	3 875.2	58.71	19.4	753.9	11.42	24.8
2006	2 252.4	28.45	14.2	4 726.2	59.70	22.0	937.6	11.84	24.4
2007	2 697.2	28.22	19.8	5 594.1	58.53	18.4	1 266.9	13.25	35.1
2008	3 538.1	31.23	31.1	6 199.6	54.71	10.8	1 593.2	14.06	25.7
2009	2 884.7	28.69	−18.5	5 452.1	54.22	−12.0	1 718.8	17.09	7.9
2010	3 875.6	27.79	34.3	7 380.0	52.91	35.3	2 692.8	19.31	56.6

资料来源：中华人民共和国海关总署：2005.12—2010.12进出口企业性质总值，http://www.customs.gov.cn/publish/portal0/tab4370。

如表7-3所示，从出口情况看，2005年国有企业出口额为1 688亿美元，占当年中国出口总额比重为22%，外商投资企业出口额为4 442亿美元，比重为 58%，其他性质企业出口比重为 20%；2010 年国有企业出口额比重降至 15%，外商投资企业这一指标值为 55%，其他性质企业出口增长迅速，出口额在当年出口总额中的比重增至 30%。从进口看，2005 年国有企业进口额为 1 972 亿美元，占当年中国进口总额比重为 30%，外商投资企业进口额为 3 875 亿美元，比重为 19%，其他性质企业进口比重为 11%；2010 年国有企业进口额比重降至 28%，外商投资企业这一指标值为 53%，其他性质企业进口增长迅速，进口额在当年进口总额中的比重增至 19%。

同时，我国公平竞争的市场环境正在不断改善，也为不同性质的市场经济主体参与市场活动提供了良好的发展空间。2009 年国务院发布了《进一步促进中小企业发展的若干意见》，为非国有企业的更好发展提供了良好的政策保障，同时逐步放宽和规范非公有经济在市场准入、财政税收和金融服务等方面的政策措施，创造了各类市场主体平等利用生产要素、公平开展市场竞争的政策环境。2010 年 5 月，为了进一步创造公平的竞争环境，鼓励和引导非公有制经济发展，特别是要着力消除非公有制经济发展的体制性障碍，国务院发布《国务院关于鼓励和引导民间投资健康发展的若干意见》，进一步拓宽民间投资的领域和范围，允许民间资本兴办金融机构，鼓励和引导民间资本进入基础产业和基础设施领域，支持和引导民间资本投资建设经济适用住房、公共租赁住房等政策性住房。目前，尽管一些垄断领域的进入壁垒仍然存在，但我国政府鼓励和引导民间投资健康发展的趋势十分明显，市场经济的活力正在得到不断释放。

良好的经济社会发展基础是促进我国提升核心竞争力，实现经济社会全面发展的强劲动力，同时这些竞争优势的影响作用将长期存在并不断显现，成为国家持续、健康发展的重要支持。当然，我们也应该清醒地认识到，与实现中华民族伟大复兴的历史任务相对照，与实现中国国家竞争力的战略目标相比较，我们依然面临着诸多问题和挑战：我国仍处于并将长期处于社会主义初级阶段，生产力发展水平总体上还不高，自主创新能力还不强；社会主义市场经济体制还不完善，体制机制障碍依然存在；结构矛盾和粗放型发展方式尚未根本改变，城乡、区域、经济、社会等方面发展依然不够协调；农业基础仍比较薄弱，农村发展滞后局面尚未改变，农民持续增收难度较大；收入分配差距仍比较突出，城乡贫困人口和低收入人口还有相当数量；面临的国际形势日趋复杂多变，面对的国际竞争日趋激烈。与西方发达国家相比，无论在经济、社会、科技还是文化上，我国都还有很大的差距。总的来看，我国国家竞争力增强的稳定性还需进一步保持，进一步提升国家经济社会发展的协调性和可持续性的任务还很艰巨，加快结构调整、转变发展方式的任务仍然紧迫，在更高层次上提高国家竞争力、推动经济社会又好又快发展的压力仍然巨大，特别需要把握发展机遇，消除发展"瓶颈"，更加注重丰富国家全方位、多领域、广范围的发展内涵，系统推进国家竞争力建设，促进国家竞争力的全面提升。

第二节　中国发展面临的战略环境

世界经济发展史上有这样一个现象，那些在经济危机中善于抓住机遇的国家，往往会率先振兴并占据新一轮发展的制高点。在经过全球金融危机洗礼后，世界经济格局经过深度调整，危机的不良影响逐渐开始从前台走向后方，从显性逐步变为隐性，世界各国也从联合对抗危机的合作开始重新走向新一轮竞争，各国重新开始抢夺经济增长制高点。在这种形势下，我国加快产业升级、提升国家竞争力的任务越来越紧迫，特别需要进一步认清形势，把握机遇，直面挑战，通过适应和改变战略环境来实现产业升级，凸显国家竞争优势。

一、中国发展面临的正向机会

（一）世界政治经济格局基本稳定，和平、发展与合作仍是时代主流

当今世界，和平、发展、合作仍是时代潮流。尤其是在金融危机影响和全球经济增长趋缓的状态下，尽管世界各国都在立足自身实际寻求新一轮发展道路，但各国经济发展的依存度仍然进一步提高，各国在加强和改善自身宏观调控的同时，会更加积极地寻求和加强宏观经济政策的国际协调与合作，以保持经济增长、防止衰退，地区之间的经贸合作与交流将更加频繁。总的来看，国际环境总体上有利于我国和平发展，为中国经济发展提供了良好的国际环境，为中国经济融入世界经济体系、提升开放型经济水平创造了有利条件。在经济全球化和区域经济一体化深入发展的大背景下，只要中国经济做好充分准备，准确判断，积极应对，把握好在全球经济分工中的新定位，从变化的国际形势中捕捉和把握难得的发展机遇，就有希望实现跨越式发展。

（二）经济全球化方向没有发生逆转，我国参与国际竞争的空间仍然广阔

经济全球化是指跨国商品与服务交易及国际资本流动规模和形式的增加，以及技术的广泛迅速传播使世界各国经济的相互依赖性增强。[1] 经济全球化是当今世界最明显的发展趋势，也是我们这个时代最重要的发展特征。尽管世界经济的复苏之路仍然充满不确定性，欧洲主权债务危机还没有完全消除，美国失业率问题依然严重，新兴经济体和发展中国家经济在经历 2010 年的较快增长后面临回调压力，加剧了世界经济复苏的难度。但全球化发展到今天，已经形成强大的惯性，目前还不存在可以逆转全球化趋势的力量。特别是由于决定全球化的国际专业化分工、贸易自由化、跨国资本流动等根本性因素没有发生改变，全球化的方向不会发生逆转。而经济全球化的发展，有利于我国更好地参与国际分工，提高吸收外资的质量和水平，也将进一步推动对外贸易的发展，从而为我国产业升级和提升国家竞争力提供了良好的外部环境。同时，在全球化背景下，多年来，我国抓住国际制造业加快转移的机遇并逐步成长为世界重要的制造基地，而伴随着服务贸易在世界贸易中的份额不断提高，研发、物流等服务环节的国际转移日益加快，我国服务贸易发展也十分迅速，整体发展形势良好。随着我国积极推动贸易投资自由化，促进多边贸易体系不断完善，这不仅会为我国扩大商品出口、发展服务贸易提供更为巨大的国际市场，也将有助于从国际市场获得国内短缺的技术和资源，为我国创造参与国际经济合作和竞争新优势提供了更加广阔的空间。

（三）世界经济格局调整，新兴经济体的国际地位提升

20 世纪 90 年代后，经济区域化的发展打破了美、欧、日三足鼎立的世界经济格局，同时，在世界经济不稳定、低速增长的大背景下，亚洲、拉丁美洲国家普遍进行了经济调整和改革，新加坡、韩国、中国香港、中国台湾、巴西、阿根廷和墨西哥等一批新兴工业化国家和地区正在逐渐参与到世界经济格局中来，在世界经济体系中的地位不断提高，同时，在内改革外开放的积极政策的推动下，中国、印度显示出蓬勃的发展活力，成为世界经济的活跃区域和繁荣区域。2008 年以来，受国际金融危机影响世界经济出现大幅下滑。伴随着美国次贷危机的影响逐步扩大，全球性金融危机愈演愈烈，并影响实体经济，大部分国家出现经济衰退，许多发达工业国家整体上陷入第二次世界大战

---

[1]　国际货币基金组织：《世界经济展望》，45 页，北京，中国金融出版社，1997。

以来的首次经济衰退。而这一时期，以中国、印度、巴西、俄罗斯等"金砖四国"为标志的新兴经济体在危机中格外引人注目。2000—2009年，新兴经济体和其他发展中国家占全球生产总值的比重从24%上升到33%，对世界经济增长的贡献率达到46%。① 这些新兴国家不仅用自身对抗危机能力的事实证明了自身经济发展的实力，并在不断缩小与发达国家经济实力差距的同时积极谋求国际经济地位的提升，冲击着由欧美少数发达国家主导世界经济发展的格局。2009年9月25日，20国会议在美国匹兹堡发表联合声明，宣布20国集团取代8国集团，成为国际经济合作与协调的首要全球性论坛，并大大提高了新兴国家的投票权和话语权。尽管G20作为改革全球经济治理框架、建立国际经济新秩序的有效载体的稳定性还有待检验，但其却代表了全球经济治理改革的方向。后金融危机时代，发达国家与发展中国家实力的进一步消长，必将推动世界经济格局加速变化。建立国际经济新秩序是大势所趋，在世界多元化或多极化的发展态势日趋加快的背景下，新兴经济体将迎来更加公平的国际发展空间。我国作为新兴经济体的主要代表之一，国家竞争力与日俱增，与发达国家的差距也在不断缩小，日益成为全球重要的政治经济决策中心，伴随着新兴经济体的不断崛起，我国在全球竞争格局中的战略地位和历史主动性必将得到持续提高。

（四）绿色经济时代的新一轮技术创新与技术进步

科学技术是经济社会发展中最活跃、最具创造性的因素。从历史发展来看，自第一次工业革命以来，技术革命和技术创新一直是带动世界经济增长的引擎，而世界的每一次经济危机都是一次清醒剂，引发人们对创新和变革的思考。从这个角度看，经济危机在很大程度上客观促进了技术革命的产生和发展。1857年的世界经济危机引发了以电气革命为标志的第二次科技革命，1929年世界经济危机引发了以电子、航空航天和核能等技术突破为标志的第三次技术革命。经济危机是对一个时代发展的终结，也是开辟新时代的起点。今天，危机过后，虽然信息网络技术的继续深度应用仍会支持全球的经济增长，但推动力量已然不足。各国纷纷意识到必须要把经济发展落在实体经济上，开辟出新的产业发展领域，才能从危机中彻底走出来，而全球经济需要维持原有的增长水平也必然需要新一轮的技术创新和技术进步来支撑。越来越多的人认为在低碳经济时代，包括生物医药、新能源、节能技术等在内的广义绿

---

① 卢中原：《"十二五"期间我国经济社会发展的国际环境》，载《求是》，2010(23)。

色经济[①]是全球经济增长的新引擎。前世界银行首席经济学家尼古拉斯·斯特恩于 2006 年 11 月发表《斯特恩报告》显示，到 2050 年，世界能源产业中的碳含量将降低 60％～75％，以将温室气体排放稳定在 550ppm 二氧化碳当量的水平或之下，届时低碳能源产品的年产值可能达到 5 000 亿美元以上[②]。而"绿色新政"的浪潮在 2009 年全球经济危机的大环境下日益升温，各国尤其是主要大国都在对自身经济发展进行战略筹划并加大投入，将绿色增长作为当前摆脱或超越危机的重要途径，并纷纷把发展新能源、新材料、节能环保、低碳技术等作为新一轮产业发展的重点，推进绿色经济发展。

世界经济发展的历史经验证明，在新一轮技术革命、技术创新、技术进步到来之际，只有在这些领域先行一步的经济体，才可能引领世界的未来。就我国而言，20 世纪 80 年代，我国抓住了国际上以轻纺产品为代表的劳动力密集型产业向发展中国家转移的时机，培育了纺织、服装、鞋类、玩具、箱包等一大批外向型产业，促使我国经济实现了迅速发展。20 世纪 90 年代，我国再次抓住了国际产业结构调整的机遇，促进了机电产业的发展和出口的扩大。家电、手机、微型计算机、集成电路等一批新型产业群快速成长，产业结构不断优化升级。新世纪以来，中国抓住以 IT 为代表的高科技产业制造环节全球转移的大好机遇，大力发展信息技术产业，又在世界产业发展的浪潮中占据了有利地位。目前，有机构预测，中国正在掀起一场包括绿色发电、绿色交通、绿色工业、绿色建筑以及绿色生态系统五大领域的"绿色革命"[③]。我国"十二五"规划也特别强调了"绿色发展"，就"绿色发展，建设资源节约型、环境友好型社会"设专门章节，明确提出："面对日趋强化的资源环境约束，必须增强危机意识，树立绿色、低碳发展理念，以节能减排为重点，健全激励与约束机制，加快构建资源节约、环境友好的生产方式和消费模式，增强可持续发展能力，提高生态文明水平。"规划设定了六大支柱支撑约束性指标，提出了绿色发展激

---

① 英国经济学家皮尔斯 1989 年出版的《绿色经济蓝皮书》提出"绿色经济"的概念。绿色经济是以市场为导向、以传统产业经济为基础，以经济、环境和谐为目的而发展起来的一种新的经济形式，是产业经济为适应人类环保与健康需要而产生并表现出来的一种发展状态。

② 英国财政部：《斯特恩报告》，参见 http://www.hm－treasury.gov.uk/stern_review_report.htm。

③ Martin Joerss, Jonathan Woetzel：《中国的绿色机遇》，载《麦肯锡季刊》，2009-3，详见 http://china.mckinseyquarterly.com/Chinas_green_opportunity_2364。

励约束机制，把绿色理念贯穿经济活动的各个环节。长远来看，在我国对外开发水平大幅提升和综合实力不断增强的今天，我国有能力、有实力也有准备跟上绿色经济时代的新一轮技术创新与技术进步步伐，在新一轮世界经济变革中作为最主要的倡导者、响应者和参与者谋求自身的发展。

（五）科技创新基础不断巩固

技术创新是产业升级的主要动力和保障，也是国家竞争优势的集中体现。近年来，中国不断高度重视技术创新，不断加大投入，鼓励创新，在重大专项、应用高新技术推动产业结构优化升级、发展农业及民生科技、加强基础研究及前沿技术研究等方面取得重大成就，创新的基础得到不断夯实，这将为我国进一步推动产业升级，提升国家竞争力提供良好的发展基础。

从投入的角度来看，目前，抢占国际经济科技制高点已经成为世界发展大趋势，科技竞争在综合国力竞争中的地位更加突出。世界各国都在加大技术投入，各个国家 R&D 经费支出占 GDP 比重整体呈上升趋势。尽管受金融危机影响，2008 年全球经济普遍下滑，但多个国家 R&D 经费支出占 GDP 的比重却在增加。我国近年来也特别重视技术投入。从世界主要经济体 R&D 支出占 GDP 比重比较分析看，1998 年以来中国 R&D 经费支出占 GDP 比重呈逐年上升趋势，且增速较快。中国的平均水平远高于下中等收入国家，甚至略高于上中等收入国家平均水平。（如表 7-4 所示）

表 7-4　典型国家和地区主要年份的 R&D 支出占 GDP 比重情况表 单位：%

国家和地区	1998 年	2000 年	2002 年	2004 年	2005 年	2006 年	2007 年
世界	2.06	2.15	2.13	2.06	2.05	2.11	2.21
高收入国家和地区	2.29	2.44	2.40	2.32	2.34	2.37	2.45
美国	2.61	2.75	2.66	2.58	2.61	2.65	2.67
瑞典	—	—	—	3.71	3.69	3.83	3.68
日本	3.00	3.04	3.17	3.17	3.33	3.40	3.45
英国	1.80	1.86	1.83	1.72	1.77	1.80	1.84
德国	2.27	2.45	2.49	2.49	2.49	2.55	2.55
法国	2.14	2.15	2.23	2.15	2.11	2.12	2.10
澳大利亚	1.54	1.61	1.80	1.90	—	2.17	—
加拿大	1.76	1.91	2.04	2.08	2.05	1.99	2.03
意大利	1.05	1.05	1.13	1.10	1.10	1.14	—

国家和地区	1998 年	2000 年	2002 年	2004 年	2005 年	2006 年	2007 年
中国香港	0.43	0.47	0.59	0.74	0.79	0.81	—
新加坡	1.81	1.88	2.15	2.20	2.30	2.31	2.61
西班牙	0.87	0.91	0.99	1.06	1.13	1.21	1.28
韩国	2.34	2.39	2.53	2.85	2.98	3.22	3.47
上中等收入国家	0.61	0.70	0.85	1.00	0.97	1.14	1.24
捷克共和国	1.15	1.21	1.20	1.25	1.41	1.54	1.59
匈牙利	0.68	0.78	1.00	0.88	0.94	1.00	0.97
斯洛伐克	0.78	0.65	0.57	0.51	0.51	0.49	0.46
波兰	0.67	0.64	0.56	0.56	0.57	0.56	0.57
拉脱维亚	0.41	0.44	0.42	0.42	0.56	0.70	0.63
南非	—	—	—	0.86	0.92	0.96	—
俄罗斯	0.95	1.05	1.25	1.15	1.07	1.07	1.12
下中等收入国家	—	0.65	0.75	0.81	0.84	0.98	—
罗马尼亚	0.49	0.37	0.38	0.39	0.41	0.46	0.54
巴西	—	0.94	0.91	0.83	0.97	1.02	—
保加利亚	0.57	0.52	0.49	0.50	0.49	0.48	0.48
哈萨克斯坦	0.22	0.18	0.26	0.25	0.28	0.24	0.21
中国	0.65	0.90	1.07	1.23	1.33	1.42	1.49
乌克兰	1.07	0.96	1.00	1.08	1.03	0.95	0.87
亚美尼亚	0.23	0.18	0.25	0.21	0.21	0.24	0.21

资料来源：世界银行数据库，http://data.worldbank.org.cn。

　　从产出的角度看，我国的科技产出逐年增加，主要科技产出成果如专利申请量、专利授权量、科技成果登记量、国家科技奖项数量等都呈增长态势，为我国的创新体系建设提供了基础。（如表 7-5 所示）

表 7-5　2000—2009 年中国主要科技成果产出表

年份	专利申请量（万件）	专利授权量（万件）	科技成果登记（项）	国家技术发明奖（项）	国家科技进步奖（项）
2000	17.1	10.5	32 858	23	250

年份	专利申请量（万件）	专利授权量（万件）	科技成果登记（项）	国家技术发明奖（项）	国家科技进步奖（项）
2001	20.4	11.4	28 448	14	191
2002	25.3	13.2	26 697	21	218
2003	30.8	18.2	30 486	19	216
2004	35.4	19.0	31 720	28	244
2005	47.6	21.4	32 359	40	236
2006	57.3	26.8	33 644	56	241
2007	69.4	35.2	34 170	51	255
2008	82.8	41.2	35 971	55	254
2009	97.7	58.2	38 688	55	282

资料来源：国家统计局：《中国统计年鉴（2001—2010）》；国家统计局、科学技术部：《中国科技统计年鉴（2001—2010）》，北京，中国统计出版社，2001—2010。

而从企业的角度看，经过多年发展，我国企业的技术创新能力明显提高。1990—2007 年 18 年间我国企业被授权发明专利、实用新型专利数成倍增长。2007 年，我国国内企业被授权的发明专利数、实用新型专利数为 12 851 件、53 451 件，而 1997 年，相应数额分别为 206 件、2 249 件，18 年间分别增长了 62.38 倍、23.77 倍，平均每年都至少要翻一番。其中，高新技术企业和高新技术企业园区在国民经济发展中显示出较强的经济增长能力。据统计，2008 年，中国高新技术企业全年实现总收入 105 115 亿元，净利润 5 854 亿元，其中，增加值 20 956 亿元，约占当年 GDP 的 7%；出口额达到 3 564 亿美元，占全国出口额比重的 25%；实缴税金 5 805 亿元，占全国税收总额的 10.7%，对我国经济增长发挥了重要的带动作用，也充分体现了我国提升创新能力的潜力和空间。（如表 7-6 所示）

表 7-6   2006—2008 年中国高新技术企业经济贡献

经济指标	2006 年	2007 年	2008 年
全年总收入（亿元）	76 492.98	104 770.52	105 115.18
增加值（亿元）	16 409.22	22 030.87	20 956.27
增加值占 GDP 比重（%）	7.70	8.50	6.92

经济指标	2006 年	2007 年	2008 年
净利润(亿元)	4 427.47	6 684.11	5 853.62
出口额(亿美元)	2 646.28	3 683.49	3 563.80
占全国出口总额比重(%)	27.31	30.25	24.91
实缴税金(亿元)	3 842.29	4 851.44	5 804.81
占全国税收总额比重(%)	11.04	10.63	10.71
从业人员(万人)	1 182.59	1 452.17	1 274.79

资料来源：王元主编：《高新技术企业发展报告 2009》，北京，北京出版社，2010；国家统计局：《中国统计年鉴 2010》，北京，中国统计出版社，2010；国家统计局、科学技术部：《中国科技统计年鉴(2007—2009)》，北京，中国统计出版社，2007—2009。

(六)内需规模持续扩张

扩大内需将是我国经济社会发展的重要发展内容，也是产业升级的根本保障。内需不仅为我国产业升级提供了良好的国内市场基础，促使商品和服务市场的供求变化，导致产品生产结构变化，引导着产业结构升级和经济结构优化，也是我国产业规避国际风险的重要后盾。此次危机中很多优秀的贸易企业之所以能够渡过危机，一个很重要的原因在于能够自如地在内外贸之间转换，将一部分出口能力转移到国内市场，真正实现两个市场资源的有效配置。

目前，我国内需增长的潜力仍然很大，内需结构也正在转型升级过程中。通过对 1995—2009 年我国城镇居民的消费支出中食品、衣着、家庭设备用品及服务、医疗保健、交通通信、文教娱乐服务、居住、杂项商品与服务支出等项目的变化情况分析，我们可以发现：从变化趋势上来看，城镇居民衣着、食品、家庭设备用品及服务和杂项商品与服务四项支出的比重基本上呈先降后升的特征，居住、医疗保健、交通通信和文教娱乐服务四项支出的比重基本上呈先升后降的特征。而将 2009 年与 1995 年的消费支出结构比较可以看到，中国城镇居民的消费结构呈现较为明显的升级过程，食品、衣着、家庭设备用品及服务和杂项商品与服务四项所占比重都有不同程度的下降，而医疗保健、交通通信、文教娱乐服务及居住四项所占的比重均呈上升趋势。这表明我国城镇居民需求正从以满足吃、穿为主的生存型消费阶段逐步向发展型和享受型消费阶段过渡。(如表 7-7 所示)

143

表 7-7　1995—2009 年中国城镇居民消费支出构成变化情况

年份	食品	衣着	家庭设备用品及服务	医疗保健	交通通信	文教娱乐服务	居住	杂项商品与服务
1995	50.09	13.55	7.44	3.11	5.18	9.36	8.02	3.25
1996	48.60	13.47	7.61	3.66	5.08	9.57	7.68	4.35
1997	46.41	12.45	7.57	4.29	5.56	10.71	8.57	4.44
1998	44.48	11.1	8.24	4.74	5.94	11.53	9.43	4.55
1999	41.86	10.45	8.57	5.32	6.73	12.28	9.84	4.96
2000	39.44	10.01	7.49	6.36	8.54	13.40	11.31	3.44
2001	37.94	10.05	8.27	6.47	8.61	13.00	10.32	5.35
2002	37.68	9.80	6.45	7.13	10.38	14.96	10.35	3.25
2003	37.12	9.79	6.30	7.31	11.08	14.35	10.74	3.30
2004	37.73	9.56	5.67	7.35	11.75	14.38	10.21	3.34
2005	36.69	10.08	5.62	7.56	12.55	13.82	10.18	3.5
2006	35.78	10.37	5.73	7.14	13.19	13.83	10.40	3.56
2007	36.29	10.42	6.02	6.99	13.58	13.29	9.83	3.58
2008	37.89	10.37	6.15	6.99	12.60	12.08	10.19	3.72
2009	36.52	10.47	6.42	6.98	13.72	12.01	10.02	3.87

资料来源：国家统计局：《中国统计年鉴（1996—2010）》，北京，中国统计出版社，1996—2010。

　　我国内需规模的扩张和结构的优化，正在成为产业升级和经济增长的主要动力，促使着产业结构的优化和升级，传统产业改造加快，新的经济增长点不断涌现，促进了经济的增长。近年来，我国通过政府补贴、税收优惠等措施调整消费需求结构，推动消费需求升级，扩大消费需求规模，同时，我国还通过调整工资标准和健全社会保障体制增强人们的消费信心和消费能力，对消费需求的稳定增长起到了重要作用。"十二五"规划中明确提出要坚持扩大内需战略，建立扩大消费需求的长效机制，着力保障和改善民生，合理调整收入分配关系。在居民收入逐步提升、城市化进程加快，教育、住房、就业等社会保障日益完善等多个积极因素的叠加下，抑制消费的因素将会有所消除，居民最终消费的潜力会由此获得极大的释放。虽然短期消费受到房地产调控和经济增长减速的不利因素影响，教育费用增加、通货膨胀预期等因素也会在某种程度上抑制人们的消费需求。但刺激消费的政策仍将保持，在未来这些提高人们收入水平和保障水平、刺激消费需求推动消费升级的政策仍有望得到延续，在收入分配改革导致消费环境持续改善的长期趋势的正面推动下，未来消费仍能保持稳定增长。在投资需求方面，伴随着我国"十二五"规划的深入实施、中西部经济发展加快、投资环境的改善、产业转移和战略性新兴产业的发展，固定资产投资保持合理规模的有利条件相对较多，而随着"新36条"政策的实施和民间资本发展环境的改善，民间投资增速也将得到刺激，会在一定程度上抵消政府主导型投资需求减少带来的负面影响，投资需求的结构也会逐渐改善。

（七）开放步伐日益加快

对外开放是中国的基本国策，20世纪80年代初改革开放方针的确立，就为中国扩大开放、参与国际分工奠定了思想基础。1992年社会主义市场经济体制改革目标的确立，为进一步开放提供了体制基础。2001年我国成功加入世贸组织，成为我国全面参与经济全球化的新起点，将我国对外开放水平提升到了前所未有的高度。目前，我国对外开发的规模和质量都在提升，已经进入了一个新的历史时期。

从外商直接投资（FDI）来看，自改革开放以来，外商直接投资规模不断增大，结构不断合理，从总量到结构，外商直接投资呈现良好发展态势。1980年外商直接投资额仅占世界的0.11％，至2009年吸收FDI为900.3亿美元，占世界比重达8.53％。值得注意的是，30年间，尤其是1995年以来，除2009年受金融危机影响有小幅回落，我国实际利用外资额绝对值持续扩大的趋势显著。（如表7-8所示）

表7-8　1980—2009中国外商直接投资及其占世界比重表

年份	外商直接投资（亿美元）	占世界比重（％）
1980	—	0.11
1990	34.9	1.68
1995	375.2	11.33
1999	403.2	3.75
2000	407.2	2.95
2001	468.8	5.71
2002	527.4	8.38
2003	535.1	9.47

续表

年份	外商直接投资(亿美元)	占世界比重(%)
2004	606.3	8.25
2005	603.3	7.44
2006	630.2	4.98
2007	747.7	4.22
2008	924.0	6.38
2009	900.3	8.53

资料来源:"外商直接投资"指标数据来源于《中国统计年鉴2010》,北京,中国统计出版社,2010;"占世界比重"指标数据根据历年《国际统计年鉴》数据计算。

需要强调的是,除了加入世界贸易组织、积极发展对外贸易和引进外资外,我国企业的海外投资基础和条件也已经具备。根据邓宁的投资发展路径(IDP)理论,一国的净对外直接投资(NOI),即对外直接投资与吸收外国直接投资的差额,是一国经济发展阶段的函数。到达一定阶段时(人均GDP达到2 000~4 750美元),投资阶段的转变就成为必然选择。而推动这一转换的关键是提高对外投资的收益率,促进本国资本竞争优势的形成。2008年人民币对美元汇率中间价基本稳定在1:6.83附近,按此折算,我国人均GDP已经超过3 000美元,正处于邓宁所指的资本大规模输出阶段。数据显示,2002年以后,我国对外直接投资开始加速增长。2002—2007年我国非金融类对外直接投资年均增长速度为56%。[①] 目前,基于经济高速发展所积累起来的财富,以及诸多鼓励对外直接投资的政策环境,我国企业和居民进行国际投资的趋势更加明显。

二、中国发展面临的挑战与压力

(一)新贸易保护主义抬头

金融危机中,全球实体经济严重受损。国际金融危机恶化了居民个人财产状况,而且增加了经济生活的不确定性。随着失业问题加剧,家庭经常性收入下降,无论是存量资产还是增量财富都开始迅速缩水,只能谨慎消费,消费支

---

① 参见商务部、统计局、外汇管理局:《2009年度我国对外直接投资统计公报》,http://hzs.mofcom.gov.cn/accessory/201009/1284339524515.pdf。

出不断减小。（如表 7-9 所示）

表 7-9　金融危机影响下的美国消费支出的变化（环比，2007—2009 年）

单位：%

时间（季度）	个人消费支出	其中：商品	服务
2007—Ⅰ	3.7	3.9	3.6
2007—Ⅱ	1.1	0.2	1.6
2007—Ⅲ	1.9	3.1	1.3
2007—Ⅳ	1.2	3.0	0.3
2008—Ⅰ	−0.6	−5.1	1.8
2008—Ⅱ	0.1	−0.5	0.4
2008—Ⅲ	−3.5	−7.7	−1.3
2008—Ⅳ	−3.1	−10	0.5
2009—Ⅰ	0.6	2.5	−0.3
2009—Ⅱ	−0.9	−3.1	0.8
2009—Ⅲ	2.8	7.2	0.8
2009—Ⅳ	1.6	2.8	1.0

资料来源：美国国家经济分析局。

　　在需求下降的条件下，贸易领域的竞争更加激烈。更加值得注意的是，部分国家片面地将危机造成的损失和后果归结于经济全球化和开放贸易政策，为了保护国内就业和刺激经济增长，维护地区国际贸易收支平衡，国家和地区间贸易保护主义、进入壁垒、倾销和反倾销等问题越来越严重，贸易摩擦增多，全球范围内以买国货、反倾销、安全标准等为代表的新贸易保护主义重新抬头。之所以称之为"新贸易保护主义"，因为过去贸易保护的手段主要是实行出口补贴、退税和征收进口关税等，而现在以及未来的贸易保护则往往采取更为隐蔽的方式，还设立严格的技术标准、劳工标准、环境标准等限制出口。比如，发达国家常常以产品不安全或者认为出口企业采取恶性价格竞争策略进行倾销等为由，抵制对发展中国家，尤其是对我国商品的进口。新贸易保护主义还表现在政府在出台应对国际金融危机的刺激方案中附加了很多"买国货"的条款，这在过去很少被使用。WTO 有关报告显示，迄今，成员国新增贸易限制措施是自由化举措的两倍，而且贸易限制措施继续演化成各种不同的新形式，其中许多措施很容易就能规避现有贸易协定的规定：比如印度部分中小企业主认为我国出口至该国的产品正使他们遭受损失，而且其各产业正受到所谓"典型的中国掠夺性定价"的伤害，这种定价策略旨在迫使竞争对手出局，使我国企业能够抢占市场，然后再把价格提高至比较正常的水平。他们联合敦促印度政府加快反倾销调查，对我国产品实施更严格的安全和质量检查。2009 年 1 月，印度政府曾以安全忧虑为由，宣布在 6 个月内禁止进口我国玩具，由于我国政府强烈反对，此禁令出台两个月后被解除。类似的，有些国家在政府采购项目和大规模经济刺激计划中附加买国货条款，比如早些时候，美国国会议员试图在 7 870 亿美元经济刺激计划中加入"只买美国货"条款的做法，规定用刺激资金资助的任何项目，必须只能使用美国制造的钢铁和产品；有些国家以消费者健康与安全为借口进行限制贸易，比如最近甲型 H1N1 爆发，很多国家禁止进口猪肉就是典型例证，而众所周知，通常情况下食用猪肉并不会感染此疾病。总的来看，"新贸易保护主义"采取了更为隐蔽的方式，产品不安全、"买国货"等成为贸易保护的新手段。由于经济受创较轻，我国成为众多贸易限制措施的目标。各种针对我国的限制措施会造成我国企业的生存空间变窄，在这种情况下，单纯批评发达国家利用"技术壁垒"、"环保壁垒"、"碳排放壁垒"实行贸易保护主义将不可能保持国际竞争规则的稳定性，更难以维护我国的国家利益，这将促使我国更早地开始探索针对这些贸易保护新手段的措施，积极促进自身的产业升级，提升自己的国家实力，通过以变应变以实力捍卫规则，谋求发展。

(二)全球性通货膨胀蔓延

一直以来，通货膨胀都是困扰世界各国经济社会发展的重要问题，也是各国宏观经济调控的主要目标。目前，全球性通货膨胀走势仍然充满着诸多的不确定性，能够导致全球通货膨胀的因素相对较多，全球性通货膨胀有继续蔓延趋势。首先，包含农产品在内的原材料价格和能源价格的大幅上升将使全球生产成本和消费成本上升，推高全球通货膨胀率；其次，黄金价格的飙升、美元的贬值，将进一步推高全球通货膨胀预期；再次，世界各国危机期间投放的大规模的流动性依然存在，而且全球经济贸易失衡也依然存在，世界未来产生过多流动性的因素并没有得到根除，流动性过剩将推高通货膨胀率；最后，新兴经济体发展迅速，各国通货膨胀有进一步走高的趋势，也将推动全球通货膨胀的走高。长期来看，尽管各国所面临的通货膨胀类型有所不同①，影响全球通货膨胀的因素错综复杂，但是总体而言，全球性通货膨胀压力正在加大的事实难以回避。原材料和能源价格走高，全球流动性的规模庞大，新兴经济体的快速发展等因素，将最终决定世界通货膨胀向上的走势，特别是新兴经济体和发展中国家的通货膨胀率将远高于发达经济体通货膨胀率。

就我国而言，物价水平也存在着明显的上涨因素。一方面，大宗商品国际价格的上扬推动了原材料、燃料和购进价格的上涨。另一方面，尽管农产品价格会有季节性因素的变动，但是推动居民消费价格呈现上升趋势的主要因素并没有改变，粮食和肉禽、蛋类价格明显上升，将传递物价上涨预期；房地产价格上涨幅度较大，也需要价格水平一定程度的上涨予以消化，特别是近两年工资性收入占国民收入比重的急剧下降也需要工资上涨予以矫正，而原材料、燃料和动力购进价格上涨将通过成本进一步推动消费品价格，燃料、水电等价格也有较大的涨幅或存在较强的上涨压力，加之近年来货币供给量远大于需求量，经济体中依然存在较大的流动性过剩问题，都加剧了我国的通货膨胀预期。而持续的通货膨胀不仅会直接影响企业的成本与收益，更会为产业转型升级带来诸多不利因素。当然，通货膨胀也在一定程度上刺激了企业技术、管理的进步，客观要求我国加快产业升级步伐，以不断创新克服成本压力，提高竞争能力。

（三）现行国际货币体系缺陷凸显

2007年7月爆发于美国的次级抵押贷款引发了信用危机，在一年多以后，以2008年9月15日美国第四大投资银行雷曼兄弟公司宣布申请破产保护为标志，伴随着欧美众多大型金融机构的破产、合并、托管、一些主权国政府无力偿债，以及全球股市价格受到重挫等一系列现象的发生，"次贷危机"演变为包含严重的信用、银行、货币流通以及国际贸易危机在内的全球性的金融危机，全球实体经济在遭到剧烈冲击之下，现行国际金融体系面临着严重的挑战。

---

①　理论上，按照通货膨胀成因不同可以将通货膨胀分为以下四类：①需求拉动型通货膨胀。主要是指在产出量或生产成本不变的情况下，由于总需求过度而引起的物价上涨；②成本推动型通货膨胀。主要指由于生产成本上升而引起的物价持续上涨的现象；③混合型通货膨胀。主要指引起通货膨胀的原因并不是纯粹的需求拉动和成本推动的通货膨胀，而是在两者共同因素作用下产生的；④结构性通货膨胀。主要指在没有需求拉动和成本推动的情况下，由于结构性的因素使一般物价水平持续上涨而造成的通货膨胀。具体可参见李晓西：《宏观经济学（中国版）》，300～301页，北京，中国人民大学出版社，2011。

自 1976 年牙买加协定签订以来，在国际货币体系中，美元一直保持着国际储备货币的地位。而此次金融危机爆发于美国并向全球范围迅速蔓延，则凸显出当前国际货币体系的内在缺陷和系统性风险。一方面，美国这种放纵资本的自由行为不仅导致了自身的经济危机，更传导冲击到世界范围，严重影响到全球金融体系的有效运行，破坏了国际金融秩序。另一方面，在世界货币美国制造的现实下，美国货币当局基于自身国家利益考虑，有着增发美元的强烈冲动并已经采取了所谓的量化宽松政策。印钞票既可以刺激美国经济的增长，又可以减少美国人的债务负担，增发美元的通货膨胀成本却由全世界来分担，而现行的国际金融监管体制对美元的印制发行又无半点监管之权。结果是，美国凭借对具有国际储备货币地位的美元发行权的控制，向全球释放流动性，制造通货膨胀，刺激大宗商品的价格上涨，从而使全球货币流动规模倍增，制造更大的泡沫，给全球经济造成压力，同时削弱债权人的财富，免除债务人的负担，破坏国际金融体系的运行。在这种形势下，短期内国际大宗商品价格可能会保持上涨态势，这将对我国进口产生一定影响。而从长期来看，也要求我国必须考虑如何从根本摆脱对美债的单纯依赖，解除美债对我国国民经济发展的束缚，为我国参与国际竞争营造良好有利的环境。

（四）人民币升值压力增大

由于国际金融危机的爆发和蔓延，西方国家需要我国的配合来应对全球性的金融危机，进而暂时延缓或收敛了要求人民币升值的动作。但在全球经济刚刚出现好转迹象的所谓"后危机时代"，西方国家重新对人民币升值施压，人民币汇率问题再次成为国际讨论的热点话题。2009 年 10 月 3 日，在土耳其伊斯坦布尔召开的西方七国财政部部长和中央银行行长会议上，西方国家再次要求人民币升值，认为人民币币值过低是造成全球经济失衡的关键。2010 年 2 月初，经济合作与发展组织（OECD）发布了最新的中国经济调查报告，呼吁中国应提高人民币汇率的灵活性。虽然自 2010 年 6 月 19 日央行宣布增加人民币汇率弹性以来，人民币对美元已经有一定幅度的升值，但是美国较大的贸易逆差仍然使得美国要求人民币进一步升值，汇率之争将困扰 2011 年中国和世界各国的经济发展。2011 年 10 月 3 日，美国参议院程序性通过《2011 年货币汇率监督改革法案》立项预案，将汇率问题与贸易补贴绑定，矛头直指中国，逼迫人民币升值。从目前的情况看，中美在人民币汇率上将会比以往有更加激烈的较量。

过去几年来，人民币升值已经给我国经济发展，尤其是外向型的中小企业带来比较明显的负面影响。从短期来看，人民币升值很容易使得我国外向型企业所生产产品的美元标价上升，原来低成本低价格的优势逐渐丧失，直接削弱其出口竞争力，而且人民币升值会使得很多外贸企业的资产蒸发，尤其是对那些按原来的汇率来计算成本和收益，已经出了货还没有回账的企业，或是那些已经签了订单的企业。同时，人民币持续升值的预期会诱发国际资本大量流入，使得资本项目顺差增加，外汇占款引发基础货币大量投放，加大物价上涨压力。但从长期来看，这或许是个机遇，形势要求我国的外贸领域进行洗牌，做大做强，转型升级，客观上起到了调整外贸出口结构的作用。因为，一部分利润很薄的中小企业受到的影响很大，但对于国内某些行业产品有竞争力的主导企业来说影响很小，这要求国内的企业除了学会规避汇率波动风险以外，还要进行转型升级，转向生产高附加值的产品或生产环节，以获取国际竞争力，这也是我国从贸易大国走向贸易强国的必然要求。

（五）劳动力成本优势缩小

中国改革开放以来所取得的经济增长奇迹很大程度上依赖于建立在充足劳动力供给基础上的劳动力低成本优势。虽然我国在政府层面并没有正式提出过采取低成本的国家竞争战略，但是事实上从企业到地方政府都在千方百计地挖掘低成本的潜力，形成了事实上的低成本优势。按照发展经济学的经典理论，人口流动基本上是一种经济人理性选择的结果，对迁移成本的计算与预期是影响农村劳动力作出迁移决策的重要因素之一，农村人口向城市转移不仅取决于城乡之间实际收入的差距，而且还取决于在城市里获得较高收入的机会。[1]而随着产业升级和内陆地区农村城市化进程的加快，我国农村转移人口，特别是农村青壮年转移人口对收入和机会的要求与期望不断增加。自 2004 年以来，东南沿海的"民工荒"已经使依靠低劳动力成本的外贸企业陷入了两难境地。如果为保持低成本优势继续压低工资，会遇到用工短缺；如果以提高工资待遇来缓解用工短缺，则劳动力成本增加，会丧失在国际市场的价格优势。除了民工工资以外，随着我国经济社会的高速增长，居民收入和财富也迅速累计，物价水平和人们的消费需求也越来越高，包括大学毕业生、公务员、企业职工等各个领域的工资水平都在不断增加，种种迹象表明，以往单纯依靠低劳动力成本的外贸模式已不具备可持续发展的能力。我国廉价劳动力的传统优势已经风光不再。

---

[1]　Todaro M A，Model of Labor Migration and Urban Unemployment in Less Developing Countries，American Economic Review，1969，59(1)：138-148.

同时，人口老龄化问题是我国劳动力成本优势缩小的又一重要原因。从历史数据分析我们可以看到，1995—2003 年，15～24 岁和 25～44 岁年龄组的劳动适龄人口比重呈下降趋势，45～64 岁年龄组的劳动适龄人口比重则呈上升趋势。2003 年之后，15～24 岁和 25～44 岁年龄组的比重总体下降、趋于稳定，而 45～64 岁年龄组的比重则继续上升，2009 年该指标达 36.4％，相较 1995 年增加了 10.7 个百分点，表明我国劳动适龄人口群体出现老化趋势，且老龄化速度正在加快，老龄化对劳动力资源供给压力不断增加。（如表 7-10 所示）

表 7-10　　1995—2009 年中国劳动力资源的年龄结构分布表　　单位：％

年龄结构	1995 年	2000 年	2003 年	2008 年	2009 年
15～24 岁	24.2	22.7	21.3	26.6	20.0
25～44 岁	50.1	50.1	48.1	40.6	43.6
45～64 岁	25.7	27.2	30.6	32.7	36.4

注：2000 年数据为第五次人口普查数据；1995 年数据为 1％人口抽样调查数据。年龄结构数据根据劳动力人口年龄分布计算。

资料来源：国家统计局：《中国统计年鉴 2010》；国家统计局、人力资源与社会保障部编：《中国劳动统计年鉴 2010》，北京，中国统计出版社，2010。

可以判断，随着劳动年龄人口供给增长率的下降和人口老龄化进程的加快，我国的人口红利正逐渐减少，劳动力成本正处于上升的轨道，我国传统的劳动力低成本优势将会逐步削弱。尽管由于中国人口基数庞大的原因，这种传统的劳动力低成本优势在短时间内还难以完全丧失，但依然需要我们未雨绸缪，在维护好原有比较优势的同时，积极发挥技术、资本等非劳动力要素的作用，形成新的竞争优势。

（六）资源环境约束日趋增大

资源环境问题已经发展成为当今世界广泛关注的突出问题，其日益加剧的负面影响，不仅严重阻碍全球经济增长，损害人体健康，破坏生态系统，而且对人类的生命和财产安全形成了巨大威胁，制约着世界经济和社会可持续发展。

改革开放以来，我国经济持续快速增长，中国经济维持了长达 30 多年的高速增长，成为令世界瞩目的新兴经济体。工业化、城市化进程不断加快，综合国力得到巨大提升，民众物质生活实现了普遍改善。但中国经济的高速增长是建立在投入大量资源和污染环境的基础上的。过多地依靠扩大投资规模和增加物质投入，使有限的自然供给能力和生态环境承载能力日渐困窘，经济发展同人口、资源、环境之间的矛盾更加显现。从长期看，自然资源枯竭、环境污染已经成为制约中国经济增长的主要障碍。近年来，我国一些重要自然资源的消费速度已经接近或者超过了国民经济的发展速度，使得资源供需矛盾日益尖锐，集中体现为探明储量增长赶不上产量增长、产量增长赶不上消费增长。自然资源短缺已经成为我国产业升级和国家竞争力提升的主要制约因素之一。

具体来看，我国能源一直呈现出以煤炭为主的特点，煤炭占一次能源消费的比重基本都保持70%以上，形成了黑色能源的路径依赖。由于我国自然资源禀赋的限制，煤炭的首要战略资源地位在相当长时间内将不会出现根本性的变动。统计数据显示，虽然煤炭的比例在不断下降，已经从1953年的94.3%下降至2009年的70.3%，天然气、石油、水力、核能、风能等优质能源的比例在不断上升，能源结构在不断优化，但整体而言，我国能源结构仍呈现出"黑色、高碳、低热值、高污染"的特点。同时，我国目前处于工业化中期阶段，高耗能、高排放行业在工业中占有相当比重，高污染的小钢铁、小焦炭、小水泥和小煤矿等屡禁不止，石化、钢铁、水泥等高载能工业行业在工业中所占的比重居高不下，工业增长对能源高度依赖的问题十分突出，能源资源利用效率不高，环境污染严重，二氧化碳和二氧化硫排放量位居世界前列。伴随着中国经济不断发展，工业化、城市化进程不断推进，我国将面临更大的减排压力，不仅国内经济发展面临的资源环境硬约束增大，而且发达国家也要求中国承担减排责任，这对中国转变经济发展方式提出了更高要求。在资源环境约束不断加大的情况下，如何实现产业升级、经济增长与资源、环境的和谐可持续将是我国未来必须面对的重大现实问题。（如表7-11所示）

表 7-11　中国一次能源消费结构

年　份	能源消费总量	占能源消费总量的比重(%)			
	万吨标准煤	煤　炭	石　油	天然气	水电、核电、风电
1957	9 644	92.3	4.6	0.1	3
1962	16 540	89.2	6.6	0.9	3.2
1965	18 901	86.5	10.3	0.9	2.7
1970	29 291	80.9	14.7	0.9	3.5
1975	45 425	71.9	21.1	2.5	4.6
1978	57 144	70.7	22.7	3.2	3.4
1980	60 275	72.2	20.7	3.1	4.0

年 份	能源消费总量	占能源消费总量的比重（%）			
	万吨标准煤	煤 炭	石 油	天然气	水电、核电、风电
1985	76 682	75.8	17.1	2.2	4.9
1990	98 703	76.2	16.6	2.1	5.1
1991	103 783	76.1	17.1	2.0	4.8
1992	109 170	75.7	17.5	1.9	4.9
1993	115 993	74.7	18.2	1.9	5.2
1994	122 737	75.0	17.4	1.9	5.7
1995	131 176	74.6	17.5	1.8	6.1
1996	135 192	73.5	18.7	1.8	6.0
1997	135 909	71.4	20.4	1.8	6.4
1998	136 184	70.9	20.8	1.8	6.5
1999	140 569	70.6	21.5	2.0	5.9
2000	145 531	69.2	22.2	2.2	6.4
2001	150 406	68.3	21.8	2.4	7.5
2002	159 431	68.0	22.3	2.4	7.3
2003	183 792	69.8	21.2	2.5	6.5
2004	213 456	69.5	21.3	2.5	6.7
2005	235 997	70.8	19.8	2.6	6.8
2006	258 676	71.1	19.3	2.9	6.7
2007	280 508	71.1	18.8	3.3	6.8
2008	291 448	70.3	18.3	3.7	7.7
2009	306 600	70.3	18.0	3.9	7.8

资料来源：国家统计局：《新中国六十年统计资料汇编》、《2010 中国统计摘要》，北京，中国统计出版社，2009—2010。

（七）区域发展差距仍然存在

国家竞争优势的充分体现要求国家内部各区域相对均衡地增长。一直以来，如何缩小区域发展差异、实现区域均衡发展都是关系中国经济社会长期发展的重大问题。为缩小地区差异、促进西部地区经济社会更好更快发展，国家实施了西部大开发战略。目前，在该战略的支持下，西部地区经济实现了平稳较快增长，经济发展的质量和效益明显增强，基础设施建设水平不断改善，产业结构调整步伐不断加快，生态环境保护和建设力度显著提升，成就十分显著。但总的来看，我国东西部地区的发展差异仍然明显。现实中，由于市场机制的作用，生产要素大量地向东部地区流动，空间之间经济发展的不平衡具有自我强化作用，市场力的作用倾向于扩大而不是缩小地区内的差别。[①] 目前，东部地区已形成自我积累、自我发展能力，外来资本、民间资本充分，产业结构升级迅速，整体经济社会发展水平遥遥领先，加入 GDP"万亿俱乐部"的省份不断增多，如排在中国 GDP 总量第一位的广东经济总量已经高于比利时、挪威、奥地利、波兰等国家，达到了名副其实的"富可敌国"。而从西部地区人民生活水平来看，2000—2008 年，全国城镇居民人均可支配收入由 6 280 元提高到 15 781 元，西部地区也由 5 642 元提高到 12 895 元，但与全国平均水平的比值却由 89.9％下降到 81.7％；全国农村居民人均纯收入由 2 253 元提高到 4 761 元，西部地区由 1 685 元提高到 3 567 元，与全国平均水平的比值基本没有变化，西部城乡居民收入水平仍然相对较低。而从产业结构的角度看，根据 2008 年我国西部地区 12 省市区三次产业的贡献情况，西部大开发战略十年来，第一产业比重依然较大，对整体经济贡献达到 15.7％，超过全国平均水平 5.4 个百分点。西部地区第二产业以重工业为主，但西部地区第二产业的贡献率相较于全国平均水平依然略低。这主要是由于长期以来，我国"西重东轻"的工业结构使得西部地区成为我国的能源、原材料工业基地，而东部地区则成为制造业中心，西部地区的产业结构依然呈现资源加工型产业结构特征，且产业竞争力较弱，产业发展层次低，产业配套不完善，产业链条短，信息化水平不高，加工深度和综合利用程度低，致使第二产业对 GDP 拉动作用有限。同样，西部地区第三产业的竞争力也相对较弱，第三产业对经济的贡献率为 36.5，低于全国平均 38.7 的水平，整体上仍然相对落后（如表 7-12 所示）。特别是在信息服务、金融保险、教育培训等现代服务业领域，西部地区的产业竞争力更远弱于东部发达地区。

---

① 　G·Myrdal，Economic theory and underdeveloped regions，London：Duckworthl Press，1957：10-16.

表 7-12　2008 年西部 12 省市区三次产业贡献率　　　　单位:%

地区	第一产业	第二产业	第三产业
内蒙古	13.1	52.5	34.4
广　西	20.3	42.4	37.4
重　庆	11.3	47.7	41.0
四　川	18.9	46.3	34.8
贵　州	16.4	42.3	41.3
云　南	17.9	43.0	39.1
西　藏	15.3	29.2	55.5
陕　西	11.0	56.1	32.9
甘　肃	14.6	46.3	39.1
青　海	11.0	55.1	34.0
宁　夏	10.9	52.9	36.2
新　疆	16.4	49.6	33.9
西部合计	15.7	47.8	36.5
全国平均	10.3	51.0	38.7

资料来源：国家统计局：《中国统计年鉴(2009)》，北京，中国统计出版社，2009。

　　此外，西部地区对外开放程度有待加深。西部地区占全国 80% 陆地边境线、与 13 个国家接壤，具有对外开放的优越条件。西部大开发战略实施以来，广大西部地区紧紧抓住我国加入世贸组织的重大机遇，积极参与经济全球化，大力提高对外开放水平，基本形成了全方位对外开放格局。但总的来看，西部地区与东部发达地区的开放程度仍存在明显差距，西部地区的开放程度普遍低于东部地区，沿边地带开放程度普遍不如沿海地带。西部地区对外开放政策普遍广度有限、深度不够，西部各省区与其邻国之间的经济技术合作和科学文化交流仍不够密切，外资和出口对经济增长的拉动作用相对较小，经济外向程度不高，使得西部地区组织和利用各类资源要素的能力受到制约，区域发展的市场空间受到限制，阻碍了西部地区经济的发展，更影响着国家整体竞争优势的发挥。

第八章

中华之崛起：战略与路径

　　竞争是动态的，有赖于不断创新和寻求战略上的差异。中国经济保持平稳增长，产业结构不断优化，社会建设继续加强，环境面貌不断改善，国家综合竞争力和经济发展的内生动力强劲，已经形成了良好的发展基础。但从国际范围看，中国仍然主要以依靠较低生产要素成本和引进国外先进技术来形成国际竞争力，以数量扩张、劳动密集和低产品价格等竞争优势取胜。长期来看，伴随着全球政治、经济、科技和文化格局的深刻调整，国家之间的竞争仍将继续并会日益加剧。在全球化浪潮中，中国要想实现百年来的强国之梦，真正实现国家和平发展，就必须选择符合自身国情的发展道路，不断激发国家和民族的活力和潜能，面向全球，把握机遇，直面挑战，发挥优势，弥补不足，制定和实施科学的竞争战略，促进产业升级，提升国家竞争优势，努力成为全球竞争中的赶超者和领跑者。

第一节　总体战略选择

　　战略是国家长期可持续发展的重要保障。形成面向长远、符合国情的重大战略安排，既能对我国当前经济社会发展起到重要的支撑作用，又能引领我国未来经济社会发展的战略方向。在全球化背景下，面对激烈的国际空间竞争形势，每一个地区都在依据自身所具有的自然资源、民族文化、人力资本、资金资本、科技能力，选择符合自己实际的发展道路。同样，我国正处在全面建设小康社会的关键时期和深化改革开放、加快转变经济发展方式的重要时期，也

157

应继续抓住和用好我国发展的重要战略机遇期，充分考虑自身综合条件，站在未来经济、社会、科技发展的制高点上，对产业升级的战略导向和核心动力进行系统地安排，对影响国家竞争能力的关键要素和发展环境进行重点培育，大力提升国家竞争能力，全面凸显国家竞争优势。

一、创新驱动战略

创新是国家繁荣发展取之不竭的动力，创新能力则是国家竞争力的核心体现。一国拥有了更强的创新能力，也意味着其在国家竞争中更有优势。现实中，比较优势从来不是静态的。在过去的国际竞争中，我国的比较优势虽然一直是廉价而相对丰裕的劳动力，但这个优势也是处于不断发展和变化的。如果我国产业继续按照这种由市场力量决定的动态比较优势发展，我国将很难摆脱在全球价值链中的低端地位，更难以占领全球产业链的高端环节，就会长期停滞在全球产业分工体系的底部，难以实现新的跨越发展。未来，我国必须主动打造一种能够使产业转型升级的动态比较优势，积极推动劳动力优势向人力资本优势转变，促进发展方式从资源依赖型、投资驱动型向创新驱动型为主转变，充分利用经济全球化和世界科技最新成果，把握全球经济文化科技的发展规律，预设全球产业未来的发展方向，摆脱由资源禀赋差异等自然条件决定的比较优势的束缚，大力发挥技术创新、规模经济、人力资本等非自然条件的作用，将原始创新、集成创新、引进消化吸收再创新紧密结合，在关键技术、共性技术研究开发方面取得新进展，依靠创新推动产业的现代化，使我国成为全球高生产率、高附加值、高竞争力产业的发展基地，彻底改变我国在全球价值链中的被动地位，将我国打造成为世界一流的现代创新型国家。

二、深度全球化战略

国家竞争优势的实现不是孤立的，而是普遍联系、相互作用的。在全球化步伐不断加快的背景下，一国只有将自身的发展与世界整体发展趋势密切结合、与外部关联空间圈层密切协调，按照突出特色、优势互补、密切合作、共同发展的原则，协调不同国家之间的利益关系，做到扬长避短和取长补短，即在发展上要强调人无我有，将自身优势领域做大做强，做到"有重点"；同时要注意沟通协作，要了解其他国家和地区的发展情况，并结合对方情况培育和改善自身优势，做到"有选择"，才有可能在更大的范围形成较好的规模经济和较高的专业化分工水平，寻求更多的发展机遇和更广阔的发展空间。改革开放以来，对内改革与对外开放的相互促进，有力地推进了我国国内国际两个市场、两种资源相互补充，共同推动了中国经济的高速增长。到目前为止，中国已经初步建立了以国际市场需求为导向，以扩大出口为主要目标，根据比较优势理论，积极参与国际分工和国际竞争的开放型经济体系，与世界经济的相互联系和影响日益加深。未来一段时间将是中国和平崛起的关键时期，为了更好地融入全球经济一体化进程，更好地参与国际竞争与合作，我国应坚定不移地坚持扩大开放的基本国策，坚持以开放带动全局的战略思想，进一步扩大对外开放，注重国际交流与合作，提高对外开放的质量和水平，发挥我国的比较优势与后发优势，加快我国纳入国际分工、融入经济全球化的步伐。其中，特别需要认真审视我国在国际分工体系中所处的位置，坚持对内对外开放并举，坚持"引进来"与"走出去"结合，走"内外互动"的发展道路，主动融入经济区域一体化和全球化的进程中，取消地方保护壁垒，开放各类市场，积极有效地利用全球的资源、技术和市场，全方位、高层次地推进对内对外开放，实现资源共享、互惠互利、优势互补，在国际协作中实现互补互利，通过提升开放水平和能力带动国家纵深发展。

三、动态比较优势战略

无论全球化如何深化，无论技术和专业化发展到何种程度，影响国际分工格局的最根本因素依然是各国所拥有的比较优势。创造一个有利于产业升级和国家竞争力提升的环境，依靠各项制度建设。制度是人们共同遵守的办事规程、行动准则和博弈规则。按照现代制度经济学理论的观点，制度包括正式规则、非正式规则和规则的实施机制三个方面。正式规则和非正式规制构成人们行为的激励和约束，规则的实施机制是为了确保正式规则和非正式规则得以执行的相关制度安排。[1] 良好的制度和实施机制不仅抑制了人际交往中可能出现的任意行为和机会主义行为，有效降低交易成本，从而形成更高的经济增长率，还可以保证公民分享发展所带来的福祉，减少不平等和歧视。[2] 工业革命时期，科学技术的进步往往是影响经济社会发展的决定性力量。而随着时代的进步，财富的增长与公共秩序完善相统一的需求越来越强烈，以人的解放与发展为核心内容的制度建构与创新则越来越多地扮演着推动经济发展、社会进步

---

①　道格拉斯·C.诺思，陈郁、罗华平等译：《经济史中的结构与变迁》，225～227页，上海，上海三联书店，1994。

②　柯武刚、史漫飞著，韩朝华译：《制度经济学》，35页，北京，商务印书馆，2000。

的关键角色。历史经验告诉我们，具有长期竞争优势的国家往往是制度完善、体制机制具备弹性、竞争活动充分的国家。从发展的角度看，我国产业升级和国家发展的加速不断创造出新的制度需求，并通过渐进式的"增量改革"不断突破制度约束，发挥于市场机制作用，进行制度创新，形成符合制度需求的制度供给，而围绕产业升级和国家发展发展的一系列制度创新则又极大地释放和解放了生产力，为产业升级和国家发展提高了强大的动力和有力的支撑，有力地推动了我国的产业升级进程，促进了我国国家竞争力的提升。但是，当前制度不健全，市场化程度不高，比较优势在一定程度上扭曲，导致经济效率低，仍然是我国抢占全球价值链高端的重要制约因素之一。而市场机制扭曲的根本在于服务于市场的经济体制滞后。随着"增量改革"收益的逐步减少，如何推动全方位"存量改革"将成为影响我国竞争力的关键所在。总的来看，改革并不孤立于中国经济发展而存在，其不仅是经济发展的一部分，更是转变经济发展观念、创新经济发展模式、提高经济发展质量的客观要求，是应对经济发展过程中诸多挑战的核心与抓手。因此，我国应更加注重制度建设与完善，积极推动体制机制改革，进行利益深度调整和资源优化配置，全面实现关键领域的制度创新，开展有助于推动产业升级、培育国家竞争优势的改革试验，为产业升级和国家竞争力的提升拓展制度空间，以改革促发展，通过改革维护发展的成果，通过改革积蓄发展的力量，实施全方位、广领域的改革推动战略。

四、财富赶超战略

日本"失去的 10 年"、美国目前的金融危机向世界展示了财富的力量。尽管长期处于超低速发展状态，尽管受到次贷危机的沉重打击，日本、美国的经济健康程度依然高于多数新兴经济体。相对于其他指标，财富更能反映一国在全球经济体系中的经济地位。综合来看，中国虽然经历了前所未有的 30 多年的高速发展，但财富水平依然远远落后于发达经济体。财富的积累和赶超不但要依靠经济的快速发展，而且更加依靠经济发展质量的提升。目前，我国经济正向高收入阶段不断迈进，面临着重大的历史机遇，但在目前国际竞争格局中，也存在着许多制约经济社会可持续发展的现实问题和挑战。为了更好地抓住机遇、迎接挑战、提升财富水平，我国不断要继续保持经济的持续稳定增长，依据自身的发展条件和现状，将产业、经济、社会、科技、文化和环境等多方面发展内容分层分级，根据不同的内容设计出有利于经济发展质量提升的目标，同时针对梯次的目标采取不同的发展路径和策略，明确不同领域的发展重点和发展方向，集中优势资源进行目标聚集，在产业高端和关键领域争取达到国际一流，然后利用这些制高点带动国家产业、经济、科技和文化的整体素质提升和全面发展，扬长避短、迅速赶上，最终跨越到高收入国家行列，实现财富地位的提升。

五、包容性发展战略

包容性发展来源于包容性增长，强调在经济发展的同时，实现社会的全面繁荣，使得全社会共享发展的成果。社会发展的内涵极其广泛，包括民生、环境、生态等各个方面。纵观我国发展的各个时期，经济与社会的共同发展从来就是国家发展战略的重点，只不过当经济发展到一定水平，人们对社会发展水平的需求越来越高，也越来越迫切。面对新时期社会发展复杂化的特点，包容发展战略的实施成为必然。包容性发展首先要将改善民生放在与经济发展同等重要的地位，一方面，通过创出更多的生产性就业岗位，使得尽可能多的人参与到工业化、现代化建设当中，成为经济发展的参与者和发展成果的创造者，并在第一阶段就享受到经济发展的好处；另一方面，要大力建设和完善二次分配和社会安全网络，体现公平性。其次，要大力发展绿色经济，绿色发展就是既要发展，又要绿色，重在处理好经济和环境两方面关系，就是在经济发展过程中尽量减少环境污染和生态破坏，朝着环境友好和资源节约的方向前进。概括讲，绿色发展，是有发展质量和效益的又好又快发展，是对资源水平高利用、对环境全面保护的发展，是以提高人民生活水平为目的的发展，是统筹兼顾、全面协调的发展。[①] 在资源与环境约束的条件下，依靠生产要素数量扩张，高投入、高能耗、高污染、低效益的粗放型传统经济发展方式已难以为继。我国必须实施绿色发展战略，走绿色发展之路，坚持绿色发展理念，并强化绿色发展理念对经济社会发展的统领作用，将绿色发展贯穿于经济社会生活的各个领域，从产业、经济、资源环境到社会发展，从国民经济各部门到社会生产与再生产各个环节，实现经济增长的减物质化，污染排放减量化，强化生态恢复和生态建设，珍视有限的自然资源，追求经济发展质量而不盲目扩张规模，不以资源、环境恶化和生态破坏为代价来促进产业和经济发展，促使产业发展和国民经济向绿色化方向发展，实现生态、资源、环境与经济的协调发

---

① 北京师范大学科学发展观与可持续发展研究基地、西南财经大学绿色经济与可持续发展研究基地、国家统计局中国经济景气监测中心：《2011 中国绿色发展指数年度报告——区域比较》，4 页，北京，北京师范大学出版社，2011。

展，提升国家的绿色竞争力。

第二节　主要战略路径

战略需要有可行的路径和适当的政策设计来付诸实践。作为一个发展中大国，在不同的经济发展阶段采取不同的战略发展路径和政策是我国经济得以平稳运行并取得成功的重要因素，而能否正确选择符合自身国情的国家竞争力提升战略，将直接关系到未来我国的前途和命运。目前，促进产业升级，提升我国国家竞争力是我国发挥自身优势和条件，是积极主动适应国内外经济形势的现实表现，也是我国实现经济发展方式转变的客观需要，更是我国经济社会可持续发展的关键所在。我国已经具备了良好的发展基础，特别需要面向世界、立足国情，放眼未来，明确自身的国家竞争战略并采取积极的行动措施，系统培育自身竞争优势，全面提升国家综合竞争力。

一、推动产业层次升级，提升产业国际竞争力

当前，国际竞争的范围已经从国际层面向国内层面拓展，各个国家更关注自身的结构优化与效率提高。国家竞争优势的形成必须依托国家产业结构的演进，提升国家竞争力关键是要提升国家的产业竞争力。目前，我国支撑经济持续发展的产业体系已经初步形成，特别需要着眼全球价值链，进一步优化和完善产业结构，大力提升产业品质，完善高端产业体系，优化产业发展环境，抢占未来世界经济新格局中的产业制高点，提升产业的辐射力、带动力和国际影响力，增强产业国际竞争能力，以产业竞争力的提升带动国家竞争力的提升。

（一）完善现代产业体系

中国必须依托国家产业结构的演进与升级，提升国家的产业竞争力。在强调发挥劳动力资源丰富和工资成本低的比较优势的同时，努力培育各个产业的竞争优势，发挥我国产业在全球经济中的比较优势，发展结构优化、技术先进、清洁安全、附加值高、吸纳就业能力强的现代产业体系。其中，制造业发展是实现国家工业化、现代化的根本与关键，也是衡量国家竞争力的重要标志，是决定一个国家在经济全球化进程中国际分工地位的关键因素。我国应针对高生产率产业出口竞争力低、低生产率产业出口竞争力高导致我国产业竞争力与国家竞争力背离的问题，着力发展位于产业链条高端、具备较高产业附加值、自身的技术含量高、具有竞争优势的先进制造业，将先进制造技术、制造

模式及管理方式综合应用于研发、设计、制造、检测和服务等全过程，推动制造业在产业、技术、管理上全面升级，走生产率高、附加值高、资源消耗少、环境影响小的制造业发展道路。同时，20 世纪 90 年代以来，世界产业结构整体上呈现出向服务业倾斜的趋势，服务业一跃成为全球经济增长最快的产业。现代国家产业竞争不仅包括国家工业自身发展方式的变革，也对服务业发展提出了更高的要求，它要求加快服务业，尤其是现代服务业的发展步伐。在这种情况下，我国也要避免照搬发达国家和地区的发展模式，要在工业发展的基础之上发展与工业规模和结构相适应的现代服务业，特别是发展金融、科技服务、信息服务、广告、设计、营销、管理咨询等生产性服务业，并运用现代科学技术、新型服务方式及新型经营形态改造传统服务业，建立现代服务业体系，增强我国综合服务功能和承载能力。

（二）发展战略性新兴产业

在新型国际分工格局下，一个国家或地区国际分工地位的提升主要表现为在新兴产业的产业链条所处地位及增值能力的提升上。战略性新兴产业具有科技含量高、节能环保好、成长性强、带动性大等特征。大力发展战略性新兴产业，将对提升产业产品附加值，减少资源消耗和环境污染，促进经济结构调整，转变经济发展方式发挥极其重要的作用。当前，发展新兴战略性产业是全球性共识，美、欧各国政府历来也都把战略性新兴产业发展放在国家战略的高度并采取一系列强有力措施加以支持。国际金融危机以后，全球产业结构出现重大调整，世界主要经济体纷纷制定新的发展战略，培育和发展新能源、新材料、生物技术、宽带网络、节能环保等新兴产业，力争通过发展新兴战略产业在短期促进经济复苏，为经济持续发展创造新的动力。近年来，我国也高度重视战略性新兴产业的发展。2010 年 10 月，国务院发布了《关于加快培育和发展战略性新兴产业的决定》，明确了加快培育发展战略性新兴产业的指导思想、目标、重点任务，从财政、税收、金融等方面提出了重大政策措施。在新一轮产业革命浪潮来临之时，我国应密切跟踪世界新一轮产业发展方向，加快战略性新兴产业发展，重点发展以高效节能、循环利用为主的节能环保产业；以下一代通信网络、物联网、高性能集成电路和高端软件为主的新兴信息产业；以生物医药、生物农业、生物制造为主的生物产业；以核能、太阳能、风能、生物能为主的能新能源产业；以插电式混合动力汽车和纯电动汽车为主的新能源汽车产业；以航空航天、海洋工程装备和高端智能装备为主的高端装备制造业；以特种功能和高性能复合材料为主的新材料产业。通过战略性新兴产业发展抢占未来经济发展制高点，形成新的经济增长点，与世界发达国家站在同一起跑线上参与国际竞争与发展，确立中国在未来世界经济格局中的战略地位。

(三)促进区域产业协调发展

在市场机制作用下，空间的产业发展不平衡一般趋向于强化而不是弱化，如果某一地区产业由于初始的优势而比别的地区产业发展得快一些，那么该地区产业也常常会因为具有初始优势而在今后的一段时间里继续保持发展优势。对于我国这样一个发展中大国而言，这种区域产业发展的不均衡往往会直接影响国家产业整体升级的步伐，制约国家综合竞争力的提升。未来，我国应立足促进国家区域均衡发展的角度，从国民经济发展的整体性出发，重点促进发达地区和欠发达地区之间产业链分工与产业的有序转移。发达地区一方面要努力延长产业链条，细化产业内部分工，形成优势产业集群，增加产业链的根植性和竞争力，另一方面也要积极提升产业层级，将产业发展的重点向产业链两端延伸，提高研发设计和市场服务能力，积极促进产业升级。同时，欠发达地区则要积极承接来自发达地区的产业转移，营造良好的地区投资环境，与发达地区形成错位分工和良性配套的产业体系，发挥后发优势不断缩小与发达地区的产业差距。

(四)着力培育产业集群

波特强调产业集群的作用，认为专业的技术和低廉的成本得益于产业内部专业化的分工与相互协作，这就需要特定产业或其中某个方面的企业和机构能在特定的地理位置相对集中，以加强互相之间的联系，从而产生规模效应和群体的竞争优势，而集群政策是一种区域发展方法，是区域竞争政策的基石。① 从国际范围看，世界各国都在积极培育产业集群，促进竞争性产业集群化发展。现实中，我国产业集群发展迅速，产业网络的布局与要素资源密集区域分布也呈现出较强的类似性和重合性，许多聚集大量高新技术产业的高新科技园区成为经济发展的重要增长极。资料统计，2007—2009 年国家高新区工业增加值分别比上年增长 25.1％、18.6％、16.9％。高新区工业增加值占全国工业增加值的比重从 2007 年的 8.8％提高到 2009 年的 9.5％。② 在诸如高科技园

---

① G. L. 克拉克、M. P. 费尔德曼、M. S. 格特勒主编，刘卫东、王缉慈、李小建等译：《牛津经济地理学手册》，257～279 页，北京，商务印书馆，2005。

② 参见科技部：《国家科技计划年度报告(2008－2010)》，http://www.most.gov.cn/ndbg/2010ndbg/。

区之类的园区里，产业内部以及产业之间的不同企业容易形成生产体系的协同与协作，分享创新和知识的溢出效应，实现企业个体发展与产业整体升级的统一。未来，我国应紧紧围绕区域经济的发展特点，按照不同区域的资源禀赋和发展条件，进一步优化产业空间布局，推进区域产业集群的发展壮大。同时，合理引导资源向重点产业功能区流动，不断增强产业功能区的辐射能力和带动功能，发挥科技园区、产业园区创富、创新的带动作用，积极培育具有竞争力的增长性，聚集各种要素资源集约发展，不断优化资源的空间配置，提升产业集群发展的质量和品质。

（五）大力优化产业发展环境

良好的产业发展环境是提升产业素质和促进产业空间集聚的前提和保障。我国需要在更高的起点上谋划产业发展环境的改善，必须立足全球产业链，创造条件，激励诱导，打造适应国际高端产业发展的优良环境。一方面，要围绕高端产业发展需要，有计划、有重点地增加相关公共产品的投入和公共服务的提供，建立高端产业发展的技术、信息、教育、融资服务体系；另一方面，体制和政策环境为创业和投资主体提供了生存和发展的平台，是国家产业发展和核心竞争力提升的有力保障，在市场经济条件下，其直接影响着产业和区域的竞争力的形成和实现。我国也应进一步结合产业发展需要，在政府审批、监管等方面给予高端产业便利化，建立和完善重点产业发展的沟通、协调、促进机制，并不断与时俱进，出台并储备产业政策，对影响国家竞争力的重点产业发展给予刺激和激励，为企业或个人提供创业、投资和发展的稳定规则和预期，形成有利于产业升级的体制政策环境。

（六）正确审视产业发展中政府与市场的边界

政府在产业发展中发挥着十分重要的作用。但政府在产业发展实践中也往往具有局限性，存在政府行为不能增进经济效率或政府资源配置不当的"政府失灵"现象。具体表现在，首先，政府不具备完全理性。现实中，政府的政策和目标作为国家意志可能是明确合理的，理论上也是有效的，但是经过政府官员个人的参与和执行，就会掺杂个人意识和寻租等代理人问题，加上信息不充分、不对称，管理对象不确定，政府本身认知能力有限等，使政府无法突破有限理性的局限。这会导致在政府支持产业发展过程中，经常出现政策制定偏差、决策失误和执行不力或过度等问题。其次，政府行为很难实现客观中立。在产业发展过程中，政府及其部门往往并不是客观中立的"第三方"和"裁判员"，而是产业发展的参与方，政府会有选择地执行产业政策和选择支持重点。

最后，政府力量有限。产业发展中政府作用的实现条件之一是政府干预的收益必须大于政府干预的成本。而政府行为往往具有其自身的成本特性，即政府所承担的、实施政策所需的边际成本具有逐步增加的趋势，这导致政府在支持产业发展中往往会陷于财力不足的困境。

所以，产业发展中要特别重视政府与市场的关系。特别在应对金融危机的形势下，不能从"市场万能论"转向"政府万能论"，要把握好政府行为边界。例如，产业内企业重组的步伐在加快，这意味着一些有实力的大型国企将受益最多，而中小企业可能受到排挤和压制，导致新一轮的"国进民退"。如何保证过高的产业集中度不会损害整个产业的整体利益仍然是一个需要进一步认真研究的问题。在特定阶段，对企业而言，过大的规模超过合理管理幅度对企业自身不利；对行业而言，过高的产业集中度也会伤害公平竞争、技术与产品的创新，整个行业的竞争力其实也会受损。政府在制定产业政策时一定要慎重，要在发挥市场机制作用的基础上作为，为提升规模而施行的推动企业兼并重组计划，政府可以引导，实施一定的鼓励政策，但同时必须把最终决定权留给企业自身，让企业自己确定是否重组以及和谁重组。同样，在经济刺激政策下，许多产业快速发展，也产生了产能过剩问题。这就需要对部分产业快速的规模扩张加以制约，提出严格控制过剩产能的对策措施，在市场准入、环境监管、依法依规用地、实行有保有控的金融政策、严格项目审批，支持企业提高关键环节和关键部件的自主创新能力，引导产业有序发展。

二、帮助和支持企业融入全球价值链，增强企业国际竞争力

企业是我国促进产业升级、参与国际竞争的微观主体，是国家财富和价值的主要创造者。我国应高度重视企业国际竞争力的培育，坚持高端引领，选择高端产业领域的重点企业进行支持，优先发展具有产业导向性和代表性的高端、高效、高辐射企业，帮助企业进入全球价值链，帮助企业成为价值链上的主导企业，加大企业国际化经营的财政政策和金融政策的支持力度，营造企业转型升级的良好环境，提高企业层级，扩大企业规模，推进企业国际竞争力的提升。

（一）帮助企业进入全球价值链

企业进入全球价值链是实现转型升级的第一步。一方面，为了进入国际市场，发展中国家的企业必须获得初始技术能力；另一方面，全球价值链扩散功能和工艺流程为企业提供了改善各种能力的机会，企业一旦进入全球价值链，

由供应联系所引发的学习效应就会出现，将为企业的转型升级创造有利条件。所以，我国需要创造良好条件支持和鼓励企业努力进行自主创新，同时支持和鼓励企业积极到海外设立研发中心和营销中心融入全球产业链，充分利国际信息、金融、市场、物流、科技、人才，借助跨国产业链带动本地产业不断升级，利用全球产业自动升级的带动和自身优势的赶超。

（二）支持企业成为全球价值链上的主导企业

支持企业成为价值链上的主导企业，必须要提升企业的实力、壮大企业的规模，并根据价值链的驱动力不同，有针对性地给予支持。根据驱动力不同，价值链分为生产者驱动①和购买者驱动②两种模式。表 8-1 列出了二者的主要区别。从中不难看出，价值链的核心能力、利润来源、能够控制的环节、分布的产业都因价值链驱动力的不同而不同。当一国要发展某一个产业时，应首先根据该产业价值链的驱动力确定该产业价值链的核心能力，然后积极发展这种核心能力，才能使该国在该产业的全球价值链中具有竞争优势，并处于高端的高附加值地位。对于参与生产者驱动价值链的企业，政府的支持核心应是增强其研发能力和生产能力；而对于参与购买者驱动价值链的企业，政府就应大力支持其设计能力和市场营销能力。（如表 8-1 所示）

表 8-1　生产者驱动和采购者驱动价值链的比较

	生产者驱动的价值链	购买者驱动的价值链
核心能力	研发能力，生产能力	设计能力，市场营销能力
利润来源	经济规模和技术进步	高价值的设计、销售、营销和金融服务
中枢角色	大型的跨国制造商	零售商、中间商和品牌商
主要产业	资本、技术密集型产业，如汽车、航空器、计算机、半导体、重型机械等	劳动密集型、消费品产业，如服装、鞋、玩具、手工艺品、消费类电子等

---

① 在生产者驱动的全球价值链中，大型跨国制造商是价值链上的主导企业，通过全球市场网络来组织商品或服务的销售、外包和海外投资等产业前后向联系，最终形成其主导的全球生产网络体系。

② 购买者驱动指拥有强大品牌优势和国内销售渠道的经济体通过全球采购和贴牌加工（OEM）等生产方式组织起来的跨国商品流通网络，能够形成强大的市场需求，拉动那些奉行出口导向战略的发展中国家的工业化。

	生产者驱动的价值链	购买者驱动的价值链
控制模式	高级别产品的制造商向价值链的上游控制原材料、零部件供应商，向下游控制分销和零售，从而控制整条价值链的附加值分配	只控制住营销渠道，在由其控制的生产网络中有很多各类出口国参与，目前发展的趋势是零售和营销越来越集中，而生产越来越分散
典型案例	丰田、波音、华为等	沃尔玛、耐克、Gap 等

资料来源：根据有关资料整理。

（三）加大企业国际化经营的财政和金融支持力度

加大对企业，尤其是中小企业的财政和金融支持力度，帮助企业解决在开拓国际市场、技术创新、品牌发展、销售网络建设等方面的资金困难，促进企业规模的扩大。对生产者驱动价值链上的企业，大力支持其技术创新；对于购买者驱动价值链上的企业，大力支持其品牌和营销网络建设。需要强调的是，无论是对生产者驱动价值链上的企业还是对购买者驱动价值链上的企业，都要鼓励它们积极主动地开发新兴领域。在不断变化着的大笑曲线上，只有那些先行一步的企业，才更有机会、更容易成为价值链上的主导企业。

（四）利用国家影响力，帮助企业解决通往主导企业道路上的障碍

面对针对我国的贸易保护日益升级的局面，除了要鼓励企业以技术创新、提升产品质量等方式积极应对外，我国还应充分利用 WTO 框架下的争端解决机制、区域一体化、双边外交渠道等多种手段，开发应对贸易摩擦的战略机制，为企业创造出转型升级的良好外部环境。另外，支持企业参与国际并购。随着我国企业实力的不断提高，通过并购获得价值链的主导权不失为一条捷径。由于意识形态等非经济因素的影响，我国企业在国际并购中一直无法得到平等的待遇。为此，我国政府还应支持并帮助企业树立国际形象，使之成为国际企业，这会使企业的并购活动更加便利。

（五）继续推进贸易自由化，形成有利于企业转型升级的竞争环境

企业间的竞争可以推动技术创新的发展，从而促进我国外贸的转型升级。今后，我国应进一步推进贸易自由化。一方面要进一步降低货物贸易的关税水平，另一方面要扩大服务贸易领域的对外开放。在货物贸易领域，进一步降低

进口关税水平，扩大进口规模，进一步发挥进出口在国内市场资源配置中的积极作用，促进产业结构提升和资源有效利用；在服务贸易领域，除可能产生系统性风险和关系国家安全的领域外，全面降低服务贸易准入门槛，消除行业、地区之间的行政性壁垒。

三、增强国家创新能力，构建创新型国家

在当前国家生产分工格局中，发达国家已经在很大程度上垄断了国际市场和先进生产技术，后发国家要想实现产业升级、提升国家竞争力，必将受到全球经济环境和产业结构的制约。例如，现实中，发展中国家为吸引外资，推出许多优惠政策，往往会牺牲社会和环境成本。不少跨国企业将高能耗、高污染的产业转移到发展中国家，对当地的资源环境造成破坏。同时，技术的完全模仿虽然可以使经济短期内得到较快发展，但经济长期发展却没有保障。因为从外国引进技术的成本比本国自主研发要低，后发国家就没有了自主科技创新的动力，经济最终会达到一种路径依赖和惯性稳态，陷入"技术引进陷阱"。而从本质上看，"对外开放"不是"对外依赖"，"依赖"的结果只能是在短期内实现一定规模的经济增长，但长期可持续发展就会成为问题，因为缺乏自主知识产权而对外支付的高额专利费用会使利润率越来越低，最后使我国沦为廉价的世界加工厂，因此在提升国家竞争能力的关键还在于自主创新。对我国而言，改革开放之初，我国产业技术发展大都是从技术引进和技术模仿起步的，由于长期依赖国外技术，我国自我消化吸收的能力还有待提高，在一定程度上形成核心技术仍然受制于人的局面。虽然在改革开放初期，作为一个技术相对落后的发展中国家，我国采取以引进和模仿为主的技术发展战略有很大的经济合理性，但是当产业基础达到一定程度后，缺乏关键性技术已经严重制约了产业竞争力的提升。目前，我国要避免陷入"技术引进陷阱"，就必须顺应时代发展趋势，把增强自主创新能力作为战略基点，坚持走自主创新的道路，将创新的意识与行动结合起来，将创新的努力与实效结合起来，积极发展和我国产业体系相匹配的分层次、有分工的科技创新体系，全面提高自主创新能力，大力增强集成创新和引进消化吸收再创新的能力，打造富有竞争力的创新型国家。

（一）完善国家创新体系①

完善国家创新体系，提高自主创新能力。一方面，要通过市场机制的基础性作用，将提升企业自主创新能力置于国家战略高度，推动企业成为技术创新的主体，促进产学研的紧密结合。另一方面，国家要在促进产业自主创新上积极作为，既要为一般产业技术的发展创造良好的创新环境，又要对重大产业技术的发展进行积极地引导和干预，努力实现重点领域的整体突破。

第一，加大企业技术中心建设的力度。围绕企业需要，加大对技术实验室等科技基础设施和大型科学仪器设备、科技文献信息、知识产权等基础性科技服务平台的投入力度，鼓励企业建立以技术中心为核心，包括重大共性技术创新、企业自主创新和科技成果转化服务三大平台的技术创新体系。同时，产业升级意味着新技术产业化，也意味着通过新技术改造促进原有产业发展。而产业的技术创新能力和知识转化能力更决定了产业所提供的产品和服务的价值水平。我国也应重点支持企业与国内外科研院所建立广泛联系，开展跨学科、跨领域的国内外技术交流和合作，并推动科技优势资源跨地区、跨行业和跨所有制的整合，共建国家工程（重点）实验室、国家工程研究（技术）中心、企业技术中心、研发中心等，将科研院所转变为企业家的摇篮，推动科学研究、技术创新、产业发展有效结合，形成技术开发、成果转化、产品技术服务等有机结合的产学研合作运行机制，使企业自主创新能力和二次创新能力得到迅速提高，促进企业创新体系的建设与发展。

第二，围绕新兴产业提高技术创新能力。重点推动产业技术创新，着力解决影响我国未来发展的重大科学和关键技术问题，大力发展能源资源开发利用科学技术；大力发展新材料和先进制造科学技术；大力发展信息网络科学技术；大力发展现代农业科学技术；大力发展健康科学技术；大力加强生态环境保护科学技术；大力发展空间和海洋科学技术；大力发展国家安全和公共安全科学技术等。推动科学前沿高新技术融合创新，突破制约我国产业升级的核心

---

① 中国的国家创新体系研究始于20世纪90年代中期。中国科学院借鉴国外对国家创新体系研究的成果和实际经验，结合中国的国情，在《迎接知识经济时代，建设国家创新体系》的报告中，提出了关于中国国家创新体系的概念："国家创新体系是由知识创新和技术创新相关的机构和组织构成的网络系统，其主要组成部分是企业（大型企业集团和高技术企业为主）、科研机构（包括国立科研机构、地方科研机构和非营利科研机构）和高等院校等；广义的国家创新体系还包括政府部门、其他教育培训机构、中介机构和起支撑作用的基础设施等。"

技术和关键技术，抢占未来产业发展先机。

第三，完善国家技术交易市场。重点整合各专业领域的权威机构等服务资源，培育和完善国家技术交易市场，将技术持有、技术投资和交易服务三方有机结合在一起，健全和完善技术交易服务体系。重点建立专业性的科技项目技术转移平台，为技术交易的全过程提供包括市场价值评估、交易咨询、信息发布、交易撮合、价款结算、合同登记和融资配套等流程服务，形成开放共享机制，促进知识流动、技术扩散和科技资源有效配置，畅通科技成果交流渠道，增强科技成果引进和转化能力。

专栏：《美国发明法案》鼓励科技创新与成果转化

2011年9月16日，美国总统奥巴马在弗吉尼亚州托马斯杰弗逊科技高中签署了对美国现行专利体制进行重大变革的《美国发明法案》，并宣布了一系列旨在促进科技创新和科研成果转化的政策措施。

(1)建立新机构支持生物技术产业发展。在美国国家健康研究院NIH建立一个新的国家转化科学促进中心，以帮助生物医药企业缩短新药和诊疗方法商业化的时间，降低成本。例如，NCATS将和国防部高级研究计划署合作，开发更为迅速有效的药物筛选芯片。

(2)制定国家生物经济蓝图。2012年1月，奥巴马政府将制定出台国家生物经济蓝图，在政府范围内采取切实行动促进生物技术研究创新，以应对健康、食品、能源和环境挑战。蓝图将聚焦于有利于加速商业化和开发新市场的改革、加速创新的战略性研发投入、减少创新障碍的政策变革、培养下一代科学家和工程师以及加强公共、私营部门合作等。

(3)促进大学科研成果商业化倡议。美国大学协会、公立和赠地大学协会、135所大学承诺将与产业界、发明者和机构密切合作，鼓励创新创业，促进经济发展。40余所大学，包括乔治亚理工、弗吉尼亚大学、卡耐基梅隆大学等，响应总统号召发布了促进科研成果商业化的项目和目标。

(4)设立大学商业化奖。NSF和库尔特基金会共同出资40万美元设立大学商业化奖，用于发现并奖励大学促进科研成果商业化的最佳实践，该奖项将由美国科学促进会负责设计并组织实施。

(5)支持研发成果从大学实验室向市场转移。库尔特基金会宣布约翰霍普金斯大学等四所大学加入其转化研究伙伴计划。作为该计划的一部分，每所大学将建立一个总额为2 000万美元的捐赠基金，用于促进生物医药工程师和临床医师开展合作研究，开发改善人类健康的新技术。

（6）支持创业新措施。NIH技术转移办公室将设立新企业评估许可协议和新企业商业许可协议。通过上述协议，成立时间少于5年、雇员少于50人的新企业将可以获得NIH和FDA院内研究所产生的早期生物医药发明的使用许可，并以此吸引更多的投资以促使研究成果商业化。

（7）支持小企业发展新措施。美国专利商标局将和NSF、中小企业局共同开发一项新计划，以帮助NSF小企业创新研究计划（SBIR）资助对象更好地利用专利商标局小企业计划和资源。实验阶段，专利商标局将为100个NSF小企业创新研究计划资助对象，提供全面的知识产权服务支持，以便帮助他们更好地利用新专利法提供的专利快速审查和其他好处，同时也将和外部机构合作为这些企业提供低成本的知识产权服务。

资料来源：美国总统奥巴马宣布一系列促进科研成果转化的政策措施，http://www.most.gov.cn/gnwkjdt/201110/t20111011_90204.htm。

（二）促进科技与金融结合

技术创新与知识转化都离不开金融支持，技术的研发、应用、推广等各个关键环节都需要金融发挥支持作用。良好的金融体系通过甄别和投资那些具有创新产品和创新工艺的项目中，在源头上为创新提供资金支持。而且金融的支持会使科技成果迅速传播和普及并成功转化为生产力，从而促进更大范围的科技创新。一般来讲，在金融体系完善、金融功能健全的区域，创新和较高复杂性的活动容易得到刺激和鼓励，产业体系中的高端服务业、高科技制造业，产业环节中的研发设计和品牌营销环节容易得以发展。未来，我国进一步推动建立和完善金融和科技结合的有效机制，带动科技型企业金融服务体系整体发展，促进金融资源在国家科技产业、战略性新兴产业的聚集，全面提升国家科技金融服务水平。

第一，加大财政资金投入力度，健全完善财政资金投入长效机制。在健全完善贷款贴息、保费补贴、税收优惠和政府采购等方式的基础上，采取建立专项基金、委托专业机构管理的创新方式，按照政策性资金、专业化管理和市场化运作的原则，进一步发挥财政资金的杠杆作用，完善风险补偿机制，带动金融机构资金和社会资本投向科技型中小企业，形成政府引导、市场主导、社会参与的多元化科技投入体系。

第二，积极支持科技型企业上市融资步伐。建立健全科技型企业培育一批、改制一批、辅导一批、送审一批、上市一批的改制上市联动工作机制，在资金支持、培训辅导、政府审批等方面协调、支持和推动科技型企业开展股份制改造。充分集成重大科技项目和产业化专项、创业投资等资源，支持具有持续盈利能力、主营业务突出、规范运作、成长性好的科技型企业，根据自身条件，分别在主板、中小企业板和创业板上市，鼓励增加科技型企业上市数量和融资规模。

第三，鼓励科技企业"引进来"、"走出去"。首先，优先吸引国家急需引进和研究空白的国外高新技术项目和企业在华落户。研究放宽外资机构参股科技型企业的比例和范围，在政策允许范围内对售汇和资本金结汇等方面给予更多支持。其次，简化高科技企业的外汇收支审核手续。对高科技企业对外支付一定金额内的服务贸易、收益和经常转移的外汇资金，免交税务证明。给符合条件的高新技术企业发展离岸金融业务给予账户开立、资金汇兑等方面的政策与服务便利。最后，引导合格企业开展跨境服务贸易和投融资项目的人民币结算，规避汇率风险。鼓励银行提供科技企业跨境人民币贸易融资，在利率和贷款管理等方面提供优惠。

（三）培育区域创新中心

增长极理论认为经济增长并非同时出现在所有地方，而是以不同的强度首先出现在一些增长极（Growth Pole）上。[1] 同样，国家创新能力的高低往往体现为区域创新中心规模的大小和竞争力的强弱。其中，城市作为现代空间经济的主要形式，也是构建区域创新中心的主要着力点。现实中，富有竞争力的创新型城市是孕育知识经济的地方，是集聚性、多样性、不稳定性和良好声望的结合体。[2] 创新型城市能够具有较强的资源吸引力，并能够通过发挥吸引功能促进创新资源在空间上集中，使得资金、技术、人才等高端生产要素向空间聚集，增强城市的创新能力和竞争能力并带动区域和国家创新能力的提升，是各国区域创新中心建设的重点所在。例如，韩国大田本是个资源匮乏、面积不大的小城市。20世纪70年代，韩国政府为了摆脱经济过分依赖加工型行业的状况，从根本上提高国家竞争力，投入15亿美元在大田市开发建设大德科学城。

---

① Perroux F，Economic Space：Theory and Application．Quarterly Journal of Economics，1950，64(1)：89-104.

② Hospers，Creative Cities in Europe：Urban competitiveness in the knowledge economy，Intereconomics，2003，38(5)：260-269.

目前，大田已发展成为占韩国国民经济总额23％的关键城市，境内不仅拥有39所综合类大学，8个韩国最高水平的研究所，而且近2 200家高科技企业设立在大德科技园区内，被称为韩国的"硅谷"，成为支撑韩国实现经济腾飞的典范。① 同样，我国也需要积极支持创新型城市构建，加大对重点城市创新基础设施、创新人才、创新资金等城市创新要素培育，鼓励地方自发性的创新型城市建设，形成一批富有国际竞争力的创新型城市，为创新型国家建设提供空间支撑。

（四）完善知识产权保护体系

知识产权制度是保护智力劳动成果的一项基本制度，也是促进技术创新，加速科技成果产业化，增强经济、科技竞争力的重要激励机制和动力源泉。随着知识经济的发展，知识产权在经济社会发展中的重要性日益凸现，创造、利用和保护自己的知识产权，尊重他人知识产权已成为融入经济全球化并从中获益的重要条件。我国应加大对知识产权的保护力度，完善国家知识产权制度，健全知识产权保护的法律体系，加强知识产权保护的司法和执法工作，努力创造有利于提高自主创新能力的综合环境。第一，要从提高法律效力角度着手加强产权保护，高度重视知识产权立法工作，制定一部涵盖知识产权工作全部内容、统筹协调知识产权工作机构、促进我国知识产权工作健康快速发展的知识产权专门法典，为知识产权保护机制的建立提供法律依据。第二，进一步明晰投资人、项目完成单位和实施单位的知识产权，尊重和保护知识产权权利人的人身权、合法使用权和资产收益权，优化配置高科技产业人力资本和知识产权资源，充分发挥知识产权制度在促进科技创新、经济发展和社会进步中的推动作用，增加我国高科技产业的国际竞争力。第三，加大对知识产权保护部门的投入，从队伍建设、技术设施、交通工具、通信工具等执法条件方面加大支持力度，使其更好地发挥职能，加大对侵犯知识产权行为的打击力度，推动知识产权保护工作的开展。第四，应加大对协会的支持力度，支持行业协会成立知识产权保护部门，建立企业知识产权评价和监检系统，开展知识产权信息开发和咨询服务，提升企业知识产权保护意识，协助企业运营知识产权保护自主创新成果。第五，逐步完善国际贸易领域知识产权相关法律法规，积极参与国际技术标准和相关知识产权规则的制定，加强知识产权领域的国际交流与合作，全面提升合作的层次和规模，降低企业投资与研发风险。

---

① 赵峥：《国外主要创新型城市发展实践与借鉴》，载《决策咨询》，2011(1)。

（五）营造创新文化

文化与区域创新环境之间存在着很强的联系，文化认同与文化沟通是区域创新环境的重要组成部分。[①] 区域文化共享有助于区域内企业之间开展创新合作，形成共同的区域惯例、公共和准公共机构、劳动力市场等，是区域创新体系的基石。[②] 现实中，创新精神和创新文化是创新型国家发展的动力之源和重要保障，是吸引人们进行创新活动的精神条件，更是激发人们参与创新活动的原动力。创新型国家建设需要良好的创新文化氛围。我国应积极培育国家创新精神，在全社会营造崇尚、激励创造发明，宽容失败的理念和氛围，倡导"敢于冒险、勇于创新、追求成功、宽容失败、开放包容和崇尚竞争"的创新文化，尽量减少"官本位"制度和意识对企业家的不利影响，提高企业家的社会地位，让企业家在社会生活中有更多更大的发言权，推动公众广泛接受外来的优秀文化和先进思想，用多元开放的心胸吸收世界先进文化，以包容自信、多元开放的心态参与国际创新交流，形成全民创新理念，为国家创新活动注入长久活力。

四、努力培育智力优势，全力打造人才强国

随着人类社会经济的发展，知识和技术在创造财富中的作用越来越重要。人才作为先进知识的创造者、使用者和传播者，越来越成为一国科技进步与经济社会发展的重要资源，人才对国家竞争力的有效提升起决定作用。其中，高端人才资源更是推动国家发展的核心力量，是一国汇聚价值链高端的决定性因素。以色列、新加坡等国家土地面积狭小，人口也不众多，但它们通过丰富的人力资源克服了物资的匮乏和土地面积狭小的束缚，在20世纪后期实现了经济的腾飞和国家竞争力的提升。而第二次世界大战结束后，正是大量发展中国家的技术移民延续战后美国持续繁荣的局面，保持了美国传统产业的竞争力。而美国硅谷的电子科技产业的员工也主要为来自亚洲曾受过专业教育的移民，这些高端智力资源对美国信息技术产业和新经济的发展也作了巨大的贡献。在信息经济时代，一国想要经由生产要素建立起产业强大又持久的竞争优势，则

---

① DeBresson C，Amesse F，Networks of Innovators：A Review and Introduction to the Issue，Research Policy，1991(20)：363-379。

② OECD. Building Competitive Regions：Strategies and Governance，Paris，2005：26-50.

必须发展高级生产要素和专业性生产要素。对我国而言，要提高自身的国家竞争力，要在激烈的国际竞争中立足，也必须以人为本，抓住人才，用好人才，在创新实践中发现人才、在创新活动中培育人才、在创新事业中凝聚人才，培养有利于促进产业结构优化、有利于科技创新的各类高层次、复合型人才和具有相关职业技能的创新型人才，形成智力优势，全力打造人才强国。

（一）加强创新型人才队伍建设

我国应按照产业升级和国际竞争形势要求，大力培养促进产业结构优化、有利于科技创新的各类高层次、复合型人才和具有相关职业技能的专门性人才，打造高水平的党政人才、企业家人才和专业技术人才队伍，为国家发展提供智力支撑。首先，要坚持任人为贤、任人为才，"赛马不相马"的用人思路，不断优化公务员年龄结构、知识结构和能力结构，重点培养青年干部、知识干部和能人干部，努力建设一支具有高度责任感和使命感、具备高度执行力和公信力的高水平的优秀党政人才队伍。其次，要进一步培育和发扬企业家精神，营造企业家成长和发展的人才环境，爱护守业人，尊重创业者，努力建设一支富有活力的职业化、现代化、国际化的企业家人才队伍。最后，要依据产业发展需要，重点培养一批产业发展急需的先进制造技术、信息技术、新材料技术、生物技术、都市农业以及金融、文化创意、贸易、法律等关键领域的专业技术人才，努力培养一批国际一流的顶尖科技人才、国际级科学大师和科技领军人物。其中，应特别立足全球绿色经济发展前沿，着眼于绿色经济价值链、产业链的全过程，着力加强新能源、新材料、绿色农业、绿色交通、绿色建筑、绿色金融等领域的人才队伍建设，培养和凝聚绿色发展顶级科技人才，建立起适应全球经济发展趋势的专业全面、基础扎实、梯度适当的人才储备，为经济社会的可持续发展奠定人才基础。

（二）大力引进专业化高端人才

我国应根据实际需要制定不同层次的人才吸引标准，制定多种优惠政策措施，吸引高端优秀人才投资移民和技术移民。一方面，巩固和完善引进外来人才的快速通道，建立引智示范基地，大力引进一批高技术产业和现代服务业等领域的高层次人才，汇聚关键技术领域的研发人员和行业的领军人物。另一方面，要进一步健全人才流动机制，加强国内外人才、智力交流，推行更加灵活的人才管理制度，建立硬性流动和柔性流动相结合的引才机制。值得重视的是，受国际金融危机影响，全球性就业困难现象将在一段时间内长期存在，我国也应抓住这一时机，围绕核心产业升级和战略性新兴产业发展需要，积极主动走出去推广宣传，大量引进国外高水平专业人才，吸引国际人才集聚，丰富人才储备，扩大人才资源储备，突出抓好国际人才队伍建设。同时，由于专业化高端人才本身具有持续变化的特性。今天的专业化高端人才到了明天可能只是一般性人才。我们在制定专业化高端人才的培养和吸引计划时，一定要与时俱进，根据产业变化的前沿对专业化高端人才的标准定期调整。专业化高端人才只有不断升级，才能使一国竞争优势在动态发展中得到维持。

（三）营造良好的人才发展环境

人才是国家竞争力持之不竭的动力源泉，而用好人才是重中之重。我国应进一步完善人才的引进和开发利用机制，通过改善人才的开发利用环境、健全人才使用制度，特别是完善人才评价、激励机制和要素分配制度，充分用好现有人才，积极挖掘潜在人才，促使收入分配向关键岗位和优秀人才倾斜，建立合理的人才回报机制，增强人才的创新能力和创富能力，形成多层次、结构合理、高度开放、层级间自由流动的人才体系。同时，坚持市场配置和政府引导相结合，推进人才合理有序流动，鼓励企业加大人力资本投入和人力资源开发，支持企业通过股权、期权、年薪制等多种方式，吸引和培育既创新骨干人才，努力实现人才效益最大化。此外，我国应深化户籍制度改革，消除身份歧视，形成城乡统一的人事服务体系，实行与迁移自由理念相适应的、开放性的、城乡统一的户籍管理模式；深化就业制度改革，进一步开放劳动力市场，用法律保障农村劳动力平等就业的权力，建立城乡统一的培训就业制度，保证公民平等的就业权利；深化社会保障制度改革，积极推进社会保障制度改革，改变社会保障城乡分割的二元格局，进一步扩大社会保障的宽度和广度，全面改善人才发展的制度环境。

（四）构建富有竞争力的教育体系

人力资本是创造财富的直接投入要素，是国家和地区经济社会发展的主要动力。"妨碍穷国赶上富国的原因，主要是缺乏人力资本，即教育不发达，人才和知识不足，而非缺乏有形资本。"[1]日本明治维新后到第二次世界大战前期，日本颁布各级学校令，在制度上建立起了完备的学校体系，大力发展教育，培养了大批高素质的人才，实现了第一次经济起飞。而其第二次世界大战后的 20 年及此后 40 年持续增长的第二次经济起飞，同样离不开迅速发展的强

---

① Barrow M，Measuring Local Education Authority performance：a frontioer approach，Economics of Education Review，2007，10(1)：19-27.

大的人力资源支持和劳动者知识和技能水平的不断提高。我国虽然拥有世界上规模最大的人力资源，但是其整体素质不高，对国民经济的贡献度仍显不足。未来，我国应继续加大教育投入，完善教育基础设施，支持教育组织的成长，推进义务教育均衡发展，继续支持高等教育发展和重点学科建设，通过教育为产业升级和国家发展提供强大的人力资本支持。需要注意的是，在职培训或干中学在人力资本形成中与学校教育一样重要。[1] 我国应特别重视发展职业教育，鼓励企业和个人组织和参与各种类型的职业教育培训，支持各类职业技能培训机构的发展，建立和完善富有竞争力的职业教育体系。

五、深入推进体制机制创新，通过改革激发竞争活力

改革是产业升级的动力，更是保持国家竞争力的源泉。在应对金融危机的过程中，我国采用了许多应急政策，采取了一些强力的政府干预方式，甚至在有些竞争性领域出现了"国进民退"的现象。这在短期内产生了积极的成效，对于克服金融危机对经济的消极影响产生了很大作用。但我们必须认识到，依靠国家保护、政府参与来促进产业发展和维护国家竞争力的做法缺乏持续性。长期来看，全球市场经济制度的基本竞争规则并没有发生根本性改变，竞争力来源于有效和公平的竞争，各国市场经济体制的完善程度仍然是决定产业和国家竞争力的决定性因素。目前，我国的改革正处于攻坚阶段，涉及面宽，触及利益层次深，改革的艰巨性、复杂性、系统性与风险性显著增强，更需要加大力度，立足长远，进一步推进整体改革进程，充分发挥和调动市场的活力和积极性，以改革促发展，通过深化市场化改革促进产业升级和国家竞争力的提升。

（一）完善各种经济成分公平竞争的体制机制

近几年是国有控股公司特别是大型央企发展较为迅速的时期，这一方面与国有企业改革和成功转型密切相关，但是另一方面，这又和很多国有控股企业存在多方面的垄断性和不公平竞争有关系。长远来看，民间资本投资领域和环境受限不利于整个社会经济活力，社会资源也不能合理流动和最优化配置，不利于中国产业升级和经济的长期持续发展。因此，重点要加快建立促进多种所有制经济"平等竞争、相互促进、共同发展"的体制环境，放松市场管制，拓宽民营经济准入范围和领域，鼓励和引导民间资本进入基础产业和基础设施领

---

① Arrow K，The Economic Implication of Learning by Doing，Review of Economic Studies，1962，29(3)：155-173.

域、社会事业领域、金融服务领域、商贸流通领域，推进非公有制企业进入并参与国有企业国有资产重组，强调允许进入和允许竞争并重，凡是法律法规没有明令禁入的服务领域，都要向社会资本开放，即使是自然垄断性行业也要允许民营资本进入并有足够的话语权，彻底改造这些国有经济的产权结构和治理结构。只有当民营经济不但充分参与制造业和制成品的市场竞争，而且也充分参与资源性产品和服务业的竞争，激发民间投资积极性，增强民间投资能力，市场机制在资源配置中发挥基础性作用的目标才能真正实现。

（二）进一步调整国有经济布局

过去相当长的一段时间里，我国的产业升级主要是在政府主导下进行，在较单一的所有制结构下推进的，国有经济成为整个产业升级和国民经济发展最主要的载体和推动力量。目前虽然我国产业发展的主体结构已经发生了很大变化，但由于部分国有企业改革不到位、产权不清晰、经营者或管理层缺少追求企业长期发展的动力或激励，往往导致企业技术研发和技术改革弱势，从而制约企业发展和产业的升级。因此，要进一步调整国有经济布局，推进以突破垄断性行业传统格局为重点的国有经济结构战略调整，要避免国有企业向一般性竞争领域扩张，加快以国有大中型企业公司制股份制为主的产权多元化改革，并建立政府公共预算、国有资本经营预算、社会保障预算相互统一与平衡的国家预算框架体系，把政府作为社会管理者征收的税收收入和作为资产所有者获得的资本经营收益，分别纳入公共预算和国有资本经营预算进行管理和使用。

（三）加强服务型政府建设

虽然政府部门不能直接创造财富，但是它却能影响企业发展的能力和产业升级的动力，间接影响国家的创富能力。政府拥有绝对的行政权威和公权力，拥有超越一般社会组织和公众的强制力和资源，又拥有国家强制性专门化机器，作为公共产品和公共服务的提供者有责任规范自身行为，改善市场环境，培育要素成长，扶持新兴产业发展，促进经济社会的可持续发展。从我国改革和发展的实践来看，我国各级政府已经在产业升级和经济发展的制度设计、政策安排、环境保障方面发挥了巨大的作用。长期来看，我国进一步推动改革的前提是政府转型，没有政府转型的突破，改革就难以深化。未来，我国还需进一步推动政府从经济建设型到公共服务型转变，以转变政府职能为核心，在加快推进政企、政资、政事、政府与市场中介组织分开的同时，全面提高行政效率，切实加强廉政建设和依法行政，增强政府的执行力和公信力，加强法治型政府、效率型政府和服务型政府建设。重点严格依法规范行政权力，深化行政审批制度改革，规范办事流程，简化办事程序，提高政府服务效率。同时，健全公共财政体制，创新公共服务供给方式，打造服务型政府。

专栏：中国政府职能转型：从管制到服务

政府职能转型伴随着中国改革的每一个过程，改革目标的每一次调整都对政府职能转型提出了新的要求。从我国政府职能转型的历史进程来看，政府职能转变的过程是政府由全能政府向有限职能政府转变，由集权向分权的转变，由政企、政社不分向政府、企业、社会各自具有清晰边界的转变，由主要采取行政手段管理向主要依靠经济、法律手段管理的转变。

1980 年，改革处在刚刚提出建立有计划的商品经济时期，政府职能转型的目标是"政企职责分开"；1984 年，十二届三中全会通过了《中共中央关于经济体制改革的决定》，其中明确提出政府职能转型的目标是"正确发挥政府机构管理经济的职能"；1992 年，党的十四大确立经济体制改革的目标是建立社会主义市场经济体制，十四大报告再次明确指出"加快政府职能转变的根本途径是政企分开"；1997 年，党的十五大丰富了转变政府职能的内容，提出"要按照社会主义市场经济的要求，转变政府职能，实现政企分开，把企业经营管理的权力交给企业；根据精简、统一、效能的原则进行机构改革，建立办事高效、运转协调、行为规范的行政管理体系，提高为人民服务水平"；2002 年，党的十六大提出全面建设小康社会的宏伟目标，政府职能转型的目标侧重于"要形成行为规范、运转协调、公正透明、廉洁高效的行政管理体制"；2003 年，十六届三中全会作出了完善社会主义市场经济体制的决定，政府职能转型的目标调整为"切实把政府经济管理职能转到主要为市场主体服务和创造良好发展环境上来"；2004 年，十六届四中全会更是明确提出政府职能转型的目标是要按照"职权法定、依法行政、有效监督、高效便民"的要求，全面履行"经济调节、市场监管、社会管理、公共服务"四项职能。2007 年，党的十七大提出了加快行政管理体制改革，正式提出"建设服务型政府"的决定，这是在新时期新形势下对政府职能转型提出新的要求。2008 年 2 月 7 日，中国共产党第十七届中央委员会第二次全体会议通过了中共中央《关于深化行政管理体制改革的意见》，重点阐述了关于加快政府职能转变的问题。"意见"明确指出："深化行政管理体制改革要以政府职能转变为核心……把不该由政府管理的事项转移出去，把该由政府管理的事项切实管好，从制度上更好地发挥市场在资源配置中的作用，更加有效地提供公共产品。"可以看出，"建设服务型政府"目标的提出是政府职能在经历了长期的改革发展在新的历史时期提出的新的发展要求。

目前，建设服务型政府的基本内涵主要包括三个层次的内容：首先，从政府自身建设层面来说，是指政府通过加强自身机构改革，减少冗余机构设置并及时公开地向全社会公开政务信息，通过控制政府规模、提高政府的透明度以建设一个公开、透明和可问责的服务型政府；其次，从经济治理层面来说，是指由政府本位转变为市场本位，减少对微观经济的具体干预，实现政企分开，通过提供有效的宏观经济调控和管理、维护公平竞争的市场环境，通过依法行政维护市场经济秩序、为经济发展创造良好的市场环境；最后，从社会治理层面来说，是指政府提供与人民群众生活密切相关的社会保障与就业、医疗卫生、教育、保障性住房、文化等民生领域必需的公共产品，解决私人部门不愿提供公共产品而导致社会公共产品供给不足的市场失灵问题。上述三个层面的内容具有一个共同的特征，就是三个层面的职能转型实际上都是在由"管制"向"服务"转型的过程。

资料来源：赵峥、龙飞：《政府职能转型：从管制到服务》，载李晓西、胡必亮等著：《经济与资源管理报告 2011（中国经济新转型）》，北京，中国大百科全书出版社，2011。

（四）营造改革创新的良好氛围

制度创新是新制度在原有制度内产生、壮大、并全部或部分代替旧制度的过程。大量事实证明，成功且有利于发展的制度创新不仅靠人来设计，也靠人来运作，需要有鼓励制度创新的浓厚氛围。没有制度创新的氛围，就没有人的思想的解放，而人的思想观念滞后，则设计出保护部门利益和个人利益的制度，阻碍发展的制度的概率就会较大。目前，我国产业升级和经济发展已经从单纯注重数量增长逐步转向以制度创新来全面提升发展水平和质量的阶段，特别需要营造改革创新的良好氛围，在产业升级和经济发展领域实施制度探索无禁区的规定，创造制度创新被激励的氛围，确保不仅人们有积极性设计新制度，而且保证制度实施不走样。同时，制度创新涉及利益的调整也可能会因暂时损害一些人的利益而受到阻碍。因此，必须探索和构建制度创新的机制，拓展非政府主体推进制度创新的空间和积极性，使制度创新贴近非政府组织、中介组织、高等学校、科研机构、市场机构等非政府主体，实现全民创新、举国创新，推动产业升级和国家竞争力的提升。

六、进一步提升对外开放水平，全面参与国际竞争与合作

过去的一段时间，我国对外开放主要按照由点到面、由海港到内陆、由东到西的开发模式，实行渐进开放、梯次推进的开放战略。作为改革开放的前沿，沿海地区抓住世界产业分工机遇，利用廉价的土地、人力成本优势承接国际产业转移，发展低技术、劳动密集型产业，实现产业扩张，率先实现了以开放促发展。这一布局在一定时期里使中国经济获得了难得的国际空间，对于产生中国增长奇迹发挥了重要的作用。但同时，我国的对外开放也存在着"重点轻面、重东轻西"的问题，使得开放战略在一方面促进中国经济社会总体发展水平大幅提高的同时，也从另一方面加剧了中国区域发展的不平衡。更重要的是，区域开放水平的不平衡并没有改变我国经济在国际分工中的不平衡地位，我国经济增长主要来源于低端产业，发展的国际空间也有待拓展。未来，要想扩大发展的国际空间，我国必须重新思考参与经济全球化的方式，认真审视自身在国际分工体系中所处的位置，适时调整对外开放的广度和深度，全方位、高层次地推进对内对外开放，将对外开放深化转向经济运行机制更加国际化，要素流动更加自由化，要素配置更加市场化，构建多层次对外开发格局，积极有效地利用全球的资源、技术和市场，全面提升服务参与国际经济合作发展的能力，形成在全球竞争中的新优势。

（一）构筑沿海开放新格局

加快沿海地区融合发展，构建产业结构高级化、产业竞争力高端化的现代产业体系，提高其全面参与国际竞争的能力，已经成为国家发展的共识并形成了明确的发展定位。未来，应进一步支持东部沿海地区率先发展，在更高层次参与国际经济合作和竞争。重点将长三角地区建成全球重要的先进制造业基地，集中力量积极发展电子信息、生物、新材料、新能源等战略性高技术产业；将珠三角地区建成世界先进制造业和现代服务业基地，集中发展电子信息、生物、新材料、环保、新能源、海洋等产业；将天津滨海新区建成北方高水平的现代制造业和研发转化基地，集中发展高新技术产业和现代服务业；将海峡西岸经济区建成海峡西岸先进制造业基地，加快发展集成电路设计和软件、光电、消费电子、生物医药、精密仪器、环保、新材料等高新技术产业；将广西北部湾经济区建成中国—东盟开放合作的加工制造基地，大力发展清洁能源和可再生能源产业。通过加快沿海地区开放步伐，提升沿海地区发展层次，使沿海地区在全国转变经济发展方式、调整经济结构和自主创新中走在前

列，发挥沿海地区在国家区域经济新一轮发展中的带动和支撑作用。

（二）推动西部地区纵深开发开放

我国应高度重视西部地区的对外开放问题，继续推进西部大开发战略，在积极加强和完善跨区域合作机制，引导长三角、珠三角、京津等国内发达地区企业西进的同时，不断拓宽西部地区开放的区域和领域，充分利用"两种资源"，开辟"两个市场"，吸引海外优势资源与西部地区资源整合，实现承接产业转移与自身产业发展壮大相结合。同时，重点发挥西部地区的区位优势、边贸优势和产业优势，参照东部地区由点到面、由海港到内陆、由东到西的开放模式，着力加大沿边的开放力度，扩大对外开放，加强与周边国家和地区的经贸往来和经济技术合作，依托现有边境口岸城市和边境经济合作区，以广西东兴、云南瑞丽、内蒙古满洲里等为重点，借鉴国际通行的做法和先进地区的成功经验，优先设立西部地区改革开发的先导区和试验区，允许西部地区进行开放政策及管理体制方面的探索与实践，继而扩大开放试点，逐步推广普及，形成由点到面、由边境口岸向腹地和周边市场开放的新型开放格局，全面提升西部地区的对外开放水平。

（三）建设与完善内外统一大市场

开放意味着交流，也意味着碰撞，在目前的形势下，任何区域都需要在开放条件下，在无障碍的市场中，参与竞争与合作，实现共赢与发展，从而提升自身产业发展水平和区域核心竞争力。加入实现世界贸易组织后，我国从管理体制上统一了内外贸，但从市场层面却没有实现真正的统一。外贸企业不习惯做内贸，内贸企业缺乏外贸经验等不但制约了企业利用国内、国外两个市场来抵御风险的能力的提高，而且无法发挥国内市场需求对外贸企业转型升级的支持作用。企业在国内市场上成长起来的竞争力，往往是其在国际市场竞争力的基础。此次金融危机使外贸企业开始意识到国内市场的重要性。我国政府应以此为契机，通过规范国内市场，提高对国内其他地区的市场开放程度，减少市场准入限制，杜绝市场封锁，消除地方保护主义，确保各类推动产业和区域发展的资源自由、有序流动，建立内外统一的大市场，促进我国企业真正能够利用两个市场、两种资源实现又好又快发展。

（四）调整和优化进出口结构

改革开放之初，为了改变经济落后的局面，我国必须大力引进国外先进的技术和设备，进口需求得到释放。当时，外汇成为我国利用外部资源发展经济

183

的非常关键的瓶颈。如何利用我国已有的资源扩大出口成为当务之急。我国采取了鼓励出口的各项政策和措施。一方面，我国在贸易形式上鼓励发展加工贸易，利用我国劳动力的低成本优势，通过"大进大出、两头在外"的贸易形式，解决进口原材料资金不足的问题，同时赚取劳务外汇。另一方面，我国采取了包括出口退税、出口补贴、出口信贷等在内各项出口鼓励措施，加大出口促进力度。经过多年努力，我国经济发展的外汇资金瓶颈早已被打破，开放层次已经得到极大提升，进出口结构也应加快转型。未来，在进口结构调整方面，增加能源、原材料以及先进技术设备、关键零部件进口。健全重要资源的进口机制，尽快制定和实施石油、铁矿砂、铜精矿以及粮食等重要资源的进口战略，建立石油和其他战略物资的储备体系，努力开辟稳定、顺畅、安全的多种进口渠道。在出口结构调整方面，一方面，支持具有自主品牌和高附加值产品的出口。提高产品的技术集约化程度，加快培育具有核心竞争力和自有品牌的产品，建立有效的出口品牌政策支持体系，建设品牌促进、品牌评价、品牌推广、品牌保护四个体系，搭建自主品牌走向国际市场的平台和通道，推动形成一批有国际竞争力和影响力的出口名牌。另一方面，大力扶持我国高生产率产业的出口，进一步加大对高生产率产业，尤其是高技术制造业出口的支持，改变在国际分工中的低端地位。同时，实施精细化出口管理，控制高耗能、高污染和资源性产品出口。按照出口的经济效益、我国出口产品占世界市场的份额、出口产品的资源消耗和污染排放强度等情况，对耗能过大的产品出口，要取消出口退税并适当增收资源税，对造成环境污染的出口产品应增收环境税。

（五）保持人民币汇率稳定

汇率的波动，不仅会造成进口国进口商品价格的变动，从而可能影响国内的价格水平，对通货膨胀形成压力，而且还会引发对汇率进一步波动的预期。我国对外规模较大的贸易顺差和美元持续对其他主要币种贬值使人民币升值压力巨大，如果一旦迅速大幅升值成为现实，对中国产业竞争力提升、出口贸易和经济稳定增长都会带来极大的冲击，因此人民币汇率问题是需要十分慎重的问题。总的来说，中国应避免人民币过度升值，营造稳定的外贸环境，一方面增强汇率弹性，表明汇率主要由市场力量决定的态度和立场，缓解来自美国要求人民币升值的压力，另一方面也要把握缓慢升值原则，以避免迅速升值带来的冲击，并且为了抑制缓慢升值预期带来的压力，要加强对国际热钱的控制。同时，要特别注意把握人民币升值的节奏和幅度，实现可控性、有步骤、适度性的汇率调整，必要时可以干预外汇市场，毕竟世界上完全自由的外汇市场是不存在的，任何国家都有干预外汇市场的权利和责任。通过保持人民币汇率稳定，为我国产业升级和国家开放提供良好的金融保障。

七、加快绿色发展步伐，提升国家绿色竞争力

资源环境是人类生存和发展所依赖的基本要素，良好的资源环境条件能够吸引更多的战略要素，促进国家竞争力的提升，而资源短缺、环境恶化也是现代国家竞争力弱化的主要原因与表现。从历史发展的轨迹看，蓬勃的发展热情、稳定的发展环境、相对温和的体制转轨催生了强大的生产力，迅速改变了中国贫穷落后的经济面貌，但也在一定程度上决定并强化了外向型、粗放式经济发展方式的选择倾向。当前，我国也面对着土地和能源供给紧张、环境污染和生态破坏的压力，传统经济发展方式所带来的经济结构、资源环境问题日益严重，迫切需要将经济发展从盲目地单纯追求 GDP 量的扩大转变到更加注重提高经济增长质量、优化经济结构、增加经济效益上来，实现经济发展方式从单纯注重"量"的增长向更加注重"质"的提升的实质性转变。在全球绿色发展和我国经济发展方式转变的背景下，我国应进一步强化绿色发展理念的统领作用，大力发展循环经济，积极推动低碳经济发展，全面提升我国能源利用效率，进一步强化环境治理，进一步完善资源价格体系，加强绿色发展全球合作，全面提升国家绿色竞争力。

（一）大力发展循环经济

循环经济是把传统的依赖资源消耗的线形增长的经济，转变为依靠生态型资源循环来发展的经济。其本质在于以资源的高效利用和循环利用为核心，实现"低消耗、低排放、高效率"的绿色发展。从 20 世纪 90 年代初，我国就开始推行清洁生产，通过采用先进的工艺技术和设备，改善管理，提高资源利用率。2008 年，为促进循环经济发展，我国通过了《循环经济促进法》，不仅建立了循环经济规划制度，而且强化了对高耗能、高耗水企业的监督管理，明确了关于再利用和资源化的具体要求。未来，我国应继续大力发展循环经济，继续坚持高端、高效、低辐射和低能耗、低污染的产业发展方向，促进产业与环境的协调发展。重点以"减量化、再利用、再循环"的原则，以优化资源利用方式、提高资源利用效率为核心，以节水、节材、节地和能量梯级利用、资源综合利用、资源循环利用为重点，以循环利用、再制造、零排放和产业链接技术创新为动力，提高废弃物产生量大的重点行业资源综合利用、循环利用水平，建立和完善废旧物资回收利用体系，促进可再生资源回收利用，强化节约资源

和保护环境意识,推进生产、流通、消费各环节循环经济发展,加快构建覆盖全社会的资源循环利用体系,走集约化、循环型发展道路。

(二)推进低碳经济的发展

低碳经济是以降低温室气体排放为关注点,建立低碳能源系统、低碳技术体系和低碳产业结构的经济形态,其实质是以低能耗、低污染、低排放为基础的经济发展模式、能源消费模式、人类生活模式的一次全面变革,它将全方位地改造建立在化石能源基础上的现代工业文明,转向生态经济和生态文明。发展低碳经济既是实现节能减排和转变经济发展方式的必由之路,又是新的经济增长点所在。我国要将发展低碳经济作为转变经济发展方式的重要途径和产业结构调整的重要方向。一是积极发展核能、水能、太阳能等新能源和可再生能源。通过鼓励和大量使用新能源和清洁能源,逐步降低经济发展对化石燃料的依赖。二是推广低碳技术,特别重视推进企业生产清洁化,以节能和提高能效为主要手段,在企业层面上推行清洁生产,改造现有工艺,使用清洁的能源和原料、采用先进技术与工艺流程,从源头减少废物的产生。三是制定低碳政策,从行政命令和经济手段两方面对低碳技术、低碳产业加以扶持,鼓励和支持企业引进和开发煤清洁技术,开展排污权、碳排放权交易试点,引导有条件的企业参与国际碳交易市场,实现既转变经济发展方式又促进经济增长的双赢效果。

(三)全面提升我国能源利用效率

目前,我国能源利用效率总体水平较低,在石化、电力、钢铁等行业,单位能耗水平均远离于国际平均水平。未来,应充分考虑资源约束以及适应低碳经济时代的要求,进一步淘汰电力、煤炭、钢铁、水泥、有色金属、焦炭、造纸、制革、印染等行业落后产能,完善强制性能效标准和环保标准的技术法规体系,加快制定高耗能、高耗水及高污染行业市场准入标准和合格评定制度,制定重点行业清洁生产评价指标体系和涉及循环经济的有关污染控制标准,完善主要用能设备及建筑能效标准、重点用水行业取水定额标准和主要耗能行业节能设计规范,全面提升我国能源利用效率。

(四)积极推进环境治理

近年来,我国重视经济发展中的环境治理问题,积极制定和改善环境政策,加强环境政策实施力度,在环境治理方面取得了很好的效果。但我们也应该清醒的认识到,目前中国环境形势仍然相当严峻,新的环境问题伴随经济规模扩大和经济增长步伐也在不断凸现，我国环境治理在体制机制方面还存在着许多亟待解决的问题。未来需要进一步明确经济发展的环境导向，强调综合运用法律手段、经济手段和行政手段开展生态环境保护和综合治理。其中，需要注意的是，从历史上看，世界各国主要运用命令和控制的强制管理手段来解决环境问题，如制定环境标准、进行数量限制等。后来发展起来的经济刺激手段如收费、补贴、税收等也仅是上述行政命令手段的补充和辅助。20世纪70年代以后，人们开始广泛认识到市场经济手段在降低环境污染治理成本、提高行政效率、减少政府补贴和扩大政府财政收入等方面具有很大的优势。由此市场经济手段在环境保护上的应用也随之不断地扩大。我国也特别要进一步利用有利于环境治理与经济建设互促共进的绿色经济政策，加强绿色信贷、绿色保险、绿色证券、生态补偿等政策的研究与实施，综合运用价格、税收、财政、信贷、收费、保险等经济手段，调节或影响市场主体的行为，既发挥政府在环境治理中的突出作用，又调动社会多元化和政府外部力量的参与，提高环境治理效率、提升环境治理水平，为国家竞争力提升提供长期可持续的环境支撑。

专栏：国外环境治理的主要措施与经验

实现经济社会可持续发展需要实施积极而有效的环境治理。在这方面，国外大量的环境治理实践为我们提供了有益的经验，对于我们不断完善环境治理措施，减少环境污染，缓减环境问题，促进经济可持续发展具有十分重要的借鉴意义。

（1）注重环境综合治理。环境综合治理是改善环境状况的重要途径。历史经验表明，在西方发达国家的经济社会发展的过程中，环境综合治理一直是解决环境问题的重要举措。例如，工业革命的兴起及两岸人口的激增，使英国泰晤士河水质严重恶化，自20世纪60年代开始英国政府治理该河，经过近20多年的艰苦整治，耗资数十亿英镑，最终使得泰晤士河成为了世界上最洁净的城市水道之一。类似的，北美大陆的五大湖区是世界最大的淡水湖群。20世纪60年代，湖泊群在沿岸经济高速发展的同时付出了惨痛的环保代价，湖面充满蓝藻，水中生物因缺氧大批死亡。针对日益严重的环境危机，美国和加拿大政府在1972年签署了《五大湖区水质量协议》，要求降低磷的排入并设置了最高标准，也禁止在清洁剂中使用磷，同时两国政府还出台了清洁水源法案，这些补救措施取得了明显成效，使得该地区生态环境得到有效恢复。

（2）注重环境立法执法。20世纪60年代末开始，环境问题引起公众的普遍强烈不满，发达国家居民开展了世界规模的抗议环境破坏的运动。在这种国际舆论背景下，1972年联合国在瑞典首都斯德哥尔摩召开了人类环境大会，会议通过了著名的《人类环境宣言》，强调保护环境、保护资源的迫切性，也认同发展经济的重要性。这一时期前后及以后，大多数发达工业化国家开始大力治理环境污染，严格规制企业的污染行为，并出台了大量的法律法规，制定了一系列环境标准。日本于1973年制定了世界上第一部"公害健康损害补偿法"，此法特别对于涉及大气污染的健康损害明确规定应向企业征收税金。美国则在1969年依据其国家环境政策法精神，规定公共事业必须进行环境影响评价以实现预防环境污染和破坏的目的，联邦德国、瑞典、法国和加拿大也随后采取了相同的措施。目前，美、日、欧盟成员国等国家已基本建成比较完善的环境法体系，同时把环境治理法制建设的重点放在提高执法能力、强化环境执法方面。例如，瑞典为了保证环保法律的执行，在全国5个区域设立了环保法庭，同时还设立了国家环保最高法庭，专门审理环保案件，并鼓励公众参与环境保护。

（3）注重运用市场工具。法律法规和环境制度标准具有强制性，是发达国家治理环境的基本手段。但强制性的手段也具有成本高、不利于激励企业进行技术创新等缺点。因此，发达国家越来越重视通过征收环境税、财政补贴等经济手段来解决环境问题，以降低治理成本和激励企业持续进行技术创新，达到提高环境治理的效率和灵活性的目的。例如，美国在20世纪六七十年代的环境治理中，制定和实施了严格的"命令-控制"型环境政策，多采用命令型环境政策工具，虽然收到的环境治理效果是明显的，但付出的直接和间接的环境治理成本也是巨大的，某种程度上甚至抑制了经济增长，引起了工业企业界的不满。20世纪80年代末以后，美国政府改进环境政策，开始制定和实施基于市场的环境政策，不但使环境污染得到更加有效的治理和控制，而且还有效地促进了经济的持续增长，取得了环境治理和经济发展双赢的效果。而世界上环境治理比较成功的瑞典早在1991年就推出了碳排放税。根据瑞典的经验，碳排放税是减少二氧化碳排放的非常好的办法，它在经济上非常有效，使得社会提高能源使用效率，同时寻找新的替代能源。

（4）注重绿色经济发展。绿色经济的核心思想是在保护环境的同时实现经济的增长，发展绿色经济是促进环境治理的有效措施。丹麦卡伦堡生态工业园是世界上最为典型的生态工业园，该工业园按照生态学的原理，通过企业间的物质集成、能量集成和信息集成，形成产业间的代谢和共生耦合关系，使一家企业的废气、废水、废渣、废热成为另一家企业的原料和能源，所有企业通过彼此利用"废物"而获益，不仅减少了废物产生量和处理的费用，还产生了很好的经济效益，形成经济发展和环境保护的良性循环。日本则由于土地狭小、资源有限，特别注重资源的再利用，着力构筑废物回收系统，废物拆解、利用系统以及无害化处理系统，不仅带来了资源的高效利用，产生了积极的生态效应，且为社会提供了大量的就业机会。

（5）注重提升环境治理科技水平。发达国家的经验表明，重视科技进步，加快环保技术和产品的研发，积极发展环保产业，是治理环境、实现可持续发展的重要途径。美国大约有700个联邦实验室，每年花费近206亿美元，对专门的环境问题进行研究。同时，根据环境问题研究的进展，对机构及经费也不断地进行调整。此外，美国还有大量的民间环境科研机构，几乎所有大学都设立了环境研究机构。日本则在20世纪70年代以后积极促进环境保护技术的研究开发和技术引进，推动了环境保护技术的不断提高和广泛应用，在较短的时间内，不仅降低了工业污染程度，而且发展了低成本、高效益的新型污染治理技术，创造了节约能源和其他资源的全新低废生产工艺流程，有力地推动了环境治理科技水平的提升。

（6）注重环境治理公众参与。有效的环境治理的必须完善治理机制，鼓励和支持公众参与。当今世界，环境执法体制比较健全国家的都强调公众权利的保护，环境立法、执法环节在发挥政府作用的同时，也特别注重对社会公众的吸纳和利益诉求，注重社会各界在环境治理过程中的参与，并通过制度建设保障公众的有效参与。以美国为例，美国在《清洁空气法》、《清洁水法》、《应急计划和社区知情权法》等环境立法中就作出了政府报告环境资源信息的规定，在《1980年综合环境反应补偿与责任法》、《有毒物质控制法》、《资源保护与恢复法》等法律中作出了企业报告环境信息的规定，规定中明确了公众的知情权，建立了环境信息对公众公开的法律制度。而一些发达国家则确立了环境领域的公民诉讼制度。如澳大利亚新南威尔士州的《环境计划与评价法》（1979年）和《环境犯罪和惩罚法》（1989年）将诉讼权赋予公民，规定对于违反法律的行为，任何人不管自身权利是否受到侵害，都可以向法院提起诉讼。

资料来源：李娟、赵峥：《中国环境治理的主要成效与思路研究》，载《桂海论丛》，2011(4)。

(五)完善资源价格体系

当前我国产业发展和经济增长的粗放式发展模式很大程度上在于扭曲的资源市场价格无法正确地反映真实的市场信息。我国土地、水源、矿产、能源等资源都尚未清晰界定产权，缺乏明确供需双方的市场，难以有效进行价格调节，反映市场实际供需水平和资源真实价值。现有价格机制无法有效反映资源的稀缺程度和成本，导致我国产业发展和经济增长过多地依赖于要素投入，形成了高投入、高消耗、高污染、低效率的发展路径。因此，构建完善的资源价格体系，使价格能够反映资源稀缺程度和价值，是推进绿色发展的关键路径。未来，我国应充分发挥市场在资源配置中的基础性作用，明确资源的所有权、使用权、流通权等各种权属关系，在放松政府管制的同时引入竞争机制，打破资源垄断经营格局，形成充分竞争的新格局，形成统一、开放、有序的资源市场，提高资源市场化程度，使资源价格能够正确反映资源稀缺程度和市场供求关系和资源环境的外部性，推动资源环境产权有序流转和公开、公平、公正交易，促进经济主体主动遵守减量化、再利用、资源化原则，提高资源产出效率，促进产业升级和经济绿色发展。

(六)加强绿色发展全球合作

中国的资源环境问题不仅影响到中国国内的经济发展，更是影响亚太地区乃至世界的全球性问题。在过去的发展过程中，中国处于全球价值链的低端，往往将大量的污染和损耗留在了国内，但却常常既没有实现自身收益的显著提升，发展模式和发展贡献也没有得到应有的国际认同，还常被所谓"中国环境威胁论"和"中国资源威胁论"所困扰。实际上，全球绿色发展离不开中国的绿色发展，中国绿色发展也需要开展全球合作并会对全球绿色发展作出巨大贡献。伴随着全球化进程的不断加快，我国应积极把握全球绿色发展趋势，立足国际视野，加强绿色发展全球合作。一方面，进一步推动产业升级，特别重视绿色产业发展，通过融入和构建全球绿色产业链来推动绿色发展的全球合作。另一方面，积极参与全球绿色发展的国际规则制定，主动制定绿色发展规则和完善绿色发展机制，掌握绿色发展国际合作的主动权，提升绿色发展国际合作的话语权。直面资源环境挑战和压力，融入世界、沟通交流、协作发展，通过推进全球联动带动自身绿色发展并影响全球绿色发展进程。

参考文献

一、中文文献

[1] 安德鲁·内森，罗伯特·罗斯. 长城与空城计——中国对安全的寻求[M]. 北京：新华出版社，1997.

[2] 埃尔赫南·赫尔普曼，保罗·R·克鲁格曼. 贸易政策和市场结构[M]. 上海：上海人民出版社，2009.

[3] 保罗·H·克鲁格曼. 工业国家间贸易新理论[J]. 世界经济译丛，1984(4).

[4] 保罗·肯尼迪. 大国的兴衰[M]. 北京：求实出版社，1988.

[5] 保罗·R·克鲁格曼，茅瑞斯·奥伯斯法尔德. 国际经济学理论与政策(上册)[M]. 北京：中国人民大学出版社，2009.

[6] 北京师范大学经济与资源管理研究院. 中国市场经济发展报告 2010[M]. 北京：北京师范大学出版社，2010.

[7] 北京师范大学科学发展观与可持续发展研究基地，西南财经大学绿色经济与可持续发展研究基地，国家统计局中国经济景气监测中心. 2011 中国绿色发展指数年度报告——区域比较[M]. 北京：北京师范大学出版社，2011.

[8] 陈佳贵，黄群惠，钟宏武，等. 中国工业化进程报告：1995—2005 年中国省域工业化水平评价与研究[M]. 北京：社会科学文献出版社，2007.

[9] 陈健，徐康宁. 跨国公司研发全球化：动因、地域分布及其影响因素分析[J]. 经济学季刊，2009(3).

[10] 陈海东. 日本消费者权益保护[J]. 外国经济及管理，1994(3).

[11] 池仁勇，邵小芬，吴宝. 全球价值链治理、驱动力和创新理论探析[J]. 现代管理科学，2006(3).

[12] 道格拉斯·C·诺斯. 经济史中的结构与变迁[M]. 上海：上海三联书店，1994.

[13] 丹尼尔·贝尔. 后工业社会的来临[M]. 北京：商务印书馆，1986.

[14] 俄林. 地区间贸易和国际贸易论[M]. 北京：商务印书馆，1986.

[15] 方甲. 产业结构问题研究[M]. 北京：中国人民大学出版社，1997.

[16] 冯飞. 迈向工业大国：30年工业改革与发展回顾[M]. 北京：中国发展出版社，2008.

[17] 傅自应. 中国对外贸易三十年[M]. 北京：中国财政经济出版社，2008.

[18] 国际货币基金组织. 世界经济展望2010：重新平衡经济增长[M]. 北京：中国金融出版社，2010.

[19] 国家发改委宏观经济研究院课题组. "十二五"时期我国产业结构调整战略与对策研究[J]. 经济研究参考，2010(43).

[20] 赫伯特·C·格鲁伯，迈克尔·A·沃克. 服务业的增长：原因与影响[M]. 上海：上海三联书店，1993.

[21] 克拉克，费尔德曼，格特勒. 牛津经济地理学手册[M]. 北京：商务印书馆，2005.

[22] 柯武刚，史漫飞. 制度经济学[M]. 北京：商务印书馆，2000.

[23] 韩瑞，李建军. 战后日本贸易政策的变迁：从利用主义到构建主义[J]. 国际贸易，2008(4).

[24] 洪银兴. 从比较优势到竞争优势：兼论国际贸易的比较利益理论的缺陷[J]. 经济研究，1997(6).

[25] 简·雅各布斯. 城市与国家财富[M]. 北京：中信出版社，2008.

[26] 江小涓. 全球化中的科技资源重组与中国产业技术竞争力提升[M]. 北京：中国社会科学出版社，2004.

[27] 蒋瑛，谭新生. 利用外商直接投资与我国外贸竞争力[J]. 世界经济，2004(7).

[28] 克里斯托夫·弗里曼. 技术政策与经济绩效：日本国家创新系统的经验[M]. 南京：东南大学出版社，2008.

[29] 理查德·E·凯弗斯. 世界贸易与国际收支(9版)[M]. 北京：中国

人民大学出版社，2005.

[30] 李古樵. 战后日本的对外贸易政策[J]. 国际贸易，1982(9).

[31] 李嘉图. 政治经济学及赋税原理[M]. 北京：商务印书馆，1962.

[32] 李娟，赵峥. 中国环境治理的主要成效与思路研究[J]. 桂海论丛，2011(4).

[33] 李平，陈志恒. 日本知识产权保护的经验及对我国的启示[J]. 现代日本经济，2003(6).

[34] 李若谷. 制度适宜与经济发展：基于中国实践的发展经济学[M]. 北京：人民出版社，2008.

[35] 李晓西. 国际金融危机下的中国经济发展[M]. 北京：中国大百科全书出版社，2010.

[36] 李晓西. 中国：新的发展观[M]. 北京：中国经济出版社，2009.

[37] 李晓西. 2010 中国绿色发展指数年度报告：省际比较[M]. 北京：北京师范大学出版社，2010.

[38] 李晓西. 宏观经济学（中国版）[M]. 北京：中国人民大学出版社，2011.

[39] 李远. 二战后日本对外贸易政策的变迁[J]. 经济体制改革，2005(6).

[40] 李悦. 产业经济学(3 版)[M]. 北京：中国人民大学出版社，2008.

[41] 卢中原. "十二五"期间我国经济社会发展的国际环境[J]. 求是，2010(23).

[42] 卢中原. 世界产业结构变动趋势和我国的战略选择[M]. 北京：人民出版社，2009.

[43] 卢中原. 改革时代的经济学思考[M]. 北京：人民出版社，2006.

[44] 林桂军. 我国贸易条件恶化与贫困化增长[J]. 国际贸易问题，2007(1).

[45] 林桂军. 我国外贸企业出口技能的识别与排序[M]. 北京：对外经济贸易大学出版社，2010.

[46] 林毅夫，蔡昉，李周. 中国的奇迹：发展战略与经济改革（增订版）[M]. 上海：上海人民出版社，1999.

[47] 林毅夫，李永军. 比较优势、竞争优势与发展我国家的经济发展[J]. 管理世界，2003(7).

[48] 林毅夫，孙希芳. 经济发展的比较优势战略[J]. 国际经济评论，2003(11).

[49] 林毅夫，张鹏飞. 后发优势、技术引进和落后国家的经济增长[J]. 经济学季刊，2005(1).

[50] 刘昌黎. 论日本世界工厂的发展及其经验[J]. 日本学论坛，2004(1).

[51] 刘世锦. 传统与现代之间：增长模式转型与新型工业化道路的选择[M]. 北京：中国人民大学出版社，2006.

[52] 刘伟，张辉. 中国经济增长中的产业结构变迁和技术进步[J]. 经济研究，2008(11).

[53] 刘伟，李绍荣. 转轨中的经济增长与经济结构[M]. 北京：中国发展出版社，2004.

[54] 刘伟萍. 法国竞争力极点战略对环渤海经济区高新技术产业发展的借鉴[J]. 经济问题探索，2007(11).

[55] 刘易斯. 二元经济论[M]. 北京：北京经济学院出版社，1989.

[56] 隆国强等. 加工贸易：全球化背景下工业化新道路[M]. 北京：中国发展出版社，2003.

[57] 吕有晨. 产业结构变化与日本经济发展的关系[J]. 东北亚论坛，1994(1).

[58] 马丁·沃尔夫. 全球化为什么可行[M]. 北京：中信出版社，2008.

[59] 马克思. 资本论：第三卷[M]. 北京：人民出版社，1975.

[60] 迈克尔·波特. 竞争优势[M]. 北京：华夏出版社，1997.

[61] 迈克尔·波特. 国家竞争优势[M]. 北京：中信出版社，2007.

[62] 尼古拉斯·R·拉迪. 中国未完成的经济改革[M]. 北京：中国发展出版社，1999.

[63] 倪鹏飞，张天，赵峥. 北京城市产业体系选择研究[M]. 北京：社会科学文献出版社，2010.

[64] 倪鹏飞. 中国国家竞争力报告[M]. 北京：社会科学文献出版社，2010.

[65] 裴长洪. 共和国对外贸易六十年[M]. 北京：人民出版社，2009.

[66] 芮明街，刘明宇，任江波. 论产业链整合[M]. 上海：复旦大学出版社，2004.

［67］钱纳里，鲁宾逊，赛尔奎. 工业化和经济增长的比较研究［M］. 上海：上海三联书店，上海人民出版社，1986.

［68］斯坦利·L·布鲁，兰迪·R·格兰特. 经济思想史（7 版）［M］. 北京：北京大学出版社，2008.

［69］尚涛. 比较优势理论、竞争优势理论的世界观与方法论分析［J］. 国际经贸探索，2009(3).

［70］商务部，国务院发展研究中心课题组. 跨国产业转移与产业结构升级［J］. 北京：中国商务出版社，2007.

［71］盛斌. 中国对外贸易政策的政治经济学分析［M］. 上海：上海人民出版社，2002.

［72］沈国兵. 显性比较优势、产业内贸易与中美双边贸易平衡［J］. 管理世界，2007(2).

［73］石坚，李竹渝. 认识欧盟的潜力［J］. 南开学报（哲学社会科学版），2005(1).

［74］世界银行. 世界发展指标 2010［M］. 北京：中国财政经济出版社，2010.

［75］世界银行. 2010 年全球经济展望：危机、金融与增长［M］. 北京：中国财政经济出版社，2010.

［76］世界银行. 重塑世界经济地理：2009 年世界发展报告［M］. 北京：清华大学出版社，2009.

［77］托达罗. 第三世界的经济发展［M］. 北京：中国人民大学出版社，1988.

［78］托马斯·赫尔曼，凯文·穆尔多克，约瑟夫·斯蒂格利茨. 金融约束：一个新的分析框架［J］. 青木昌彦等. 政府在东亚经济发展中的作用：比较制度分析［C］. 北京：中国经济出版社，1997.

［79］万钢. 中国科技改革开放 30 年［M］. 北京：科学出版社，2008.

［80］威廉·配第. 政治算术［M］. 北京：商务印书馆，1978.

［81］汪斌. 东亚国际分工的发展与 21 世纪的新产业发展模式［J］. 亚太经济，1998(7).

［82］汪斌，侯茂章. 经济全球化条件下的全球价值链理论研究［J］. 国际贸易问题，2007(3).

［83］汪海波. 对新中国产业结构演进的历史考察：兼及产业结构调整的

对策思考[J]. 中共党史研究，2010(6).

　　[84] 王琥生，赵军山. 战后日本经济社会统计[M]. 北京：航空工业出版社，1988.

　　[85] 王坚. 2007—2008世界服务业重点行业发展动态[M]. 上海：上海科学技术文献出版社，2008.

　　[86] 王乐平. 赤松要及其经济理论[J]. 日本学刊，1990(3).

　　[87] 王绍媛. 日本知识产权战略特点与借鉴[J]. 现代日本经济，2009(6).

　　[88] 王素芹. 日本对外贸易发展经验及借鉴[J]. 国际经贸，2007(27).

　　[89] 王元. 高新技术企业发展报告2009[M]. 北京：北京出版社，2010.

　　[90] 王子先. 世界贸易复苏前景与我国外贸发展的选择[J]. 国际贸易问题，2010(2).

　　[91] 文富德. 印度加速发展制造业的政策措施与前景[J]. 南亚研究季刊，2006(4).

　　[92] 吴桂馥等. 竞争与冲突[M]. 北京：国防大学出版社，1991.

　　[93] 吴敬琏. 解决工业化道路和增长模式问题[J]. 今日浙江，2005(9).

　　[94] 吴敬琏. 当代中国经济改革[M]. 上海：上海远东出版社，1999.

　　[95] 吴宗杰. 中日韩产业竞争的比较研究[M]. 北京：中国经济出版社，2007.

　　[96] 西奥多·W·舒尔茨. 改造传统农业[M]. 北京：商务印书馆，1987.

　　[97] 西蒙·库兹涅茨. 现代经济的增长：发现与反映[M]. 北京：商务印书馆，1985.

　　[98] 小宫隆太郎，奥野正宽. 日本的产业政策[M]. 北京：中国人民大学出版社，1991.

　　[99] 项俊波. 结构经济学：从结构视角看中国经济[M]. 北京：中国人民大学出版社，2009.

　　[100] 新庄浩二. 日本产业结构的变化与再生》[J]. 产业经济评论，2003(2).

　　[101] 徐建斌，尹翔硕. 贸易条件恶化与比较优势战略的有效性[J]. 世界经济，2002(1).

　　[102] 薛漫天. 全球价值链中的发展我国家企业的升级：从行业分类视角

的分析[J]. 现代管理科学，2006(11).

[103] 亚当·斯密. 国民财富的性质和原因的研究：上卷[M]. 北京：商务印书馆，1972.

[104] 雅诺什·科尔奈. 社会主义体制：共产主义政治经济学[M]. 北京：中央编译出版社，2008.

[105] 姚力鸣. 日本的"第四次消费者革命"[J]. 现代日本经济，1984(2).

[106] 杨林，曾繁华. 微笑曲线视角下的我国制造业竞争策略及其演化[J]. 科技进步与对策，2009(16).

[107] 尹翔硕，强永昌，田素华等. 贸易战略的国际比较[M]. 上海：复旦大学出版社，2006.

[108] 余昺雕. 日本经济新论[M]. 长春：吉林大学出版社，1999.

[109] 郁义鸿. 产业链类型与产业链效率基准[J]. 中国工业经济，2005(11).

[110] 张辉. 全球价值链下地方产业集群升级模式研究[J]. 中国工业经济，2005(9).

[111] 张金昌. 波特的国家竞争优势理论剖析[J]. 中国工业经济，2001(9).

[112] 张丽平. 中美产业结构的关联度分析[R]. 国务院发展研究中心调研报告专刊，2008.

[113] 张丽平. 中美产业互补性研究[M]. 北京：商务印书馆，2011.

[114] 张培刚. 农业与工业化[M]. 武汉：华中科技大学出版社，2002.

[115] 张平. "十二五"规划战略研究[M]. 北京：人民出版社，2010.

[116] 张向阳，朱有为. 基于全球价值链视角的产业升级研究[J]. 外国经济与管理，2005(5).

[117] 张小济等. 走向世界市场：30年对外开放回眸[M]. 北京：中国发展出版社，2008.

[118] 张小济，隆国强，张丽平. 外商投资与自主创新：政策与案例[M]. 北京：对外经济贸易大学出版社，2011.

[119] 张湛彬. 我国经济增长的比较优势和后发优势[J]. 经济研究，2003(6).

[120] 张宗斌，于洪波. 中日两国对外直接投资比较研究[J]. 世界政治

197

与经济，2006(3).

[121] 张卓元. 新世纪新阶段中国经济改革[M]. 北京：经济管理出版社，2004.

[122] 赵建民，刘予苇. 日本通史[M]. 上海：复旦大学出版社，1989.

[123] 赵晋平. 20世纪90年代以来日本产业结构的演变及其启示[J]. 国际贸易，2007(9).

[124] 赵儒煜. 战后初期日本经济恢复机理刍议[J]. 现代日本经济，2007(1).

[125] 赵峥. 中国城市化与金融支持[M]. 北京：商务印书馆，2011.

[126] 赵峥. 国外主要创新型城市发展实践与借鉴[J]. 决策咨询，2011(1).

[127] 赵中建. 创新引领世界：美国创新和竞争力战略[M]. 上海：华东师范大学出版社，2007.

[128] 中国科学院. 2011高技术发展报告[M]. 北京：科学出版社，2011.

[129] 中国科学院. 2011科学发展报告[M]. 北京：科学出版社，2011.

[130] 周叔莲. 国外产业政策研究[M]. 北京：经济管理出版社，1988.

[131] 周振华. 产业结构优化论[M]. 上海：上海人民民出版社，1992.

[132] 朱民等. 改变未来的金融危机[M]. 北京：中国金融出版社，2009.

[133] 邹统轩，周三多. 从比较优势到竞争优势：国际贸易格局决定因素的大转变[J]. 北京第二外国语学院学报，2001(5).

二、外文文献

[1] Beyers W B. The Producer Services and Economic Development in the United States: The Last Decade[R]. Washington, D.C.: U. S. Department of Commerce, Economic Development Administration, 1989.

[2] Colin Clark. The Conditions of Economic Progress[M]. London: Macmillan, 1940.

[3] Cartwright W R. Multiple linked "diamonds" and the international competitiveness of export-dependent industries: The New Zealand experience [J]. Management International Review, 1993, 33(2): 55-71.

[4] David L. McKee. Growth, Development and the Service Economy in

the Third World[M]. New York: PRAEGER, 1988.

[5] Dunning John H. Internationalizing Porter's Diamond[J]. Management International Review, 1993, 33(2): 7-15.

[6] Dong-Sung Cho. A dynamic approach to international competitiveness: the case of Korea[J]. Journal of Far Eastern Business, 1994(1): 17-36.

[7] Fagerberg. User-producer interaction, learning and comparative advantage[J]. Cambridge Journal of Economics 1995(19), 243-256.

[8] Friedman J R. Regional development policy: A case study of Venezuela[M]. Cambridge: MIT Press, 1966.

[9] Gereffi G. International Trade and Industrial Upgrading in the Apparel Commodity Chains [J]. Journal of International Economics, 1999, (48): 37-70.

[10] Gereff G, Raphael Kaplinsky. The value of value chains: Spreading the gains from globalisation[J]. IDS Bulletin, 2001, 32(3): 1-8.

[11] Granberg A. A bibliometric survey of laser research in Sweden, West Germany and Japan[J]. Discussion Paper No. 172, Research Policy Institute, Lund, 1986.

[12] Gustav Ranis and John C. H. Fei. A Theory of Economic Development[J]. The American Economic Review, 1961, 51(4): 533-558.

[13] Henderson J. Danger and opportunity in the Asia-Pacific [A]. Thompson G (eds). Economic dynamism in the Asia-Pacific [C]. London: Routledge, 1998.

[14] Hospers. Creative Cities in Europe: Urban competitiveness in the knowledge economy[J]. Intereconomics, 2003, 38(5): 260-269.

[15] Humphrey, Schmitiz H. How does insertion in Global Value Chains Affect Upgrading In Industrial Clusters[J]. Regional Studies, 2002, 36(9): 27-101.

[16] Humphrey J, Schmitz H. Developing country firms in the world economy: governance and upgrading in global value chains, INEF Report[R]. University of Duisburg, 2002.

[17] Kaplinsky R, Morris M. A handbook for Value Chain Research

[R]. Institute of Development studies, 2001：38-39.

[18] Kogut B. Designing global strategies：comparative and competitive value-added chains[J]. Sloan Management Review, 1985, 26(4)：15-28.

[19] Krugman P. Increasing Returns and Economic Geography[J]. The Journal of Political Economy, 1991, 99(3)：483-499.

[20] Lewis W. A. Economic Development with Unlimited Supplies of Labor[J]. The Manchester School of Economic and Social Studies, 1954, 22 (1)：139-191.

[21] Marius Brülhart. An Account of Global Intra-industry Trade, 1962—2006[J]. The World Economy, 2009, 32(3)：401-459.

[22] Moon H C, Rugman A M, Verbeke A. The generalized double diamond approach to international competitiveness of Korea and Singapore[J]. International Business Review, 1998(7), 135-150.

[23] OECD. Moving up the(Global)Value Chain[R]Policy Brief, 2007 (7).

[24] OECD. The Service Ecomomy, Business and Industry Policy Forum Series[M]. Paris：OECD Publications, 2000.

[25] Perroux F. Economic Space：Theory and Application[J]. Quarterly Journal of Economics, 1950, 64(1)：89-104.

[26] Peter G Warr. Comparative and Competitive Advantage[J]. Asian-Pacific Economic Literature 1994, 8(2)：1-14.

[27] Poon T S C. Beyond the global Production Networks a case of further Upgrading of Taiwan's information Technology Industry[J]. Technology and Globalization, 2004, 1(1)：130-145.

[28] Porter M. E. Competitive Advantage：Creating and Sustaining Superior Performance[M]. New York：the Free Press, 1985.

[29] Raymond V. International Investment and International Trade in the Product Cycle[J]. Quarterly Journal of Economics, 1966(5)：190-207.

[30] Rugman C. "The Double Diamond"Model of International Competitiveness：The Canadian Experience[J]. Management International Review, 1993, 33(2)：17-39.

[31] Storper M. Industrialization, economic development and the region-

al question in the Third World: from import substitution to flexible production [M]. London: Pion, 1991.

[32] Tatsuya Kimura. The "Smile Curve" Phenomenon in the Japanese Assembly-Type Manufacturing Industry[R]. FRI Research Report No. 167.

[33] Todaro M A. Model of Labor Migration and Urban Unemployment in Less Developing Countries[J]. American Economic Review, 1969, 59(1): 138—148.

[34] United Nations Industrial Development Organization. Competing through innovation and learning, Industrial Development Report 2002/2003 [R]. Vienna, 2002.

[35] Walt Whitman Rostow. The Stages of Economic Growth: A Noncommunist Manifesto[M]. Cambridge: Cambridge University Press, 1960.

后　记

　　本书是国务院发展研究中心招标课题的研究成果。最终成稿出版，不仅得益于作者多年来积累的研究基础，更得益于各位领导和同仁的大力支持与创新努力。

　　感谢国务院发展研究中心领导的支持与关怀。特别是对外经济研究部张小济和隆国强部长，对本课题研究和书稿创作提出了许多宝贵的指导意见。

　　感谢著名经济学家、北京师范大学学术委员会副主任李晓西教授多年来在作者工作与学习方面给予的关心与帮助。

　　感谢中国社会科学院城市与竞争力研究中心主任、《中国国家竞争力报告》主编倪鹏飞研究员对本研究的大力支持。

　　感谢清华大学启迪创新研究院李小忠博士、北京师范大学经济与资源管理研究院姜欣博士、荣婷婷硕士、中央财经大学李娟博士的辛勤工作，他们在"日本案例"、"世界经济竞争格局的演变与特征"、"主要国家竞争战略的比较与借鉴"等章节的研究创作和资料收集方面，作出了重要贡献。此外，北京师范大学宋涛博士协助完成了书稿的文字校对工作，在此一并表示感谢。

　　在本书的出版过程中，北京师范大学出版社马洪立老师和王一涵老师为本书付出了细致而辛勤的劳动，在此表示最诚挚的谢意！

　　竞争是永恒的主题，强国是共同的梦想。书中各章吸收了许多国内外专家和学者的观点，我们向这些文献的作者们表示感谢。同时，我们也期待广大读者对本书提出批评意见。

张丽平　赵峥